JN450273

성경을 연구하거나 설교를 준비할 때면, 성경 사전을 주로 사용한다. 늘 어려운 일은 그 단어의 여러 가지 뜻 중에서 어떤 의미로 사용되었는지 문맥을 통해 파악하는 것과 그 단어의 다양한 용례들을 이해하는 것이다. 또 시간과 공간이 다른 성경 시대에 쓰인 비슷한 단어들의 뉘앙스를 파악하는 것도 어려운 일이다. 이 책은 신구약을 넘나들며 한 단어의 여러 의미를 탁월한 방식으로 해설해 준다. 단순히 본문의 의미를 드러내 주는 것만이 아니라 성경을 연구하는 방법까지 알려 준다. 성경이라는 거대한 밀림 속에서 친절한 안내자를 만난 기분이다. 이 책은 성경의 더 깊은 곳까지 탐험할 수 있도록 용기를 북돋아 준다.

고상섭 목사 그 사랑교회 담임, CTCKOREA 이사

성경 연구의 가장 큰 고민은 원문이 가진 의미와 미묘한 뉘앙스를 명확히 하는 것이다. 이런 고민을 하는 이들에게 이 책은 원문의 의미를 선명하고 풍성하게 제시해 주는 선물 같은 안내서가 될 것이다. 난해한 구절을 성경 책별로 정리하여 순차적으로 찾아볼 수 있고, 성도들이 잘못 이해하고 있는 성경 본문을 쉽게 점검할 수 있기에, 어려운 성경 구절을 대할 때마다 계속 들춰 보면서 참고하게 되는 애서(愛書)가 될 것을 확신하며 흥분된 마음으로 이 책을 추천한다.

김상권 목사 로스트 처치 담임

신학이 비약적으로 발달한 우리 시대에도 이단과 사이비는 여전히 활개 치고 있다. 신학의 토대가 되는 성경 안에 소위 말하는 난해한 구절들이 분명히 존재하다 보니, 그것을 악의적으로 이용하는 자들에 의해 나타나는 현상이다. 그러나 과연 유명한 난해한 구절들에 대한 해석만 문제가 될까? 이단 사이비가 아니라도, 자신이 놓인 개인적 사회적 현실에 의거하여 성경을 해석하는 해석자들이 많이 있다. 그러한 주관적 성경 읽기가 해석의 묘를 살리기도 하지만, 성경이 전달하고자 하는 풍성함을 제한하는 장애물이 되기도 한다. 즉 성경의 본래적 난해한 구절은 분명히 존재하지만 그것은 소수일 뿐, 사실 독자에 의해 의도치 않게 난해한 구절이 되어 버린 구절들이 훨씬 더 많다. 그런 면에서 이 책이 빛을 발한다. 유명한 난해한 구절들이 아닌, 자신은 이해했다고 넘겨 버렸으나 부지중에 이미 곡해한 성경 본문들의 의미와 개념을 이 책이 매우 정갈하게 정립하고 있다. 주석이나 스터디 바이블처럼 진입 장벽이 높은 책에 부담을 느끼지만 성경을 보다 더 정확하고 풍성하게 읽고 싶은 성도들에게, 나아가서 그 풍성함을 적실하고 적확하게 전달해야 하는 설교자들에게 이 책을 강력히 추천하는 바이다.

손성찬 목사 이음숲교회 담임

탁월한 학자요 뛰어난 성경 교사의 연구를 모아 놓은 경이로운 책이다. 머리 해리스는 어려워서 잘못 해석되는 것으로 유명한 성경 본문의 의미를 명료하게 해 줄 뿐만 아니라, 잘 알기 때문에 간과되는 구절들에 새로운 빛을 비추어 더 깊은 통찰에 이르게 해 주는 실력이 있다. 이 책은 매력적인 문체 덕분에 누구나 쉽게 읽을 수 있지만, 특히 신약성경의 의미에 관해 질문 받을 때 참고할 수 있도록 목회자와 성경 교사의 서가에 반드시 비치해야 할 책이다.

데이비드 E. 갈런드 텍사스 주 웨이코, 베일러 대학교, 조지 W. 트루엣 신학교 신약 교수

머리 해리스의 이 책은 신약성경의 수많은 문제 구절을 바라보는 또렷하고 맑은 시선이다. 해리스는 구절마다 몇 페이지에 걸쳐, 여러 해 동안 성경을 가르쳐 온 사람의 비범한 솜씨로 쟁점을 설명하고 답을 도출해 낸다. 이 책은 사람들이 씨름하는 본문을 대부분 다루고 있으며, 일관되게 앞뒤가 들어맞는 해법을 제시한다.

대럴 벅 댈러스 신학교 신약학 선임 연구 교수

머리 해리스는 나의 주해(註解) 선생님이었는데, 지금까지 내가 만나 본 선생님 중 가장 훌륭했다. 그의 목소리는 품격 있고 질문은 치밀하다. 그리스어 본문을 면밀히 탐색해 줄 것이라는 기대를 품게 만들고 설득력 있는 답변을 이끌어 내는 그의 가르침은 나로서는 절대 도달할 수 없을 하나의 모델이 되어 주었다. 하지만 그와 함께한 시간 덕분에 내가 그리스어 본문을 더 잘 읽어 낼 수 있는 사람이 된 것은 확실하다. 이 책은 강의실에서 진행된 그의 재기 넘치는 가르침의 맛보기에 불과하다. 독자들은 이제 우리 시대의 가장 위대한 그리스어 실력자로 손꼽히는 사람의 강의를 듣는 특권을 누리게 될 것이다.

스캇 맥나이트 일리노이 주, 라일 노던 신학교 율리우스 R. 맨티 신약학 석좌교수

뉘앙스 차이를 잘 짚어 냈다. 간결하다. 게다가 경험 많고 노련한 성경 교사의 저작이다. 해리스는 신약성경의 문제 구절을 능숙하게 다룬다. 이는 앞으로 많은 세월 동안 목회자들에게 도움이 될 책이며, 신약성경에서 가장 까다롭거나 논쟁 많은 구절들을 단시간에 해결하기 위해 가장 먼저 펼쳐 보아야 할 책이 될 것이다.

패트릭 슈라이너 오리건 주 포틀랜드, 웨스턴 신학교 신약 언어와 문헌 부교수

머리 해리스는 하나님께서 개신교, 로마가톨릭, 정교 할 것 없이 전 교회에 주신 놀라운 선물이다. 그는 명민한 통찰, 주목할 만한 명료성, 신학적 지혜로 신약성경의 중요 본문 해석에 대한 여러 선택안들 사이로 독자들을 인도한다. 남을 판단하기·용서할 수 없는 죄·분노·마리아의 영원한 동정성(童貞性) 등을 주제로 하는 본문도 다루고, 교회사·신학·복음 전도·기독론·그리스도인의 삶과 관련된 주제도 다룬다. 모든 주제는 각각 단 몇 페이지에 걸쳐 다뤄진다. 한마디로 말해, 이 책은 생각 깊은 그리스도인들을 위해 문제 구절을 해석해 주는 독자 친화적 자료다.

브래들리 나시프 시카고, 노스파크 대학교 성경학·신학 교수

머리 해리스는 신약성경에 대한 엄청난 전문 지식과 평생에 걸친 연구와 조사를 동원해, 우리를 당혹하게 하거나 혼란스럽게 하는 신약성경의 어려운 본문을 다룬다. 해석과 통찰을 든든히 갖춘 이 책은 한번 씨름해 볼 만한 이 구절들을 명쾌하고, 이해하기 쉽고, 놀랄 만큼 유용하게 해석한다. 지혜·영감·영적 자양분의 진정한 보고(寶庫)다.

폴 트레빌코 뉴질랜드 더니든, 오타고 대학교 신약학 교수

Copyright 2020 Murray James Harris
Originally published by Lexham Press as
Navigating Tough Texts: A Guide to Problem Passages in the New Testament
by Murray James Harris
All rights reserved.

Translated and printed by permission of Lexham Press,
1313 Commercial St., Bellingham, WA 98225, USA
www.LexhamPress.com

This Korean Edition © 2022 by Jireh Publishing Company,
Goyang-si, Gyeonggi-do, Republic of Korea.

이 한국어판의 저작권은 Lexham Press와 독점 계약한 이레서원에 있습니다. 신저작권법에 의하여
한국 내에서 보호받는 저작물이므로 무단 전재와 무단 복제를 금합니다.

막힘없이 성경 읽기

막힘없이 성경 읽기
: 신약성경의 난제를 푸는 가이드

초판 1쇄 인쇄 2022년 10월 21일
초판 1쇄 발행 2022년 10월 28일

지은이 머리 해리스
옮긴이 오현미

기획, 마케팅 김정태
편집 송혜숙, 오수현
총무 곽현자

발행처 도서출판 이레서원
발행인 문영이
출판신고 2005년 9월 13일 제2015-000099호

경기도 고양시 일산동구 백석로71번길 46, 1층 1호
Tel. 02)402-3238, 406-3273 / Fax. 02)401-3387
E-mail: Jireh@changjisa.com
Facebook: facebook.com/jirehpub

ISBN 978-89-7435-605-7 (03230)

막힘없이 성경 읽기

신약성경의 난제를 푸는 가이드

머리 해리스 지음 | 오현미 옮김

이레서원

목차

1부 복음서와 사도행전

마태복음

마가복음

누가복음

요한복음

일러두기

달리 설명이 없는 한, 본문에 인용한 성경 구절은 저자의 사역(私譯)이다. 저자의 사역이 개역개정성경의 번역과 일치하거나 유사할 때는 개역개정성경을 그대로 가져왔고, 그렇지 않을 경우에는 역자가 우리말로 번역했다.

머리말

나는 오십 년 이상 그리스어 신약성경을 읽고 가르치며 이십오 년 넘게 NIV 성경 번역에 참여하는 더없이 귀중한 특권을 누려 왔다. 이 책은 나를 풍요롭게 하는 이런 경험의 소산이며, 내가 집필한 신약학 분야의 여러 책들에서 이미 볼 수 있는 통찰들을 포함하고 있다.

이 책에 담긴 연구 내용은 오늘날 활용할 수 있는 여러 훌륭한 영역본 성경의 신약 부분을 읽어서 얻은 게 아니라, 그리스어로 쓰인 원래 그대로의 본문 분석을 통해 얻었다. 당연히 대부분 연구는 문법 연구의 성격을 띤다. 단어의 의미와 용법 관련 연구도 있는 반면, 직접적 정황이나 배경 자료를 면밀히 고찰한 데서 나온 결과도 있다. 신약성경 자료를 다룬다고 하면 누구나 예상할 수 있다시피, 대다수 통찰은 예수 그리스도의 위격과 사역에 초점을 맞춘, 신학적 의미가 있는 통찰이며, 그리스도인의 삶과 실질적으로 연관된다.

이 연구는 목회자와 신학생, 그리고 믿음에 관해 깊이 생각해 보기를 두려워하지 않는, 혹은 복잡하게 얽히고설키는 그리스어를 선뜻 접해 보고자 하는 생각 깊은 그리스도인들을 위해 구상했다.

이 책에서 다루는 모든 성경 구절은 '문제 구절' 혹은 '핵심 구절'로 분류될 수도 있지만, 그와 동시에 대부분은 다음 범주 중 하나로 분류할 수도 있다.

1. 교회사에서 중요한 의미가 있는 구절(예를 들어, 마 1:25; 16:18; 28:19-20; 롬 9:5; 벧후 1:4; 요일 5:16-17).

2. 신학적으로 중요한 구절(예를 들어, 마 10:29; 막 10:45; 15:34; 롬 3:25; 10:4; 살전 4:13-15).

3. 복음 전도 면에서 중요한 의의가 있는 구절(예를 들어, 눅 14:26; 요 3:16, 36; 고후 5:16; 골 2:14; 몬 17-19상).

4. 명백한 모순이 담겼거나(예를 들어, 행 21:4; 골 1:24) 특히 해석하기 어렵지만(예를 들어, 마 6:13; 고전 6:18; 15:29) 문법을 생각해 봄으로써 모순이 완화되거나 까다로움이 해결될 수 있는 구절.

5. 그리스도인의 삶과 관계된 쟁점(예를 들어, 마 7:6; 눅 7:47; 행 8:16; 롬 1:1; 고전 16:2; 히 11:34, 37).

6. 그리스도의 위격(예를 들어, 요 1:14, 18; 고전 15:20, 23; 계 7:17), 그리스도의 주장(예를 들어, 눅 17:21), 그리스도의 가르침(예를 들어, 마 16:19; 요 6:53)에 대한 이해를 밝혀 주는 구절.

7. 성령에 관해 결정적으로 중요한 구절(예를 들어, 막 3:29; 요 3:5; 엡 1:13-14; 5:18-21).

이 책에서 제시하는 통찰로 독자들이 성경 본문을 더 깊이 사랑하게 되고, 그 본문의 주요 주제를 더 풍성히 이해하며, 그 말씀의 궁극적 저자이신 분께 더 깊이 헌신하게 되기를 바라고 기도한다. 그리고 어쩌면 그리스어를 배우고 싶은 마음이 생기기를!

감사의 말

머리말에서 말했다시피, 학생들을 가르치고 글을 써 온 이력이 오십 년이 넘었다. 그래서 내게 저작권이 있는 아래의 책들을 통해 이미 발표된 자료들을, 친절하신 출판사 관계자들의 허락을 받아 이 책에서 이따금 활용했음을 밝혀 둔다. *From Grave to Glory: Resurrection in the New Testament* (Zondervan, 1990); *The Expositor's Bible Commentary: 1 & 2 Corinthians* (Zondervan, 1995); *The Expositor's Bible Commentary: 2 Corinthians* (Zondervan, 2008); *Prepositions and Theology in the Greek New Testament* (Zondervan, 2012); *Raised Immortal: Resurrection and Immortality in the New Testament* (Eerdmans, 1985); *Colossians and Philemon* (Eerdmans, 1991; Broadman & Holman, 2010); *John* (Broadman & Holman, 2015); *Slave of Christ: A New Testament Metaphor for Total Devotion to Christ* (InterVarsity Press, 1999); *Jesus as God: The New Testament Use of Theos in Reference to Jesus* (Baker, 1992; Wipf & Stock, 2008); *Three Crucial Questions about Jesus* (Baker, 1994; Wipf & Stock, 2008); *John 3:16: What's It All About?* (Wipf & Stock, 2015); *The Seven Sayings of Jesus on the Cross: Their Circumstances and Meaning* (Wipf & Stock, 2016).

출판사에 저작권이 있는 아래의 공동 저술 시리즈에서 처음 발표한 자료들도 허락을 받아 사용했다. *The Second Epistle to the Corinthians: A Commentary on the Greek Text, The New International Greek Testament Commentary* (W. B. Eerdmans Publishing Company, 2005).

출판을 위해 친절히 원고를 받아 준 렉섬 출판사(Lexham Press) 학술 담당 편집자 데릭 브라운 박사에게 진심으로 감사드린다. 원고가 출판 가능한 상태가 되도록 전문가의 솜씨로 인내하며 세심히 다듬어 준 렉섬 출판사 편집자 엘리엇 리체마에게도 진심으로 감사를 표하고 싶다.

다발성 경화증과 싸우면서도 삼십 년이 넘는 동안 내 모든 교수 활동과 집필 작업을 끊임없이 지지해 준 아내 제니퍼에게 이 책을 바칠 수 있어서 기쁘다.

약어

Barclay	*The New Testament: A New Translation. Vol. 1: The Gospels and the Acts of the Apostles* (1968); *Vol 2: The Letters and the Revelation* (1969)
Cassirer	H. W. Cassirer, *God's New Covenant: A New Testament Translation* (1989)
CSB	Christian Standard Bible (2017)
ESV	English Standard Version Bible (2001)
GNT	Good News Translation (1992)
Goodspeed	E. J. Goodspeed, *The New Testament: An American Translation* (1923)
HCSB	Holman Christian Standard Bible (2003)
JB	The Jerusalem Bible (1966)
LXX	칠십인역 성경(그리스어 구약성경)
Moffatt	J. Moffatt, *The Moffatt Translation of the Bible* (1935)
NAB	New American Bible: Revised New Testament (1986)
NASB	New American Standard Bible (1977)
NEB	New English Bible (1970)
NIV	New International Version (2011)
NJB	New Jerusalem Bible (1985)

NLT	New Living Translation of the Bible (2013)
NRSV	New Revised Standard Version Bible (1989)
REB	Revised English Bible (1990)
RSV	Revised Standard Version of the Bible (1952)
RV	Revised Version (신약성경) (1881)
TCNT	Twentieth Century New Testament (1904)
Weymouth	R. F. Weymouth, *The New Testament in Modern Speech* (1909)

1부

—

복음서와 사도행전

마태복음

1. 마리아는 영원한 동정녀인가? (마 1:25)

마리아의 영원한 동정성 교리는 주후 451년 칼케돈 공의회에서 로마가톨릭과 그리스 정교회의 공식 가르침이 되었다. 로마가톨릭과 그리스 정교회 예전(禮典)에서 마리아는 '아에이파르데노스'(aeiparthenos), 즉 '언제나 처녀' 혹은 '영원한 처녀'로 언급된다. 다시 말해 마리아는 예수 그리스도의 탄생 전에도, 탄생 후에도 처녀였다는 것이다. 하지만 이 가르침이 마태복음 1:25 상반절의 "[마리아가] 아들을 낳기까지 [요셉이] 동침하지 아니하더니"라는 말씀과 조화되는가? "~까지"(until)라는 말은 출산 후에는 성관계가 시작되었음을 암시하지 않는가?

마태는 예수의 족보를 거슬러 올라가, 예수의 양부(養父) 요셉의 다윗 계통 가계를 확증한 뒤(마 1:1-17), 계속해서 1:18-25에서는 예수의 탄생을 둘러싼 정황을 설명한다. 25절 상반절은 "그의 아내[마리아]를 데려왔"다는(24하절) 말에 ("그러나"로 시작되는) 한 가지 조건을 붙인다(개역개정성경에는 "그러나"가 생략됨. — 옮긴이). "그러나 … 요셉은 마리아를 알지 못하더니."(But he did not know her.) "안다"(know)는 말은 성관계를 뜻하는 완곡한 표현이다. 두 사람 사이에는 일정 기간 계속해서 성관계를 삼가는 때가 있었다.

'헤오스 후'(heōs hou, "~하기까지")라는 전치사구는 "~할 때까지"를 축약한 형태다. "~을 하지 않는 행동", 즉 부정 행동(이 경우에는 "마리아를 알지 못하더니")이 선행될 때, 간혹 적시된 시점 후에도 예의 그 부정 행동이 계속되었다는 뜻이 암시될 때도 있다. 예를 들어, 창세기 28:15(LXX)에서 "내가 네게 약속한 것을 다 이루**기까지** 너를 떠나지 **아니하리라**"라는 말씀에서 우리는 하나님이 자신의 약속을 성취하신 뒤에도 야곱을 버리지 않으셨다고 짐작할 수 있다.

하지만 부정 행동의 정반대 행동이 발생한다고 짐작할 수 있는 경우가 훨씬 더 많다. 창세기 8:7(역시 LXX)에서는 "까마귀를 내놓으매 물이 땅에서 마르기**까지** 까마귀가 돌아오지 **않았더라**"라고 한다. 뒤이어 내놓은 비둘기와 마찬가지로(창 8:8-11), 까마귀는 방주로 돌아온 것 같다. 비슷한 예로, 요한복음 13:38에서는 "네가 나를 세 번 부인하기**까지**(헤오스 후) 닭이 울지 **않으리라**"라고 하고, 마태복음 17:9에서는 "인자가 죽은 자 가운데서 살아나기**까지**(헤오스 후) 네가 본 것을 아무에게도 이르지 **말라**"라고 한다. 이런 경우, 부정 행동은 "~하기까지"가 적시하는 그 시점에서 종료되며, 여기에는 그 부정 행동의 반대 행동이 이어진다는 뜻이 암시되어 있다.

마태가 마리아의 영원한 동정성을 믿었다면, 언어학적으로 예수가 태어난 후 요셉이 마리아와 성관계를 갖기 시작했다는 가능성을 열어 두는 식으로 자기 생각을 밝히지는 않았을 것이다. 마리아의 영원한 동정성을 명시적으로 단언하고 싶었다면, "아들을 낳기까지" 뒤에 "또는 그때부터 줄곧"(에 아포 토테ē apo tote)이라고 덧붙이기만 하면 되었을 것이다.

이 구절을 풀어서 옮긴 다섯 가지 역본을 보면 이 구절에 담긴 함축적 의미가 명료하게 드러난다.

- "한편 마리아가 아들을 낳은 후까지(until after) 마리아와 성적으로 친밀한 사이가 되기를 아직 삼가고 있었다."(Cassirer)
- "그러나 마리아가 아들을 낳기까지 마리아를 계속 처녀로 두었다."(NASB)
- "그러나 마리아가 아들을 낳기까지 마리아를 친밀히 알지 않았다."(HCSB; CSB도 비슷함)
- "그러나 마리아가 아들을 낳기까지 요셉은 마리아와 성관계를 갖지 않았다."(NLT)
- "그러나 마리아가 아들을 낳기까지 요셉은 신방(新房)에 들지 않았다."(NIV)

1부 16장 "예수께 친형제가 있었는가? (막 6:3)"도 보라.

2. 하나님과 사탄이 함께 행동한다고? (마 4:1; 고후 12:7)

하나님과 마귀가 모종의 프로젝트에서 합심해서 행동할 수 있다고 말하면 신성모독으로 들릴지 모른다. 하지만 성경에는 비록 목적은 전혀 다르지만 이 두 인격체가 동일한 인물의 체험에서 동시에 일하고 있다는 의미에서 함께 행동하는 것처럼 보이는 주목할 만한 구절이 두 군데나 있다(무엇보다도 욥 1:6-2:7 같은).

첫 번째는 마태복음 4:1에서 볼 수 있다. "그때에 예수께서 성령에게 이끌리어 마귀에게 시험을 받으러(페이라스테나이peirasthēnai, 목적을 나타내는 부정사) 광야로 가사." "그때에"라는 말은 예수께서 세례 요한에게 세례 받던 때, 즉 성부께서 예수를 사랑하는 아들이요 자신을 더할 수 없이 기쁘게 해 주는 존재로 확증하심을 성령께서 입증해 주시던 때(마 3:16-17)를 돌아보는 표현이다. 두 행동 주체인 성령과 마귀와 관련해 하나의 동일한 전치사(휘포hypo, "~에 의해")가 쓰이며, 이 두 행동 주체는 똑같이 예수를 상대로 행동한다. 하지만 성령은 "이끄시고", 마귀는 "시험한다." 안내하고, 감독하고, 지시하시되 언제나 그 사람의 유익을 위해 하시는 것이 성령의 특징이다. 사람을 미혹시켜 죄짓게 해서 언제나 그 사람에게 손해를 끼치는 것이 마귀의 특징이다(고전 7:5; 살전 3:5).

성령께서 예수를 광야로 이끄신 목적은 마귀의 조롱을 마주하게 하며(마 4:3, 5-6, 8-9), 마귀의 유혹을 물리침으로써 예수께서 여호와의 고난 받는 종으로서 자신의 사명을 알고 있음을 확인받도록 하기 위해서였음이 분명하다. 예수께서는 물질적 만족에 대한 사람들의 욕망을 충족시켜 주려 하지 않았고, 자신의 신적 특권을 남용해 사람들을 현혹하려 하지도 않았으며, 세상의 찬란한 영광과 맞바꾸려고 오로지 하나님께만 드려야 할 예배를 포기하려 하지도 않았다. 짐작하건대 마귀는 예수가 "메시아로서 이뤄야 할 십자가라는 목적"(H. E. W. 터너의 표현을 빌리자면)을 피해 가게 만들려 했을 것이다. 사탄이 베드로를 이용해 예수께서 고난당해 죽고자 하시는 것을 만류했고(마 16:21-23; 1부 18장을 보라), 나중에 십자가 형장에서 행인들을 이용해 유대인 고위층과 함께 예수를 향해 십자가에서 내려와 메시아로서의 고난을 끝내라고 종용한 데서(마 27:29-43) 알 수 있다시피, 이것이 예수의 생애 내내 사탄의 목표였다.

두 번째 관련 구절은 고린도후서 12:7이다. 바울은 자신의 약함을 보여 주는 일들에 관해 자랑하는 상황에서, "계시의 특별한 성격 때문에(고후 12:1-4를 보라) 내가 너무 자만하지 않게 하시려고 내 육체에 가시 곧 사탄의 사자가 주어졌으니 이는 나를 쳐서 너무 자만하지 않게 하려 하심이라"라고 말한다. 고전 그리스어에서 '스콜롭스'(skolops)는 흔히 '말뚝'을 뜻하지만, 표준 그리스어 구약성경(LXX)에서 이 단어는 '말뚝'이란 뜻이 절대 아니고, 언제나 '가시' 또는 '깨진 조각'이라는 뜻이다. 여기서는 십중팔구 모종의 고통스러운 육체의 병을 가리키는 게 틀림없다. "육체에 가시가 주어졌다(에도데edothē)"라는 문장은 신학적 수동태로서, 12:2, 4의 "이끌려 갔다"는 표현에서와 마찬가지로 하나님이 동작의 주체임을 암시한다. 하지만 하나님께서 주신 이 가시는, 그와 동시에 "사탄의 사자"이기도 하며, 이 사자는 사탄에게 속한 사자이거나, 좀 더 나은 경우로 사탄에 의해 보냄 받은 사자다(주격 속격). 이는 하나님이 여기서 사탄을 통해 일하신다는 말이 아니라, 사탄이 하나님과 동시에, 그리고 하나님의 허락에 따라 행동한다는 말이다(욥 1:12; 2:6과 비교해 보라).

"가시"를 경험했을 때 바울은 이것이 하나님에게서 온 선물이자 사탄의 도구임을 깨달았다. "가시"가 하나님의 선물인 이유는, 셋째 하늘에 이끌려 가서 말로 표현할 수 없는 말을 들은 것에 대한 바울의 자만을 꺾는 효과가 있었기 때문이다(고후 12:2-4). 7절에서 바울은 "가시"에 담긴 하나님의 목적에 두 번 주목한다. "너무 자만하지 않게 하시려고." 교만의 거품을 빼는 것은 하나님 특유의 일이다(잠 16:5; 사 13:11; 마 23:12; 눅 1:51). "가시"가 사탄의 도구인 이유는, 바울에게 고통을 끼쳤기 때문이다. "나를 쳐서/괴롭혀서." 고통을 주는 것은 사탄 특유의 일이다(욥 1:8-19; 2:3-7; 눅 13:16; 고전 5:5). 또한 "가시"가 자꾸 재발하는 만성

질병일 경우, 바울이 전하는 복음을 듣는 사람들이 바울을 멸시하게 될 수도 있고(갈 4:13-14), 바울을 무력하게 만들어 전도 여행 계획에 차질이 생길 수도 있기에(살전 2:18을 보라), 이 병이 복음을 전하는 일에 장애물이 될 때도 있었을 것이다. 더 자세한 내용은 2부 31장을 보라.

그러므로 우리는 하나님의 허락 아래서 사탄의 행동이 하나님의 목적을 진척시키거나 성취할 때도 있다고 결론 내릴 수 있다. 사탄은 전지(全知)하지 않기에, 자신의 음모로써 자기도 모르는 사이 하나님의 목적에 이바지하면서도, 모든 것에 우선하는 하나님의 그 목적을 알아차리지 못할 것이다.

3. 지옥 불을 향해 가다 (마 5:22)

마태복음 5:21-48은 여섯 단락으로 이뤄지는데, 각 단락은 "너희가 들었으나 나는 너희에게 이르노니"라는 대조법을 예수께서 약간씩 변형하신 표현으로 시작한다. 각 대조 문장의 첫 부분에서 예수께서는 어떤 명령이나 "옛 사람에게"(마 5:21, 33) 주어진 유명한 격언을 인용하신다. 이어서 율법과 예언(즉, 구약성경)을 성취하는 분으로서(마 5:17) 자신의 권위에 근거해 예수께서는 예의 그 명령이나 격언의 궁극적이고 실제적인 의미를 청중에게 지적하신다. 대조법으로 표현된 모든 문장에서 예수께서는 "나"(에고egō, "나 자신")를 강조해 "나는 너희에게 이르노니"라는 말로 그 명령이나 격언을 재정의하기 시작하신다. 28-41절은 질과 양에서 바리새인과 율법 교사의 의를 능가하는(마 5:20) 하늘나라의 새로운 의의 좋은 예가 된다.

옛 사람에게 말한바 살인하지 말라 누구든지 살인하면 심판을 받게 되리라 하였다는 것을 너희가 들었으나 나는 너희에게 이르노니 형제에게 노하는 자마다 심판을 받게 되고 형제를 대하여 라가라 하는 자는 공회에 잡혀가게 되고 미련한 놈이라 하는 자는 지옥 불에 들어가게 되리라(마 5:21-22)

여기, 살인의 본질을 예수께서 재정의하는 말씀을 보면, 저질러지는 죄의 본질에 단계적 변화가 있다.

- 형제자매를 향한 분노가 제어되지 않고 그 결과 시간이 흐를수록 분노가 커져 가면 살인 행위로 이어지며(그렇게 가정된다), 이는 어떤 법정에서든 유죄로 인정될 행위다. 제어되지 않은 분노는 마귀에게 발 디딜 곳을 주며 결국 죄로 이어진다(엡 4:26-27을 보라). 예수의 이 냉정한 말씀에 따른 충격을 줄이려고 훗날의 일부 서기관들은 "노하는 자마다"라는 말에 "까닭 없이"라는 조건을 덧붙였다. KJV에 이 견해가 반영되어 있지만, 그리스어 원본에는 이 말이 빠져 있다.
- "라가"는 위험하고 도발적인 아람어 욕설로, 똑똑하지 못한 것을 낮잡아 이르는 말이 분명하며, 영어의 '바보 천치'(imbecile), '골 빈 놈'(emptyhead), '머저리'(blockhead), '멍텅구리'(numskull)와 비슷하다.
- ("미련한 놈"이라고 번역된) 모욕적 단어 '모레'(mōre)는 그리스인들에게 "이 바보!"라는 뜻이었을 것이다. 하지만 유대인들에게 이 말은 "이 반역자", 즉 하나님께 공공연히 반항하는 죄를 지은 사람을 가리키는 말이었을 것이다. 비슷하게 들리는 히브리어 '모레'(mōreh)가 고의적 불순종을 뜻하기 때문이다(민 20:10; 시 78:8; 렘 5:23). 신 광야에서 이스라엘 백성의 반역에 좌절하고 분노한 모세는 "**반역한 너희여** 들으라 우리가

너희를 위하여 이 반석에서 물을 내랴"(민 20:10)라고 이들을 꾸짖었다. 이런 저주의 말을 입 밖에 냈을 뿐만 아니라 그 자신도 반석을 두 번 치는 불순종 행위를 했기 때문에 모세는 약속된 땅에 들어가는 무리에서 배제되었다(민 20:11-12).

범죄를 평가하고 심판하는 법정에도 단계적 변화가 있다. 첫 번째 경우, 여기서 언급된 "심판"은 각 지파를 위해 세운 지역 법정을 말하는 것일 수 있지만(신 16:18), 좀 더 정확히 말해 이는 법적 절차, 즉 사법제도를 가리키는 일반적인 표현이다. 두 번째 경우, 여기서 언급된 "심판"은 유대교의 대법원인 산헤드린을 가리킨다. 마지막으로 예수께서는 최종적이고 궁극적인 법정을 (문자적으로) "불의 게헨나" 또는 "지옥 불"(KJV)로 규정하신다. 게헨나는 예루살렘 남쪽에 있는 골짜기로, 1세기에는 도성에서 나오는 쓰레기를 이곳에 쌓아 두고 쉴 새 없이 불태웠다. 그래서 이곳은 지옥의 영원한 형벌을 상징했다.

살인의 본질을 재정의하면서 예수께서는 살인 행위가 도발적 모욕과 심한 비난으로 번질 수 있는 억제되지 않은 분노로 시작한다고 가르치신다(창 4:5-8을 보라).

4. "우리를 시험에 들게 하지 마시옵고" (마 6:13)

주기도문의 이 여섯 번째 간구에 쓰인 그리스어 자체는 전혀 모호하지 않지만, 의미는 확실히 파악하기 어려워서 수 세기 동안 기독교 지성들을 번민하게 했다. 핵심 단어는 '페이라스모스'(peirasmos)로서, "그릇된 일을 하게 미혹시킴"이라는 뜻에서 "유혹"(temptation)을 의미할 수 있다. 하지만 그런대로 괜찮은 이 의미에 비해, 야고보서 1:13에서는 그 어떤 예외도 인정하지 않는 진실 한 가지를 말한다. "사람이 시험을 받을(tempted) 때에 내가 하나님께 시험을 받는다(tempted) 하지 말지니 하나님은 악에게 시험을 받지도 아니하시고 친히 아무도 시험하지 아니하시느니라." 결론을 말하자면, 하나님이 적극적으로 사람들을 그릇된 행위로 인도하기는 불가능하다. 하나님은 자신의 본성에 반하는 일을 하실 수 없다.

이렇게 되면 해석자는 '페이라스모스'의 좀 더 일반적인 의미를 생각해 보게 된다. 그것은 바로 '시련'(trial), '테스트'(test), 또는 '테스트하기'(testing)라는 의미다. 그래서 NAB는 이 구절을 "우리로 최후의 시험(test)을 받게 하지 마시옵고"라고 번역하며, 이 시험은 종말에 있을 시련이나 환란을 말한다(계 3:10과 비교하라). 그런데 여기서 까다로운 문제는, 명사 '페이라스모스'에 정관사가 없으며, 그래서 이 단어의 의미는 "(종말에 있을 시험이 아니라 잘 알려진) 최종 시험"일 수도 있다는 것이다.

그러므로 때로 뒤에 이어지는 "들게 하다"(bring/lead into)라는 동사에 주목하게 되는데, 이 동사에는 무언가를 허용하는 권한이 주어질 때가 있다. 즉, "시련에 들게 허용하지 마시옵고", 또는 "우리로 유혹에 굴복하지 말게 하시옵고"(NLT)라는 뜻이 되는 것이다. 하지만 언어학적으로 "우리를 … 들게 하지 마시옵고"를 "우리를 …에 데려가지/굴복하게 하지 마시옵고"라는 의미로 해석할 수 있는지 의문의 여지가 있다.

베드로가 첫 번째 편지에서 분명히 하는 것처럼, 믿음의 시험은 유익한 것일 수 있다. 다양한 시련의 와중에서도 진짜임이 입증된 이 편지 수신자들의 믿음은 예수 그리스도께서 나타나실 때에 칭찬과 영광과 존귀라는 결과를 낳을 것이다(벧전 1:6-7). 한편, 시험받은 믿음은 일시적으로든 영원히든 믿음의 상실이라는 결과를 낳을 수 있다. 예수께서는 베드로에게 이렇게 말씀하신다. "시몬아, 시몬아, 보라 사탄이 너희를 밀 까부르듯 하려고 요구하였으나 그러나 내가 너를 위하여 네 믿음이 떨어지지 않기를 기도하였노니"(눅 22:31-32상). 베드로의 경우, 이렇게 믿음이 떨어진 것은 일시적인 일로 드러난다. 예수께서 "너는 돌이킨 후에 네 형제를 굳게 하라"(눅 22:32하)라고 덧붙이신 것을 보면 알 수 있다. 베드로 자신이 나중에 말한 것처럼, "주께서 [노아와 롯같이] 경건한 자는 시험에서 건지실 줄 아시"는데(벧후 2:9), 이는 시험 자체에서 건지신다는 말이 아니라 시험에 동반되는 위험, 이를테면 믿음을 잃을 위험 같은 것에서 건지신다는 말이다.

고린도전서 10:13은 주기도문의 이 여섯 번째 간구에 대한 바울의 주석이라고 할 만하며, 여기에는 그렇게 믿을 수 있는 이유가 있다. 바울은 고린도 신자들에게 이렇게 말한다. "사람이 감당할 시험밖에는 너희가 당한 것이 없나니 오직 하나님은 미쁘사 너희가 감당하지 못할 시험당함을 허락하지 아니하시고 시험당할 즈음에 또한 피할 길을 내사 너희로 능히 감당하게 하시느니라." 바울의 말은, 하나님께서는 우리가 감당하지 못할 시험으로 우리를 데려가시지 않으리라는 것이다. 그러면 우리는 이렇게 물을지도 모른다. "시험의 강도(强度)에 관한 하나님의 판단을 신뢰한다면 간구는 왜 합니까?" 답을 하자면, 이 간구는 겸손하고 기특한 자기 불신(self-distrust)에서 나오는 간구이리라는 것이다. 모진 시험으로 꼼짝 못할 지경이 되면 믿음을 잃을 가능성이 있다는 것을 우리가 잘 알기 때문이다(앞에서 인용한 눅 22:31-32를 보라). 예수께서 제자들이 모두 떨어져 나갈 것을 예측하시자 베드로는 이러한 자기 불신과 정반대되는 태도를 보였다. "기록된바 내가 목자를 치리니 양들이 흩어지리라"(슥 13:7을 인용한 막 14:27). 이때 베드로는 뻔뻔스럽고 교만하게도 이렇게 대답했다. "다 버릴지라도 나는 그리하지 않겠나이다 … 내가 주와 함께 죽을지언정 주를 부인하지 않겠나이다"(막 14:29, 31).

주기도문의 여섯 번째 간구를 이해하기 위해 이렇게 고린도전서 10:13을 이용하는 것은 5세기 동방 교회의 『야고보의 전례』(*Liturgy of St. James*)에 반영되어 있다(F. F. 브루스가 인용한). 사제는 주기도문을 인용하고 난 뒤 계속해서 이렇게 기도한다. "주 우리 하나님이여, 우리가 감당치 못할 시험에 들게 하지 마옵시고, 시험받을 때 피할 길도 주사 우리로 견고히 설 수 있게 하시옵소서."

여섯 번째 간구의 후반부에서 우리는 "다만 악에서 구하시옵소서"라고 기도하라고 권면받는다. "다만"(but)이라는 말은 하나님의 시험(13상절)과 하나님의 건져 내심(13하절)을 대조시킨다. '아포 투 포네루'(apo tou ponērou)가 단순히 "악으로부터"라는 뜻이라면 우리는 "모든 악한 일에서" 구해 주시기를 기대할 수 있을 것이다(딤후 4:18에서처럼). 그리고 '호 포네로스'(ho ponēros)는 마태복음 13:19, 38, 그리고 어쩌면 5:37, 요한복음 17:15에서도 마찬가지로 "악한 자"를 가리킨다. 사탄은 그리스도인들이 시험받을 때 특히 적극적으로 움직이며, 간계와 술책을 써서 이들을 무너뜨리려고 한다.

우리는 주기도문의 이 여섯 번째 간구가, 믿음을 약화시키고 하나님의 이름에 불명예를 끼치는 결과를 낳을 수도 있는 극심한 시험을 피하게 해 달라는 요청이라고 결론 내린다. 이 간구는 단순히 "우리를 혹독한 시험으로 데려가지 마시옵고"(GNT)라고 번역할 게 아니라, "감당할 수 없는 시험으로 우리를 인도하지 마시옵고"라고 번역해야 한다.

5. 그리스도인은 상대의 죄를 무조건 용서하고 잊어야 하는가? (마 6:14)

"그냥 용서하고 잊어버려! 지난 일은 지난 일이라고." 타인의 냉혹한 행동 때문에 상처 입고 힘들어 하는 사람에게 이런 조언을 하는 경우가 비일비재하다. 하지만 그런 사람에게 이런 조언을 하는 게 늘 옳기만 할까?

인간이 다른 인간에게 베푸는 용서의 진짜 본질을 알려면, 하나님의 용서의 특성을 면밀히 생각해 보는 게 도움이 된다.

첫째, 용서의 목적은 잘못을 저지른 사람과 그 때문에 피해를 입은 사람 사이의 관계가 조화롭게 회복되는 것이다. 그 정도의 화해가 이뤄지지 않는다면 용서의 완전한 의미에 미치지 못하는 것이다. 증오가 사라져야 한다. "전에 악한 행실로 멀리 떠나 마음으로 원수가 되었던 너희를 이제는 … 화목하게 하사"(골 1:21-22).

둘째, 양측 모두 서로에게 적절한 태도를 보여야 한다. 피해를 입은 사람 편에는 상대를 기꺼이 용서하려는 자세가 있어야 한다. "… 우리 구주 … 하나님은 모든 사람이 구원을 받…기를 원하시느니라"(딤전 2:3-4; 참조. 벧후 3:9). 즉, 하나님은 모든 사람이 죄 사함 받기를 원하신다. 잘못을 저지른 사람은 자기 잘못을 인정하고(=죄 고백), 그 잘못된 태도와 행동에서 돌이킬(=회개) 필요가 있다(눅 24:47; 행 2:38; 3:19; 요일 1:9). 성경에서 용서는 결코 저절로 이뤄지는 것으로 그려지지 않는다. 그리스도께서는 모든 사람을 위해 죽으셨지만(고후 5:15), 모든 사람이 죄 사함 받지는 않는다. 죄 고백과 회개가 요구된다.

우리 죄를 용서하실 때 하나님은 그 죄를 "잊지" 않으시는 게 분명하다. 하나님은 전지하시며 그래서 그 무엇도 잊으실 수 없기 때문이다.

하나님의 의식 속에는, 실제 일이든 일어날 가능성이 있는 일이든 과거와 현재와 미래의 모든 일이 동시에, 그리고 영구히 존재한다. 우리 죄를 용서하실 때 하나님은 하나님으로서 우리의 모든 것을 결산할 때 우리 죄를 더는 우리 것으로 돌리지 않는다는 의미에서 우리 죄를 기억하지 않기로 결정하신다. 그래서 고린도후서 5:19에서 우리는 이런 말씀을 보게 된다. "곧 하나님께서 그리스도 안에 계시사 세상을 자기와 화목하게 하시며 그들의 죄를 그들에게 돌리지 아니하시고." 수 세기 전 시편 기자는 "… 여호와께 정죄를 당하지 아니하는 자는 복이 있도다"(시 32:1-2; 참조. 사 43:25; 렘 31:34)라고 말하면서, 허물을 사함 받은 사람에게는 하나님의 복이 있다고 말했다.

하나님의 용서를 이렇게 분석한 것을 보면서, 누군가가 자신에게 잘못을 저질렀을 때 이 문제를 올바르게 처리하는 법을 알고자 하는 그리스도인들에게 길잡이가 될 만한 원칙들을 추론해 낼 수 있다. 그런 일이 아예 일어나지 않은 척하거나 이 일을 기억에서 지워 버리려(="잊어버리려") 해 봤자 이는 가능하지도 않고, 설령 가능하다 해도 별 의미가 없다. 잘못을 저지른 사람과 화해하는 것을 목표로 삼고, 그 사람이 자기 잘못을 인정하고 그 잘못된 행동을 유발한 태도를 완전히 버리기를 권고하고, 나는 그 사람과 다시 화합하기를 간절히 바란다는 것을, 즉 완전한 의미의 용서를 베풀고자 한다는 것을 확신하게 해 주어야 한다.

하지만 용서를 베푼다고 해서 그 용서가 상대방에게 반드시 받아들여지리라는 보증은 없다. 잘못을 저지른 사람이 회개하지 않을 경우(눅 17:3을 보라), 나는 기꺼이 용서하고 싶다는 뜻을 확실히 한 뒤 용서에 대한 책임을 하나님께 맡겨야 한다. 십자가 처형장에서 예수께서 회개하지 않는 군인들을 마주하셨을 때처럼 말이다. 이 군인들은 그저 본분을 다할 뿐

자기들 행동이 무슨 의미인지 알지 못했다. "아버지 저들을 사하여 주옵소서 자기들이 하는 것을 알지 못함이니이다"(눅 23:34; 1부 27장을 보라).

6. 진주를 돼지 앞에 던지지 말라! (마 7:6)

"비판하다"(judge)라는 말은 그리스어 동사 '크리노'(krinō)와 마찬가지로 전혀 다른 두 가지 의미를 지닌다. 이 말은 어떤 사람이나 일에 부정적 평결을 내린다(="유죄 판결을 내리다")는 뜻일 수 있고, 또는 사람이나 상황을 면밀히 평가한다(="분별하다")는 뜻일 수 있다. 예를 들어, 게으름은 잘못이라고 판결하고, 어떤 문제에 대한 두 가지 해법 중 한 해법이 다른 해법보다 적절하다고 분별한다. 우리는 산상설교의 한 단락에서 이 두 가지 유형의 판단이 모두 논의되는 것을 볼 수 있다(마 7:1-6).

마태복음 7:1에서 예수께서는 일반 원리를 말씀하신다. "비판을 받지 아니하려거든 비판하지 말라." 예수님은 모든 "비판"을 금하시지는 않는다. 예수 자신도 잠시 후 "거짓 선지자들"을 확인해서 거부하라고 제자들에게 말씀하시기 때문이다(마 7:15-20). 예수님은 모든 비판을 금하시기보다, 적절하고 세심한 분석 없이 주관적 판단으로 섣불리 부정적 평결을 내리지 말기를 제자들에게 요구하신다. 무턱대고 남을 비판하는 것은 사실상 만인의 심판자로서의 하나님 고유의 역할을 자기가 취하려는 잘못된 태도이며, 그런 어리석음은 오류 없고 최종적인 하나님의 심판에 자기 자신을 노출시키는 것이다.

2-5절은 일반 원리를 두 가지로 적용할 수 있음을 보여 준다. "너희가 비판하는 그 비판으로 너희가 비판을 받을 것이요 너희가 헤아리는

그 헤아림으로 너희가 헤아림을 받을 것이니라”(마 7:2). 남을 가혹하게 비판하면 우리도 가혹하게 비판받을 것이다. 남을 너그럽게 판단하면 우리도 너그럽게 판단받을 것이다. 간접적으로 이는 남을 대할 때 너그러운 태도를 보이라는 요구다. 이어서 3-5절에서 예수께서는 그릇된 비판의 예를 말씀하신다. (티끌을 빼내 주려는 행동 자체는 칭찬할 만하지만) 자기 눈의 들보로 시력이 상했다면 그 사람이 어떻게 이웃의 눈에서 티끌을 빼내 줄 수 있겠는가? 이는 우스꽝스러운 위선이다.

하지만 검열하는 태도를 너무 단호히 거부하면, 때로 사람이나 상황과 관련해 분별력을 발휘해야 할 때 그렇지 못하게 될 위험이 있다(6절).

거룩한 것을 개에게 주지 말며
너희 진주를 돼지 앞에 던지지 말라
그들이 그것을 발로 밟고
돌이켜 너희를 찢어 상하게 할까 염려하라

성경에서 “개”는 대체적으로 집안의 반려동물이 아니라, 사람 때문에 화가 나면 사람을 공격해서 크게 다치게 할 수 있는 사냥개를 말한다. “돼지”는 무얼 던져 주든지 먹어치우는 데만 골몰하는 불결하고 멸시받는 짐승을 말한다. 6절을 읽을 때 우리는 본능적으로 첫 번째 줄과 세 번째 줄을 연결 짓고, 두 번째 줄과 네 번째 줄을 연결 짓는다(즉, ABAB 구조). 하지만 개는 물건을 발로 밟지 않으며, 돼지는 사람을 찢지 않는다. 여기서 우리는 ‘교차대구법’(chiasmus/chiasm)이라는 문학적 기법의 한 예를 보게 되는데, chiasmus는 그리스어 ‘키아스모스’(chiasmos, 그리스어 철자 X[chi]를 반영하는)에서 온 말이다. 이는 절(節)을 ABBA 패턴으로 "엇갈리게 놓아서" 첫 번째 줄이 네 번째 줄과 상응하고 두 번째 줄이 세 번째 줄과 상응하게 만드는 기법이다.

개에게 "거룩한 것"(아마도 제물로 바쳤던 짐승의 "거룩한 살")이 주어진다 해도 개는 여느 살코기 조각과 다른 점을 알아차리지 못할 것이다. 개는 자기에게 주어진 변변찮은 고기 조각을 게걸스레 먹어치우고는, 성에 차지 않아 못마땅해하며 고기를 준 사람에게 돌진해 물어뜯기 시작할 것이다. 마찬가지로, 돼지도 진주의 가치를 알아차리지 못하고 먹을 것으로 생각할 것이다. 먹는 게 아니라는 것을 깨닫고는 진짜 먹을 것을 달라고 재촉하면서 멸시하듯 진주를 밟아 뭉갤 것이다.

예수께서는 누군가에게 무엇을 줄 때는 분별력과 안목이 있어야 한다고 말씀하고 계신다. "거룩한 것", 하나님 나라 복음의 고상한 가치, "극히 값진 진주"(마 13:45-46)를 모든 사람이 알아보고 선뜻 받아들이지는 않는다. 때로 침묵이 요구되기도 한다. 헤롯 안디바가 "여러 말로 물으나" 예수께서는 침묵을 지키셨다(눅 23:9).

예수를 따르는 이들은 타인을 향해 검열관처럼 정죄하는 태도를 보이지 말아야 함은 물론, 타인에게 귀한 것을 베풀 때도 지각이 있어야 하고 분별력이 있어야 한다. 예수를 따르는 이들은 그저 "공의롭게 판단"해야 한다(요 7:24).

7. 만사를 아시고 감독하시는 아버지 (마 10:29)

한 아이가 혼자서 씩씩하게 나무에 오르려 한다. 아이의 아버지는 "아빠 없이 너 혼자서는 못 올라갈 걸"이라고 한다. 아이는 "아빠 없이"라는 말이 "아빠의 도움 없이"라는 뜻이라는 것을 본능적으로 안다. 모든 언어에는 이런 유형의 의미상 간극(혹은 생략)의 사례가 있다. 그 말이 나오게 된 직접적 정황이 그 간극을 메운다. 그래서 요한복음 15:5에서 예수께서 "나를 떠나서는 너희가 아무것도 할 수 없음이라"라고 말씀하실 때, 제자들은 이 말씀이 "포도나무인 내 안에 머물지 않는 한 너희는 가지로서 열매를 맺을 수 없을 것"이라는 뜻임을 알아차렸을 것이다.

이를 알면 마태복음 10:29에 기록된 예수의 말씀을 이해하는 데 도움이 된다. 마태복음 10:26-31에서 예수께서는 비록 박해받을 것이 확실하더라도 두려움을 삼가라고 열두 제자에게 세 번 타이르신다. "두려워하지 말라"(26, 28, 31절), "오직 몸과 영혼을 능히 지옥에 멸하실 수 있는 이를 두려워하라"(28절). 그리고 창조 세상 전체에 미치는 하나님의 무한한 능력을 설명하려고 예수께서는 "참새 두 마리가 한 앗사리온에 팔리지 않느냐"라고 물으시고, "그러나 너희 아버지 없이는(without your Father) 그 하나도 땅에 떨어지지 아니하리라"라고 대답하신다(29절).

"너희 아버지 없이는"(RV), 또는 "너희 아버지와 떨어져서는"(ESV, NRSV)이라는 말에 생략된 부분을 어떻게 채워야 할까? 우리가 알고 있는 하나님의 성품에 비춰 볼 때, 이 맥락에서 "너희 아버지의 도움 없이는", 또는 "너희 아버지의 명령 없이는"이라는 말로 생략된 부분을 채우는 것은 적절치 않을 것이다. 그보다는 다음 세 가지 가능성이 있다.

1. "너희 아버지께서 아시지(knowledge) 않으면"(REB) 또는 "너희 아버지가 이것을 아시지 않고는"(NLT). 다음 절(마 10:30)은 하나님의 완전한 지식에 대해 말하고 있고, 병행 구절인 누가복음 12:6에서는 "그러나 그 중 한 마리의 참새도 하나님의 시선을 벗어나지 못한다"라고 한다.

2. “너희 아버지의 동의 없이는”(GNT, HCSB, CSB)

3. “(너희 아버지께서) 알고(knowledge) 동의하시지 않으면”(BDAG 78상반절). 흥미롭게도 두 종류의 파피루스가 “없이”를 뜻하는 똑같은 단어 ‘아뉴’(aneu)를 써서, 생략된 부분을 이렇게 두 가지 뜻으로 완성하는 견해를 지지한다. 한 파피루스에서는 “서기관들이 알고(knowledge) 바라지 않으면 동료들은 아무것도 (하지) 않는다”라고 하고, 또 한 파피루스에서는 “신들의 인지(cognizance)와 허락 없이는 아무 일도 일어나지 않는다”라고 한다.

1번과 2번을 조합한 3번 안이 가장 적절하게 맥락에 들어맞는다. 마태복음 10:29-31에서 계속 연결되는 생각의 흐름은 다음과 같다. 하나님이 창조주로서 언뜻 하찮아 보이는 피조물 하나(참새)의 죽음에 관해서도 아시고 이에 동의하신다면, 하물며 모든 것을 다 아시는 아버지 하나님으로서 참새보다 무한히 더 소중한 자신의 자녀에 관해서는, 특히 이들이 순교로써 죽음을 눈앞에 두고 있을 경우에는(28절을 보라) 얼마나 더 염려하시겠느냐는 것이다. 여기서 전제되는 것은, 하나님이 아시고 동의하실진대, 궁극적 위해(危害)에서도 자녀들을 보호하신다는 것이다. 박해에 따른 정신적 외상을 포함해, 하나님 자녀의 생명의 모든 측면을 하나님께서는 다 아시고, 이 모든 측면은 하나님의 섭리에 따른 동의와 주권적 돌보심에 다 포함된다.

8. 세례 요한이 예수께 실망한 이유 (마 11:2-6)

세례 요한의 메시지는 이를 듣고 회개하라는, 그리고 회개에 걸맞은 행실을 보이라는 강력한 요청이었다(마 3:6). 이는 메시아의 도래를 준비하는 것일 터였고, 메시아는 정결케 하시는 성령의 복을 안겨 주실 뿐만 아니라 불의한 자들에게는 심판 또한 내리실 터였다(마 3:7-12). 요한은 이 심판을 추수 뒤 농부의 역할에 비유했다. 추수 때가 되면 농부는 갈퀴를 들고 알곡과 쭉정이를 허공에 날려, 무게가 있는 알곡은 땅에 떨어지게 한 뒤 곳간에 들이고 가벼운 쭉정이는 바람에 흩어져 날리게 한 뒤 쓸어 모아 불에 태운다(마 3:12).

메시아 예수께서 마침내 도착하시자 요한은 그분을 세상 죄를 지고 갈 하나님의 어린양으로 확인했다(요 1:29). 이 선언은 예수께서 죽기 전 공생애 기간에 무슨 일을 하실지에 대한 언급 없이, 다만 죽음으로써 성취하실 일을 미리 내다본 것이었다.

요한의 공적 사역은 갈릴리와 베뢰아 분봉왕 헤롯 안디바가 그를 옥에 가두었을 때 종료되었다. 헤롯이 요한을 옥에 가둔 이유는 형제인 빌립의 아내 헤로디아와의 결혼이라는 불법 행위를 요한이 정면으로 비난했기 때문이다(막 6:17-18). 독방에 갇혀 활기를 잃어 가던 요한은(광야에서 자유로이 활동하던 시절과 뚜렷이 대조되는 모습이다) 예수께서 자비롭게 활동하고 계신다는 소식, 그러나 심판을 실행하시는 것 같지는 않다는 소식을 듣고 예수의 정체에 의심을 품었다. 그래서 요한은 제자들을 예수께 보내 결정적 질문을 한다. "오실 그이가 당신이오니이까 우리가 다른 이를 기다리오리이까"(마 11:2-3). 지혜롭게도 예수께서는 요한이 보낸 사람들을 잠시 붙들어 두고 자신이 메시아로서 실제 행하는 일, 즉 맹인, 못 걷는 사람, 못 듣는 사람, 나병 환자 등을 고쳐 주시고 가난한 사람들에게 좋은 소식을 전파하는 것을 목격하게 하셨다(마 11:5; 참조. 사 35:5-6; 61:1). 요한의 제자들은 돌아가서 자신들이 보고 들은 것과 함께 "누구든지 나로 말미암아 실족하지 아니하는 자는 복이 있도다"라는 예수의 당혹스러운 마지막 한마디를 요한에게 보고했다. 이는 요한의 생각을 부드럽게 간접적으로 책망하는 말이었다. 그러면서도 요한의 제자들이 돌아갈 때 예수께서는 비할 데 없는 요한의 위대함을 기억에 남을 만한 표현으로 무리를 향해 말씀하셨다(1부 9장을 보라).

안타깝게도 요한은 예수의 자비 행위에 실망을 느꼈다. 그는 예수에게 화가 났다. 요한은 메시아가 가차 없이 심판을 내려 주기를 기대했는데, 예수께서는 은혜로운 친절을 보이셨다. 요한의 기대가 잘못인 이유는, 그 기대가 새 시대의 징후에 관한 구약성경의 예언보다는 당대 사람들의 희망을 바탕으로 형성되었기 때문이다. "그때에 맹인의 눈이 밝을 것이며 못 듣는 사람의 귀가 열릴 것이며 그때에 저는 자는 사슴 같이 뛸 것이며 말 못하는 자의 혀는 노래하리니"(사 35:5-6). 또한 이사야는 여호와의 은총이 임하는 메시아의 때에 관해서도 예언했다. "주 여호와의 영이 내게 내리셨으니 이는 여호와께서 내게 기름을 부으사 가난한 자에게 아름다운 소식을 전하게 하려 하심이라"(사 61:1).

이는 우리가 장래에 대한 소망을 품을 때 우리 시대의 희망과 기대보다는 성경의 인도를 받아야 한다는 유익한 경고다.

9. 메시아의 선구자(先驅者)보다 더 위대한 이유 (마 11:11)

오래 기다리던 하나님의 메시아의 도래가 임박했음을 세상에 알리도록 선택된 사람보다 더 위대한 사람이 있을 수 있을까?

이 질문에 답할 수 있으려면 위대하다는 것에 기본적으로 두 가지 유형이 있음을 생각해 보아야 한다. 영국 왕위 계승자 찰스 왕세자처럼 태어날 때부터 높은 신분을 특권으로 지니고 태어나는 "위대한" 사람들이 있다. 그리고 마하트마 간디처럼 이례적 성품과 섬김 덕분에 위대한, 혹은 위대해진 사람이 있다. 성품이나 섬김 면에서의 위대함이 있고, 신분이나 특권 면에서의 위대함이 있다.

이 구별은 "내가 진실로 너희에게 말하노니 여자가 낳은 자 중에 세례 요한보다 큰 이가 일어남이 없도다 그러나 천국에서는 극히 작은 자라도 그보다 크니라"(마 11:11)라는, 수수께끼 같은 예수의 말씀을 해석하는 데 적절하다. 누가복음의 병행 구절(7:28)에서는 '천국' 대신 '하나님의 나라'가 쓰인다. 이 두 표현은 의미상 동일하다. 유대인들 사이에서 '하늘'은 흔히 '하나님'과 동의어였다.

마태복음 11:6에서 세례 요한을 간접적으로 부드럽게 꾸짖으신 후("누구든지 나로 말미암아 실족하지 아니하는 자는 복이 있도다"), 예수께서는 무리를 향해 일련의 예리한 질문을 던지시는데, 이 모든 질문의 의도는 메시아의 선구자이자 사자(使者)로서의 요한의 독특하고도 탁월한 특성과 섬김을 보여 주려는 것이었다(마 11:7-10). 이 질문들에 뒤이어 앞에서 인용한 수수께끼 같은 말씀이 등장한다. 이 말씀에서 "극히 낮은/작은 자"란 "가장 낮은 자리에 있는 사람"을 말한다. 하지만 역사상 가장 위대한 인간이라는 요한의 독특성을 감안할 때, "극히 작은 자"가 어떻게 요한보다 클 수 있을까?

하나님의 구원 계획에서 요한이 차지하는 위치는 모세의 위치와 비슷하다. 모세는 비스가 산 정상에 올라 요단강 건너편 약속의 땅을 내려다봤지만, 정작 자기 자신은 그 땅에 들어가지 못했다(신 3:27). 마찬가지로, 세례 요한은 두 시대의 전환점이었다. 요한은 선지자 계보의 마지막을 장식하고(마 11:13) 천국 입구에 서 있었으나 실제로 그 나라에 들어가지는 못했다.

예수께서 그 나라에서 가장 보잘것없다고 말씀하신 사람은 두 가지 면에서 요한을 능가한다. 첫째, 예수의 사역 · 죽음 · 부활 후에 세상에 오는 "극히 작은 자"는 요한이 보지 못한 메시아 예수를 좀 더 충분하고도 명료하게 목격할 수 있다. 둘째, 그 나라에서 "극히 작은 자"는 이제 요한은 체험하지 못한 신분과 특권을 누린다. 예를 들어 우리는 속량된 사람들로서 하나님의 가정에 입양되었다. 우리는 우리 삶에 영원히 거하는 분으로서 하나님의 성령을 선물로 받았다. 우리에게는 장래에 획득할 것으로서만이 아니라 현재의 소유로서 영생이 있다. 그리고 하나님께 기도할 때 우리는 하늘에 있는 우리의 대언자요 중보자이신 하나님의 아들의 능력 있는 이름에 호소할 수 있다.

10. "천국은 침노를 당하나니" (마 11:12)

마태복음 11:12 하반절이 이해하기 까다로운 구절이라는 증거가 필요하다면, 연속해서 발간된 NIV 두 판본의 번역을 읽어 보기만 하면 된다.

세례 요한의 시대부터 지금까지, 천국은 힘차게 진전하나니 힘 있는 사람이 이 나라를 손에 쥔다.(1984)

세례 요한의 시대부터 지금까지, 천국은 폭력을 겪어 왔나니 폭력적인 사람들이 이 나라를 침략하고 있다.(2011)

"폭력을 가하다/강요하다"라는 뜻의 동사 '비아조'(biazō)를 연구해 보면 이 구절을 좀 더 잘 이해할 수 있다. 고대 그리스어에는 세 가지 '태'(態), 즉 능동태("나는 붙잡는다"), 수동태("나는 붙잡힌다"), 중간태("나는 스스로 잡는다I grasp for myself")가 있다. 중간태는 때로 목적어를 함축하지 않은 자동사의 의미를 지닌다. 이 구절에서 동사(비아제타이biazetai라는 형태로 쓰인)가 의미상 수동형이라면, 이 구절은 "천국이 폭력을 겪고 있다"는 의미가 될 것이다(="세례 요한의 시대부터 지금까지 천국은 폭력을 겪어 왔다"). 그러나 이 동사는 보통 중간태의 자동사로 쓰인다. 그래서 이 구절은 "힘으로 밀고 들어간다", "강력하게 진전한다", "의기양양한 기세로 길을 내다"라는 의미가 된다. 예수께서는 천국이 지금 극적으로 사탄의 영역으로 침입하고 있고, 자신이 연 새 시대가 현 시대를 향해 저항할 수 없게 진군한다고 말씀하고 계셨다. 그 진군 과정에서 결정적으로 중요한 것은 예수께서 좋은 소식을 선포한 것(눅 16:16)과 기적을 행하신 것이었다(마 12:28).

'비아제타이'가 자동사로 쓰인 또 한 예는 누가복음 16:16의 병행구에서 볼 수 있다. 율법과 선지자와 세례 요한의 때 이후 "하나님 나라의 좋은 소식이 전파되고 있으며, 모든 사람이 그 나라로 힘으로 밀고 들어간다"(NIV), 또는 "모든 사람이 강제력으로 그 나라에 들어가려고 한다”(NRSV). 여기서 “힘”(force)이란 천국에 들어가고자 하는 모든 이들의 단호하고 원기왕성하고 열성적인 행동을 가리키는 것으로 추측할 수 있다(“모든 사람이 간절히 들어가고 싶어 한다.” NLT). 누가복음 13:24의 “좁은 문으로 들어가기를 힘쓰라”와 비교해 보라.

그런데 자동사적 중간태로서의 이 동사 ‘비아제타이’에는 긍정적 의미가 있는 반면, 조금 뒤에 나오는 같은 어원을 가진 명사 ‘비아스타이’(biastai)에는 “약탈하는 자들”, “폭력적인 사람들”이라는 강한 부정적 의미가 담겨 있다. 이 “폭력적인 사람들”의 정확한 정체가 무엇인지는 불분명하지만, 다음과 같이 다양한 의견들이 있다.

- 유대인 대적자들, 특히 바리새인들을 뜻하며, 이들에 관해 예수께서는 이렇게 말씀하셨다. “너희는 천국 문을 사람들 앞에서 닫고 너희도 들어가지 않고 들어가려 하는 자도 들어가지 못하게 하는도다”(마 23:13).
- 일찍이 세례 요한을 옥에 가두었던 헤롯 안디바를 말한다(마 14:3; 막 6:17).
- 인간 대리자를 통해 일하는, 하나님께 대적하는 영적 세력을 가리킨다.
- 유대 땅에서 로마의 지배를 척결하고자 한 열심당을 말한다. 주후 6년, 그런 “폭력적인 사람” 중 하나인 갈릴리의 유다가 일으킨 반란이 로마인들에게 진압되었다(행 5:37).

이 사람들이 누구인지와 관계없이, 이들의 목표는 천국의 진전을 방해하는 효과적 장애물을 만들려는 것이었다. 이들은 천국을 약탈해 자기들 소유로 주장하려 하고 있었다(하르파주신harpazousin). 그래서 나는 마태복음 11:12를 이렇게 해석하기를 제안한다. “세례 요한의 때부터 지금까지, 천국은 힘차게 진전해 왔으며, 폭력적인 사람들은 이 나라를 습격 약탈하려 해 왔다."

11. 교회를 베드로 위에 세우시는가? (마 16:18)

베드로가 예수는 "그리스도시요 살아 계신 하나님의 아들"이라고 고백하자 예수께서는 이 고백이 어떤 자연적 통찰에서 나온 게 아니라 하나님으로부터의 계시에서 왔다고 베드로에게 확신시켜 주셨다(마 16:16-17). 예수께서는 자신의 위격에 관한 이 신적 계시에 두 번째 계시를 덧붙이시는데, 이번에는 자신의 사역에 관한 계시였다. 예수께서는 사망과 악의 권세에 맞설 예수님만의 신자들의 공동체를 친히 세우실 터였다(마 16:18).

예수께서는 베드로에게 주시는 말씀으로 이 두 번째 계시를 시작하신다. "또 내가 네게 이르노니 너는 베드로(그리스어로 페트로스petros)라 내가 이 반석(그리스어로 페트라petra) 위에 내 교회를 세우리니." 어떤 이들은 예수께서 이 말씀을 아람어로 하셨다면 이 어휘놀이에서 두 군데 모두 '케파'(kepa')라는 단어가 쓰였을 것이라고 말한다. 이 단어는 '돌'이라는 뜻이기도 하고 '반석'이라는 뜻이기도 하기 때문이다. 하지만 해석 작업은 "아람어로 말씀하셨다면"이라는 가정이 아니라, 있는 그대로의 그리스어를 토대로 해야 한다. 그리스어 '페트로스'는 바위 조각, 돌을 가리킨다(페트로토모스petrotomos는 석수石手를 뜻한다). 반면 '페트라'는 '암석', '울퉁불퉁한 바위', '기반암'을 뜻하고(페트라Petra라는 도성에서 볼 수 있는 거대한 암석층에 속한), 형용사 '페트라이오스'(petraios)는 "바위로 된, 바위 같은"이라는 뜻이다. 그러므로 이 구절에는 '페트르'(petr-)라는 어근(語根)을 바탕으로 한 의도적 어휘놀이가 있는 듯하며, 돌과 반석 사이의 대조가 두드러진다.

그런데 무엇이 예수께서 자신의 교회를 세우실 "반석" 또는 확고한 토대인가? 여기에는 두 가지 주요한 의견이 있다.

첫째, 베드로 자신이 반석이라는 의견. (1) 사도들의 리더이자 대표로서("동료들 중 첫째") (2) 예수께서 세우실 교회의 대표로서 (3) 예수를 메시아, 하나님의 아들로 고백한 첫 번째 고백자로서(이 견해는 베드로가 시간상으로 첫 번째라는 뜻이지 신분상의 첫 번째라는 의미가 아니다). 하지만 예수께서는 "네 위에" 혹은 "반석으로서의 네 위에"라고 하시지 않았다는 점을 주목해야 한다. 만약 그랬다면, 메시아의 공동체라는 그토록 장엄한 체계가 한낱 인간이라는 그런 불안정한 토대 위에 세워질 수 있겠느냐는 의심이 생길 것이다. 게다가 베드로 자신도 나중에 그리스도를 교회의 "모퉁잇돌"로 이야기했고, 자기 자신을 포함해 모든 신자를 "신령한 집" 곧 교회를 이루는 "산 돌"로 이야기했다(벧전 2:4-6).

두 번째이자 더 나은 해석안은 16절에 기록된 베드로의 메시아 고백이다. 앞에서 설명한 페트로스와 페트라의 의미상 차이는 이 두 단어가 필시 서로 다른 두 가지를 가리킨다는 점을 암시한다. 그리고 "반석"(페트라) 앞에 "이"(this)라는 말을 써서, 한 인격체("너")를 대상으로 한 진술에서 비인격체("이 반석")를 대상으로 한 진술로 옮겨 간다. 이 해석안을 지지하는 입장에서 또 한 가지 주목할 것은, 그리스도인들이 가장 초기에 고백한 기본적 내용이 실제로 "예수는 메시아시다"라는 것이었다는 점이다(행 18:5, 28을 보라; 참조. 행 2:36; 9:22; 17:3).

12. '매기'와 '풀기' (마 16:19; 18:18)

예수가 메시아이심을 최초로 고백한 사람으로서(마 16:16) 베드로에게는 "천국 열쇠"(마 16:19상), 즉 "천국 복음을 전파"(마 4:23)할 특권과 책임이 맡겨졌다. 이 역할을 이행할 때 베드로는 이 "열쇠"를 써서 어떤 사람에게는 천국을 열어 주고('풀기') 어떤 사람 앞에서는 천국을 닫아걸어야('매기') 했다.

유대 랍비들 사이에서 '매기'와 '풀기'는 금지되었거나("매인") 허용된("풀린"), 허가되지 않았거나 허가된 어떤 행동 유형을 나타내는 관용적 표현이었다. 예수께서는 이 두 가지 범주를 활용해서, "열쇠"를 사용한다는 게 무슨 의미인지를 베드로에게 설명하셨다. "무엇이든지 네가 땅에서 매는 것은 하늘에서 이미 매인 것이요 무엇이든지 네가 땅에서 푸는 것은 하늘에서 이미 풀린 것이라"(마 16:19 HCSB; CSB도 유사함). 마태복음 18:18에서는 예수의 모든 제자들과 관련해서도(마 18:1을 보라) 같은 내용이 되풀이해서 보증된다. 16:19의 단수형 "네가"가(세 번) 18:18에서는 복수형 "너희"가(세 번, 개역개정성경에서는 두 번 — 옮긴이) 되기 때문이다.

복음 전도자들은 회개하고 예수 그리스도를 믿는 사람은 모두 죄 사함 받는다고 단언하는데, 그때마다 이들이 선언하는 것은, 그런 사람들이 "풀려나서" 천국에 들어갔다는 것이다. 이 선언에서 전도자들은 천국(=하나님)이 이미 확정한 평결을 극적으로 표현한다. 마찬가지로, 회개하지 않은 불신자로 남는 사람들은 "매인" 것이며, 천국은 이들 앞에서 문이 닫힌다. 천국은 이미 이 진리를 확증했다. 모퉁잇돌 예수 아닌 "다른 이로써는 구원을 받을 수 없나니"라고 했기 때문이다(행 4:11-12).

이 해석이 "무엇이든지"(16:19의 중성 관계대명사 '호 에안ho ean'과 18:18

의 '호사 에안hosa ean')라는 부분에서 걸려 넘어지는 것처럼 보인다면, 중성 대명사는 흔히 사물, 혹은 이 구절의 경우처럼 이 땅에서의 선언이 아니라, 한 부류의 사람들을 가리킨다는 점을 주의해야 한다.

구주와 주님으로서의 예수 그리스도께 자기를 내맡기는 사람은 모두 영생을 얻는다고 사람들에게 확신시킬 때, 이 확신을 하나님께서 이미 승인하셨다는 것을 알면 강한 동기부여가 된다. 우리는 이미 확정된 천상의 작정을 이 땅에서 선언하고 있다.

하지만, 이 두 구절 모두 "무엇이든 네가 이 땅에서 매면 하늘에서 매일 것이요, 무엇이든 네가 이 땅에서 풀면 하늘에서 풀릴 것이라"(NIV, NRSV, KJV, NASB, GNT, NAB, ESV도 비슷하다)라고도 번역할 수 있다. 즉, 이 땅에서의 "매기"나 "풀기"를 하나님께서 확증 혹은 재가(裁可)해 주시리라는 것이다.

신약성경에는 이 신적 재가의 명백한 사례 두 가지가 있다. 아나니아와 삽비라가 용의주도하게 계획을 세워, 재산을 판 돈 전액을 바친 것처럼 속임수를 썼을 때, 이를 알아차린 베드로는 이들이 사탄의 영향 아래 하나님께 거짓말을 한다고 고발했다(행 5:1-4). 이 부부의 돌연한 죽음은 결국 베드로의 꾸짖음을 하나님께서 극적으로 확증해 주신 것에 다름 아니었다(행 5:5-10). 고린도 교회에 성적 부도덕 행위가 있다는 소식을 들은 바울은 근친상간의 죄를 지은 그 사람을 사탄에게 넘겨주어 "육신은 멸하"게 하라고 회중에게 지시했다(고전 5:1-5). 이 경우, 바울과 고린도 교회의 판단을 하나님께서 재가해 주셨다는 사실은 사탄이라는 작인(作因)을 통해 드러날 터였다.

그러나 어떤 성질의 결정이든 교회 지도자들이 내린 결정이라고 해서 모두 자동적으로 신적 승인을 받지는 않는다. 성령의 지도를 구하고 받아야 한다. 예를 들어, 이방인 신자를 어떤 조건 아래 동료 신자로 받아들일 수 있느냐에 관해 예루살렘에서 사도들과 장로들이 내린 평결은 "성령과 우리"에게 옳아 보이는 결정으로서 공표되었다(행 15:28). 비슷한 예로 고린도전서 5:4에서 "너희가 내 영과 함께 모여서 우리 주 예수의 능력으로" 결정한 것도 그런 경우다.

13. 배우자가 외도했다면 이혼은 당연한가? (마 19:9)

두 그리스도인이 적법한 절차를 거쳐 결혼 생활을 하던 중 어느 한쪽이 장기간에 걸쳐 외도를 해 왔음을 배우자가 이제 막 알게 되었다. 처음 이 일이 발각될 때에는 외도의 당사자도, 배우자도 충격을 받는다. 그리고 어느 정도 충격이 가신 후 배우자는 이제 어떤 선택을 해야 할지 생각하기 시작한다. 두 사람은 본능적으로 성경에서, 특히 예수께서 산상설교 때 하신 말씀에서 지도를 받고자 할 것이다. "누구든지 성적 부도덕 행위 없이 아내와 이혼하면 이는 아내로 간음하게 함이요 또 누구든지 이혼당한 여자에게 장가드는 자도 간음함이니라"(마 5:32).

"성적 부도덕 행위 없이"(NIV)라는 말은 무고한 배우자에게 권리를 주어, 아무런 영적 비난도 받지 않고 이혼 절차를 주도할 수 있게 하는가? 더 나아가서, 이혼 문제를 좀 더 길게 다루고 있는 마태복음 19:1-9에서는 무고한 배우자 쪽에 또 다른 권리를 주는 것 같다. "누구든지 성적 부도덕 행위 없이 아내와 이혼하고(NIV, HCSB) 다른 여자와 결혼하는 자는 간음함이니라"(마 19:9). "성적 부도덕 행위 없이"라는 말은 무고한 배우자 쪽에 아무런 영적 비난도 받지 않고 재혼할 수 있는 권리를 주는가?

두 성경 구절에서 “성적 부도덕 행위 없이”라는 표현 뒤에 나오는 그리스어가 각각 다르기는 하지만, “(성적) 부도덕 행위의 근거 없이”라는 의미는 똑같다. 다른 점은 형태에 있지, 내용에 있지 않다. 대부분의 주석가들은 부도덕이 간음을 말한다는 데 (올바로) 의견이 일치한다.

하지만 이 상황에서 우리는 권리를 논해야 하는가, 아니면 우선적 대책을 찾아야 하는가?

제자들이 예수께 “어찌하여 모세는 이혼 증서를 주어서 버리라 명하였나이까”라고 묻자 예수께서는 “모세가 너희 마음의 완악함 때문에 아내 버림을 허락하였거니와 본래는 그렇지 아니하니라”라고 대답하신다(마 19:7-8). 이 말씀에 담긴 의미는 명쾌하다. 마음이 완악하지 않으면 이혼 절차는 필요하지 않다. 즉, ‘무고한 배우자’ 쪽에서 상대방을 기꺼이 용서하고자 하는 마음이 있으면, 이혼이라는 끝없는 고통 말고 다른 방도가 있다는 것이다.

여기서 우리는 그리스도인의 용서의 본질을 다시 한 번(1부 5장을 보라) 생각해 보게 된다. 용서란 죄가 저질러졌을 때 마치 그런 일은 일어나지 않은 양 눈을 감아 버리고 잊으려 애쓰는 게 아니다. 그보다는, 무엇보다 먼저 죄를 인정하고, 서로 정절을 지키겠다는 결혼 서약 및 이 일로 충격을 받은 모든 사람을 생각해 볼 때 이 죄가 얼마나 심각한지를 인정하는 과정이 있어야 한다. 그렇게 하다 보면 결과적으로 하나님과 배우자 앞에 자기 죄책을 완전히 고백하게 될 것이다. 진정한 회개의 증거는 남편과 아내가 서로 간의 애정과 사랑을 되살리고 똑같은 잘못을 다시 저지르는 것을 방지하기 위해 어떤 대책을 세워야 할지 솔직히 의견을 나누는 모습에서 볼 수 있다. 그때에야 비로소 배우자는 잘못을 저지른 상대방을 향해 온 마음을 다해 “당신을 용서합니다”라고 말할 수 있다. 2부 13장을 더 연구하라.

14. "가서 … 제자로 삼으라" (마 28:19-20)

예수의 지상명령이 담긴 이 중요한 두 구절의 그리스어 문법에 관해서는 그릇된 정보가 만연해 있다. 우리가 듣기로, 첫째, "가라"는 명령은 없고, 다만 "갈 때"(as you go)라는 뜻의 분사만 있다고 한다. 하지만 그리스어에서 예를 들어 "가라, 그리고 보라"(go and see)라고 두 가지 명령을 연이어 표현하고자 할 때에는 대개 어느 것이 주 명령인지를 판단해서 명령형으로 이를 표현하고, 부차적 명령은 분사를 써서 표현한다. 그래서 문자적으로 "가서 보라"(having gone, see)는 "가라, 그리고 보라"와 같은 말이다. 마태복음 28장에서 실제로 이런 경우를 두 번 볼 수 있다.

> 가서(포류데이사이poreutheisai, 부정과거 분사) 이르되(에이파테eipate, 부정과거 명령법) (마 28:7)

> 가서(포류덴테스poreuthentes, 부정과거 분사) 제자로 삼아(마테튜사테mathēteusate, 부정과거 명령법) (마 28:19)

여기서 우리는 명령형인 "제자로 삼으라"라는 명령이 "가기"(going)보다 더 중요하며, 가는 것은 중요성 면에서 부차적이라고 추론할 수 있다. 또한 이 구절의 의미가 "갈 때"일 경우라면, 제자 삼기와 동시에 일어나는 행동을 표현하기 위해서는 부정과거 분사가 아니라 현재 분사가 쓰였을 것이다.

"제자로 삼으라"는 부정과거 시제이기 때문에 단일한 행동을 암시한다는 주장도 간혹 있다. 그렇지 않다. 여기서 부정과거가 뜻하는 것은 제자 삼기의 전 과정이 하나의 단위(a unit)로 여겨진다는 것일 뿐이다.

이 하나의 그리스어 문장(19-20절)은 현재분사 두 개로 계속 이어진다. 하나는 "세례 주기"(밥티존테스baptizontes)이고, 다른 하나는 "가르치기"(디다스콘테스didaskontes)인데, 이 두 분사는 문법적으로 주 동사인 "제자로 삼다"에 의존한다. 이 두 분사는 제자 만들기의 두 가지 결과를 열거하는 게 아니라, 제자 삼기에 수반되는 두 가지 동시적 행동을 최소한으로 묘사한다. 아마도 이 두 분사는 두 가지의 주요하되 별개인 수단, 그러나 꼭 유일하지는 않은 수단을 묘사하며, 이 수단으로써 제자들은 제자를 삼으라는 예수의 기본 명령을 이행할 것이다.

예수의 제자들은 정확히 그분의 명령을 이행할 때에야 자신들을 능력 있게 하는 그분의 임재를 주장할 수 있다. "그리고 기억하라. 지금 이 시대가 끝날 때까지 나는 늘 너희와 함께 있을 것이다"(20절).

마가복음

15. 하나님이 용서하실 수 없는 죄도 있는가? (막 3:29; 눅 12:10)

"(신성을) 모독하다"라는 뜻의 영어 단어 'blaspheme'는 '블라프토'(blaptō, 해치다, 손해를 끼치다)와 '페메'(phēmē, 명성)라는 두 개의 그리스어 단어에서 온 말이다. 신성을 모독한다는 것은 하나님을 비방하는 말을 하거나 하나님의 이름을 오용해서(출 20:7; 신 5:11) 하나님의 명성에 해를 끼치는 것이다. 원래 신성모독에는 하나님께서 명하시고 지지하신 정치/사회 질서를 거부하는 행위도 포함되었다. 그러나 오늘날 서양 사회에서 '신성모독'은 종교적 증오, 그리고 특히 '증오 발언' 범죄 정도로 수위가 낮아졌다.

사함 받지 못할 죄에 관한 예수의 가르침은 한두 번 주어지지 않았을 것이다. 마가복음에서 이 가르침이 주어진 배경은 예수의 축귀(逐鬼) 사역, 즉 귀신 들린 사람에게서 귀신을 쫓아내신 일을 조사하려고 예루살렘에서 유대 법 전문가들이 갈릴리에 도착했을 때였다. 이들이 내린 기괴한 결론은, 예수 자신이 "더러운 귀신"이며 귀신의 왕 바알세불의 지배를 받고 있다는 것이었다(막 3:22, 30). 예수께서는 이 결론이 터무니없음을 지적하신 뒤(막 3:23-26), 하나님의 사함을 받을 수 있는 죄 및 비방하는 말에 대해, 그리고 사함 받기 불가능한 죄에 대해 말씀하셨다. 사함 받을 수 없는 죄란 곧 예수께서 하신 일을 사탄의 활동으로 돌리는 것이다. "내가 진실로 너희에게 이르노니 사람의 모든 죄와 모든 모독하는 일은 사하심을 얻되 누구든지 성령을 모독하는 자는 영원히 사하심을 얻지 못하고 영원한 죄가 되느니라"(막 3:28-29). 실제로, 예수께서 귀신을 쫓아내신 것은 성령으로써 하신 일이었지만(마 12:28), 예루살렘 본부에서 온 이 방문객들은 영적 시각이 심히 뒤틀리고 무감각해져 있어서, 빛이 있는 곳에서 어둠만 보았고 선만 있는 곳에서 악을 보았다.

누가복음에서는 예수의 말씀이 나오게 된 맥락이 다르다. 예수께서는 외식에 대해 제자들을 경계시키면서, 감춰졌다고 하는 일들은 결국 모두 드러난다고 이들에게 일깨우셨다(눅 12:1-3). 이어서 예수께서는 대적자들을 두려워하지 말고 하나님을 두려워하라고 제자들에게 훈계하신 후(눅 12:4-7), 이렇게 말씀을 이어 가신다. "사람 앞에서 나를 부인하는 자는 하나님의 사자들 앞에서 부인을 당하리라 누구든지 말로 인자를 거역하면 사하심을 받으려니와 성령을 모독하는 자는 사하심을 받지 못하리라"(눅 12:9-10). 즉, 이 땅에서 인자이신 예수께 속했음을 부인하는 행위는(10상절) 천국 법정에서 영원한 결말을 얻게 된다는 것이다. 10절 하반절이 9절을 반영하는 말씀이라면, 예수를 부인하는 것, 즉 배교자가 되는 것은 성령을 모독하는 행위다.

사함 받을 수 없는 죄에 관한 예수의 말씀을 기록할 때 마가와 누가는 서로 충돌하는 게 아니라 서로를 보완한다. 사함 받을 수 없게 하나님을 대적하는 태도를 보이는 것(마가복음), 또는 배교를 저지르는 것(누가복음)은 성령의 은혜로운 제안에도 불구하고 하나님 자체를(마가복음) 혹은 한때 하나님을 믿었던 믿음(누가복음)을 영원하고도 돌이킬 수 없게 거부하는 행동을 그저 달리 표현한 것일 뿐이다.

예수를 세 번 부인했을 때 베드로는 사함 받을 수 없는 죄를 저지른 것일까(눅 22:54-62)? 아니다. 왜냐하면 베드로는 "돌이킨 후에" 형제를 굳게 해 주었기 때문이다(눅 22:32). 겉보기에 신자로 보였으나 성령께 거짓말을 하고 주의 영을 시험하려는 음모를 꾸민 아나니아와 삽비라는 어떠한가(행 5:3, 9)? 우리가 확실히 아는 것은, 이 속임수 음모 때문에 이들 두 사람에게 그 자리에서 하나님의 심판이 내려졌다는 것뿐이지만(행 5:5, 10), 이들의 영원한 운명은 우리로서는 알 수 없다. 마술사 시몬은 "믿고 세례를 받은"(행 8:13) 사람이라고들 한다. 하지만 시몬이 베드로와 요한을 매수해, (마법으로?) 성령의 은사를 줄 수 있게 해 달라고 했을 때, 베드로는 이런 꾸짖음으로 응답했다. "네 은과 네가 함께 망할지어다 … 하나님 앞에서 네 마음이 바르지 못하니…"(행 8:20-22). 베드로의 직접적 꾸짖음에 대한 시몬의 나약한 반응(행 8:22, 24)을 보면 그가 하나님의 사함을 받지 못한 완악한 불신자로서 여전히 "불의에 매인"(행 8:23) 상태임을 알 수 있다. 마지막으로, 바울은 그리스도인을 조직적으로 박해했고(행 9:1) 심지어 이들을 신성모독자로 만들려고까지 했는데(행 26:11), 그렇다면 바울도 "영원한 죄"를 범한 것 아닌가? 아니다. 왜냐하면 바울은 "믿지 아니할 때에 알지 못하고 행하였"고(딤전 1:13), 복음을 마주했을 때 그 빛을 받아들였기 때문이다(행 9:3-9; 고후 4:6).

요컨대, 성령을 모독하는 죄가 사함 받을 수 없는 죄인 이유는, 하나님이 용서하시고자 하지 않기 때문이 아니라, 하나님의 사함을 받는 데 꼭 필요한 전제 조건인 회개가 없기 때문이다. 마음이 심히 완악해져서 회개의 필요성을 깨닫지 못하고, 그래서 사함 받기를 요청하지도 않는 것이다. 기이하게도, 사함 받을 수 없는 죄를 저지르지 않았을까 두려워한다는 것이 바로 그런 죄를 저지르지 않았다는 증거다. 그런 죄를 저지른 사람들은 자기 죄를 깨닫지 못하거나 자기 죄에 아예 관심도 없기 때문이다.

16. 예수께 친형제가 있었는가? (막 6:3)

1부 1장에서 우리는 예수의 어머니 마리아의 '영원한 동정성' 문제와 관련해 마태복음 1:25에 약간 모호함이 있다는 사실을 살펴보았다. 하지만 예수에게 형제자매가 있었다는 것을 증명할 수 있으면 이 모든 모호함이 사라진다.

예수께서 고향 나사렛의 회당에서 가르치신 후, 많은 이들이 예수의 가르침과 지혜, 예수께서 일으키신 기적에 놀라움을 보였다(막 6:1-2). 이들은 "이 사람이 마리아의 아들 목수가 아니냐 야고보와 요셉과 유다와 시몬의 형제가 아니냐 그 누이들이 우리와 함께 여기 있지 아니하냐"(막 6:3)라고 물었다.

교회 역사에는 예수의 "형제들"에 대한 신약성경의 언급에 관해 세 가지 주요 해석이 있다.

1. 이 형제들은 요셉이 전처와의 사이에서 낳은 아이들이고, 마리아는 요셉의 두 번째 아내였다는 해석. 이를 가리켜 살라미스 주교 에피파니우스의 이름을 따서 '에피파니우스의 견해'라고 한다. 이 형제들은 예수의 이복형제들로서, 예수와 이 형제들 사이에는 공통의 생물학적 부모가 없으며, 다만 요셉의 두 번째 결혼을 통해 '친척'이 되었다는 것이다.

2. 이 형제들은 예수의 사촌들이라는 해석. 이를 가리켜 성경학자이자 성경 번역가인 히에로니무스의 이름을 따서 '히에로니무스의 견해'라고 한다.

3. 이 형제들은 예수의 외형제들로서 공통의 생물학적 부모가 있고(마리아), 예수는 이 가정의 맏아들이었다는 해석. 이를 가리켜 히에로니무스와 동시대인 4세기 인물 헬비디우스의 이름을 따서 '헬비디우스의 견해'라고 한다.

여기서 쟁점은 그리스어 '아델포스'(adelphos)의 의미에 관한 것이다. 구약성경에서 이 말은 때로 족보상 가깝거나 먼 남자 '친척'을 가리키는 말일 수 있다(예를 들어, 창 13:8; 29:12). 하지만 신약성경에서 이 말은 단수 또는 복수로 세 가지의 주된 쓰임새가 있다.

1. 그리스도인 공동체의 일원, 그리스도 안에 있는 "형제"(예를 들어, 롬 16:23; 고전 1:1).

2. 예수와 영적으로 친밀한 관계가 있는 사람(예를 들어, 마 12:49-50; 25:40; 막 3:33-35; 눅 8:21; 히 2:11-12), 특히 예수의 제자들(예를 들어, 마 28:10; 요 20:17).

3. 특정한 여성에게서 태어난 동복(同腹)의 남자들(마 12:46-47; 13:55; 막 3:31-32; 6:3; 눅 8:19-20; 요 2:12; 7:3, 5, 10; 행 1:14; 고전 9:5; 갈 1:19).

예수의 형제들이 그저 남자 친척들이라면, 이런 의미를 지닌 그리스어 단어 '슁게네스'(syngenēs)가 있으며, 이 단어는 '친척', '같은 집안에 속한 사람', '혈족'이라는 뜻이다(막 6:4에 쓰인). 이 형제들이 단순히 사촌들이라면, 사촌을 뜻하는 특별한 그리스어 단어 '아넵시오스'(anepsios)가 있다(골 4:10에서 바나바의 사촌 마가와 관련해 쓰였다).

예수의 형제들이 실제로 예수와 피를 나눈 형제라고 믿을 수 있는 가장 강력한 논거는 아마 마가복음 6:3에서처럼 예수와 관련해 어머니와 어머니의 아들, 예수의 누이들이 이름과 함께 언급될 때는 "형제"라는 말을 실제 피를 나눈 형제라고 이해하는 게 가장 자연스러우리라는 것이다(행 1:14도 보라). 본문이 "그 형제들"(요 7:5), 혹은 "주의 형제(들)"이라고 말하는 경우처럼(고전 9:5; 갈 1:19), 직접적 맥락에서 글자 그대로의 어머니나 자매 언급이 없다 해도, "형제(들)"는 실제 혈연관계를 가리킨다고 추정하고 해석을 시작해야 한다(고전 9:5; 갈 1:19).

17. 자녀를 먼저 먹이라! (막 7:27)

마가복음 7:24-30에 따르면, 예수께서는 유대 땅을 떠나 갈릴리 북서쪽 이방인들의 지역 수로보니게로 가셨는데, 아마도 사람들의 시선이 미치지 않는 곳에서 원기를 회복하기 위해서였던 것 같다. 이렇게 잠시 대중에게서 물러나 있는데 그 동네의 한 여인이 갑자기 찾아와 귀신 들린 딸에게서 귀신을 쫓아내 달라고 긴급히 요청했다.

여인의 믿음을 북돋기 위해, 그리고 어쩌면 짐짓 눈을 껌벅이면서(최소한 한 주석가가 말한 것처럼) 예수께서는 언뜻 생각하기에 인종차별적이고 무례한 발언으로 도발적으로 대답하신다. "자녀로 먼저 배불리 먹게 할지니 자녀의 떡을 취하여 개들에게 던짐이 마땅치 아니하니라"(막 7:27). 이방인을 보는 유대인들의 일반적 시각을 반영하는 이 기막힌 비유에서, 집안의 자녀는 유대인을 의미하고 "개들"은 이방인을 뜻한다. "자녀 먼저!"라는 이 정서(情緖)는 로마서 1:16과 비슷한데, 여기서 바울은 복음이 "먼저는 유대인에게요 그리고 헬라인에게" 주어져야 한다고 단언한다. "구원이 유대인에게서"(요 4:22) 난다면, 먼저 유대인에게 구원이 주어지는 게 타당하다.

여인의 재치 있는 대응은 신속하고 예리하면서도 예의 있었다. "주여 옳소이다마는 상 아래 개들도 아이들이 먹던 부스러기를 먹나이다"(막 7:28).

신약성경에서는 "개"를 뜻하는 그리스어 단어가 두 가지 쓰인다. '퀴온'(kyōn)은 불결한 개로, 흔히 길거리를 돌아다니며 썩은 고기를 먹는 사납고 혐오스러운 개이며, 누가복음 16:19-31에 기록된 비유에서 나사로의 헌데를 핥는 개가 바로 그런 개다. 또 하나는 지금 우리 이야기에서 두 번 쓰인 '퀴나리온'(kynarion)으로, 집 안에서 살면서 아이들과 함께 놀고 식구들이 식탁에서 던져 주는 음식 부스러기를 먹는 비교적 작은 개를 말한다.

예수께서는 "먼저"라는 표현을 통해 "나중"도 있음을 암시하셨는데, 이 여인에게는 그 "나중"이 이미 도래했다. 이방인들도 이제 하나님의 자비를 받을 수 있었다. 예수께서는 여인의 통찰에 동의하신다("이 말을 하였으니…"). 예수께서는 여인의 대답에서 자비를 구하는 진실하고 깊은 믿음의 증거를 보셨고, 여인의 딸을 고쳐 주심으로써 그 믿음에 즉시 상급을 주셨다. 그것도 원거리에서 말이다(병행 구절인 마 15:21-28에서 28절을 보라). 주목할 만하게도 여기서 우리는 유대인인 예수께서 이방인의 땅에서 이방인 여인을 돕고 계신 모습을 본다. 어디든 끈덕진 믿음이 있는 곳이라면 예수께서 변함없이 다정한 수용(受容)으로, 때로는 기적적 간섭으로 화답하신다.

선교 전략상 바울은 회당에서 회당으로 옮겨 다니면서 보통은 유대인에게 먼저 복음을 선포했지만, 복음에 먼저 반응을 보이는 이들은 대개 이방인이었고, 유대인은 그다음이었다. 바울은 이방인들의 반응이 계기가 되어 상당수 유대인이 하나님께로 돌이킬 때가 있을 것을 예견했다(롬 11:25-27).

18. "사탄아 내 뒤로 물러가라!" (막 8:33)

마가는 예수께서 자신의 임박한 고난, 죽음, 부활에 관해 세 차례 예언하신 것을 8:31, 9:30-32, 10:32-34에 기록한다. 첫 번째 예언은 베드로가 가이사랴 빌립보에서 예수님이 메시아이심을 선언한(막 8:27-30) 직후에 이어진다.

두 번째 예언 후 우리는 제자들이 "이 말씀을 깨닫지 못하고 묻기도 두려워하더라"(막 9:32)라고 하는 것을 보게 된다. 제자들은 이 예언의 전반적 의미를 파악한 것 같지만, 부활의 약속은 무시했다. 그 때문에 제자들의 대변인 베드로가 예수께 약간의 충고를 하게 되었다. 베드로는 가만히 예수의 팔을 붙들고 한쪽으로 갔다. 아마 다른 제자들에게 말소리가 안 들리는 곳으로 갔을 것이다. "한쪽으로 데리고 가다"(take aside, 개역개정성경에는 "붙들다"라고 번역됨. — 옮긴이)라고 번역된 흥미진진한 동사 '프로슬람바노마이'(proslambanomai)는 사도행전 18:26에서도 쓰였는데 여기서는 브리스길라와 아굴라가 아볼로를 가만히 한쪽으로 데리고 가서(NIV에서는 "그를 자기들 집으로 초청했다"라고 달리 표현한다) 하나님의 도를 좀 더 정확히 설명했다(1부 54장을 보라).

베드로는 예수께 이렇게 말했다. "주여 그리 마옵소서 이 일이 결코 주께 미치지 아니하리이다"(마 16:22). '힐레오스 소이'(hileōs soi)라는 표현은 문자적으로 "주께 자비가 임하기를"(mercy on you)이라는 뜻으로, "하나님께서 주께 자비를 베푸시기를!"을 줄인 말이며, "하나님께서 자비를 베푸사 주께서 이 일을 면하게 해 주시기를!"과 같은 뜻이다. 어떤 영어 역본은 이 부분을 "하나님께서 이 일을 금하십니다!"(GNT), "그런 생각은 하지도 마세요!"(ESV), 혹은 "오, 안 됩니다, 주님!"(HCSB, CSB)이라고 옮긴다.

베드로의 만류에 대한 예수의 답변은 훨씬 더 격렬하다. "사탄아, 내 뒤로 물러가라!" 베드로는 예수를 은밀히 만류한 반면, 예수께서는 모든 제자들 앞에서 베드로를 꾸짖으셨다. "돌이키사 (베드로를 정면으로 보시고) 제자들을 보시며 베드로를 꾸짖어 이르시되"(막 8:33). 이는 모두에게 관련된 메시지, 모두가 들어야 할 메시지였다. 베드로는 단순히 이들의 대변인이었기 때문이다(자주 그러했듯).

"사탄"(호 사타나스ho satanas)이라는 말은 원래 '적'(敵)을 뜻하는 일반명사였지만, 천국 법정에서의 '고소자/비방자'(호 디아볼로스ho diabolos), 좀 더 일반적으로는 하나님 및 하나님 백성의 대적(고후 11:14-15; 살전 2:18)으로서 인간을 부추겨 죄짓게 만드는 자를 가리키는 고유명사 혹은 호칭이 되었다. 지금 이 경우, 사탄은 베드로의 자연스러운 인간적 본능, 즉 친구가 잔혹하고도 때 이른 죽음을 맞게 되리라는 전망에 질색하는 것을 이용해, 자기 백성을 위해 죽을 운명인 고난 받는 종으로서(사 42:1-4; 52:13-53:12) 하나님께서 주신 본분을 내팽개치라고 예수를 유혹하려고 한다. 예수께서 말씀하신 것처럼, 베드로는 하나님의 관점이 아니라 순전히 인간적이고 통속적인 관점에서 이 일을 보고 있었다(막 8:33하). "반석"(페트로스)인 베드로가 예수에게 "넘어지게 하는 돌"(스칸달론skandalon)이 되었다(마 16:18, 23).

예수의 신적 소명을 포기하라는 이 유혹은 하나님도 만족시키고 사람의 칭송도 얻는 대안적 방식을 받아들이라고 했던 광야에서의 유혹(마 4:1-10)을 다시 떠올리게 했다. 그때도 예수께서는 비슷한 말씀으로 사탄을 물리치셨다. "사탄아 물러가라"(마 4:10). 이는 예수의 공생애 내내 여러 가지 다른 방식으로 되풀이될 유혹이었으며, 마침내는 예수의 최후 몇 시간 동안에도 다시 모습을 드러냈다. "지금 십자가에서 내려올지어다 그리하면 우리가 믿겠노라"(마 27:42; 1부 2장을 보라).

서글프게도 예수를 따르는 이들 중 누구라도 한순간은 하나님의 대변자였다가(막 8:29) 바로 다음 순간에는 사탄의 대변자가 될 수 있다(막 8:32-33).

19. 예수는 그저 "많은 사람"을 위한 구원자인가? (막 10:45)

한번은 예수의 측근 제자 열 사람이 질투심에 사로잡혀 야고보와 요한 형제에게 분노했다. 두 사람이 다가올 예수의 영광 가운데 가장 높은 지위에 앉게 해 주기를 요구했기 때문이다. 이를 계기로 예수께서는 열두 제자를 다 불러 모아 놓고 진정한 위대함은 종처럼 모든 이를 섬기는 태도로 이뤄진다고 가르치셨다(막 10:35-44). 그리고 이어서 이렇게 덧붙이셨다. "인자가 온 것은 섬김을 받으려 함이 아니라 도리어 섬기려 하고 자기 목숨을 많은 사람의 대속물(뤼트론 안티 폴론lytron anti pollōn)로 주려 함이니라"(막 10:45).

"인자"는 예수께서 자기 자신을 가리킬 때 즐겨 쓰던 이름이었다. 다니엘서 7:9-14에 배경을 둔 이 이름은 메시아가 등장해 로마의 지배와 로마에 협력하던 유대인들을 타도해 주기를 바라는 그릇된 소망을 조장하지 않으면서 예수께서 자신을 메시아로 선언하시는 간접적 방식이었다.

주후 1세기 사람이라면 '뤼트론', 즉 '석방을 위한 속전'을 내고 노예를 해방시키거나 죄수를 풀어 주는 관행에 대해 모두 잘 알았을 것이다. 노예나 죄수가 풀려나는 것은 그 노예나 죄수를 '대신하는 값'이 치러졌기 때문이다. 전치사 '안티'는 늘 그렇듯 "~ 대신에", "~ 대신으로"라는 의미의 "~을 위해"(for)를 뜻한다. '안티'는 '뤼트론'이라는 말이 이미 암시하는 것, 즉 '대신' 또는 '대리' 개념을 단지 강화할 뿐이다.

'뤼트론 안티'("~을 위한 속전")라는 표현과 의미가 아주 가까운 유사어가 유대 역사가 요세푸스의 책에도 등장한다(『유대 고대사』 14.107-8). 제사장 엘르아살은 로마 장군 크라수스가 성전에서 아무것도 옮겨 가지 않겠다는 서약을 지키기를 바라는 마음으로, 성전의 "모든 (장식물)을 위한 속전"(뤼트론 안티 판톤lytron anti pantōn)으로 크라수스에게 금덩어리를 주었다. 즉, 금덩어리가 성전 장식물 "대신" 주어진 것이다.

시편 49:7-9은 속전 개념을 더 밝히 설명해 준다. "아무도 자기의 형제를 구원하지 못하며 그를 위한 속전을 하나님께 바치지도 못할 것은 그들의 생명을 속량하는 값이 너무 엄청나서 영원히 마련하지 못할 것임이니라 그가 영원히 살아서 죽음을 보지 않을 것인가." 어떤 한 사람이 다른 누구를 위해서도 해 주지 못할 일, 즉 하나님께 엄청난 속전을 치르고 누군가의 생명을 속량하는 일을 인자이신 예수께서 "많은 사람"을 위해 해 주셨다. 자신의 생명을 희생 제물로 바치심을 통해, 이들이 잃은 생명을 속량해 주셨을 때 말이다. 사람들의 무능함은 예수의 능력과 짝을 이루었다. 마가복음 10:45의 "많은"은 "적은"의 반대 개념이 아니라 "하나"에 반대되는 "모두"의 개념이다(막 14:24; 롬 5:15, 19와 비교해 보라).

바울은 "사람이신 그리스도 예수라 그가 모든 사람을 위하여 자기를 대속물로 주셨으니(안티뤼트론 휘페르 판톤antilytron hyper pantōn)"(딤전 2:6)라고 했는데, 이때 바울은 마가복음에서 예수께서 대속물을 언급하신 것을 염두에 두고 이 말을 했음이 분명하다. 바울 사도는 그리스도께서 자기를 내주신 행위의 대속적 성질을 강조하려고 '안티뤼트론', 즉 '대리 속전'(vicarious ransom)이라는 말을 만들어 낸 것 같다. 전치사 '휘페르'("~을 위하여")는 '안티'(anti)보다 의미가 더 넓은 말로, 대표("~을 대표하여")와 대리("~을 대신하여") 두 가지를 다 나타낸다. "많은 사람"은 "모두"로 이해하는 게 맞다. 그리스도께서 모든 사람을 대신하셨을 때 그분은 모두를 대표해서 행동하셨다.

따라서 속전 언급의 일반적 의미는 이런 식으로 표현될 수 있다. 즉, 하나님을 섬기기 위해 예수께서는 죄 때문에 자기 생명을 무조건 하나님께 몰수당한 "많은 사람을 대신한 속전"으로 자기 생명을 바치고 죽으셨다는 것이다. 예수께서 이들의 속전을 치러 주심으로써 이들은 하나님께 빚진 상태에서 풀려났고 따라서 죄책에서도 벗어났다. 더 자세한 내용은 2부 27장을 보라.

20. 예수는 멀쩡한 무화과나무를 왜 저주하셨는가? (막 11:12-14, 20-25)

예수께서 십자가에 달린 날짜는 주후 30년 4월 6일 금요일로 추정할 수 있다. 이렇게 가정하면, 예수의 마지막 일주일 전반부의 동선을 가설적으로 재구성할 수 있으며 예수께서 무화과나무를 저주하시고 그에 따라 무화과나무가 마른 것도 이때 일로 볼 수 있다.

- 4월 1일 주일: 예수께서 나귀를 타고 예루살렘에 입성하시고, 이어서 열두 제자와 함께 베다니로 돌아가신다(막 11:1-11).
- 4월 2일 월요일: 다시 예루살렘으로 가시던 중 "예수께서 시장하신지라 멀리서 잎사귀 있는 한 무화과나무를 보시고 혹 그 나무에 무엇이 있을까 하여 가셨더니 가서 보신즉 잎사귀 외에 아무것도 없더라 이는 무화과의 때가 아님이라 예수께서 나무에게 말씀하여 이르시되 이제부터 영원토록 사람이 네게서 열매를 따 먹지 못하리라 하시니 제자들이 이를 듣더라"(막 11:12-14). 이어서 성전을 깨끗하게 하시고 베다니로 돌아가셨다(막 11:15-19).
- 4월 3일 화요일: 예루살렘으로 다시 가던 제자들은 무화과나무가 그렇게 순식간에 완전히 말라 버린 것을 보고 깜짝 놀랐다. 이 일을 계기로 예수께서는 기도의 효력을 믿는 믿음의 능력에 관해 제자들에게 가르치신다(막 11:22-25).

팔레스타인 지역에서 자라는 무화과나무는 늦은 3월에 잎사귀가 나면서 작은 혹 같은 것이 생기는데('타퀴시'라고 하는), 이것이 생기면 약 6주 뒤인 5월 초에 진짜 무화과가 열릴 것을 기대할 수 있다. 잎사귀만 있고 이 혹이 없으면("잎사귀 외에 아무것도 없더라"), 이는 이 나무에 열매가 맺히지 않을 것이며 사실상 죽은 나무임을 알려 주는 확실한 증표다. 따라서 예수께서 이 나무에 내리신 저주는 그저 필연적인 일을 확인해 주신 것일 뿐이다. 절실한 배고픔을 채우려 열매를 찾았는데 열매가 없자 심히 실망해서 건강한 무화과나무에 멋대로 저주를 내리셨다는 것은 절대 사실이 아니다.

우리는 예수의 행동을 현실에 실행된 비유로 보아야 한다. 말라 버린 무화과나무는 하나님의 메시아의 존재와 그분의 메시지 앞에서 예루살렘과 이스라엘이 대체적으로 보인 무반응의 상징으로 보아야 한다. 예수께서 예루살렘을 보고 우시며 그 처절한 멸망을 예견하신 것은 바로 예루살렘이 "하나님께서 찾아오신 때를 알아보지 못했기 때문"이다(눅 19:41-44).

이 실현된 비유는 누가복음 13:6-9에 기록된, 열매 맺지 못하는 무화과나무에 관해 예수께서 말씀하신 비유와 짝을 이룬다. 한 포도원 주인이 자기 포도원에 무화과나무를 심어 놓고 삼 년을 내리 찾아와 열매를 구했으나 무화과나무에는 열매가 열리지 않았다. 번번이 실망한 포도원 주인은 무화가나무가 쓸데없이 땅만 차지하고 있으니 베어 버리라고 포도원지기에게 지시했다. 이 비유의 메시지, 그리고 예수의 마지막 일주일 중에 있었던, 현실이 된 비유의 메시지는, 열매를 맺지 못하면 심판이 따르리라는 것이다.

21. "엘리 엘리 라마 사박다니" (막 15:34)

이는 예수께서 십자가에서 하신 일곱 가지 말씀 중 네 번째 말씀이다.

예수께서는 “크게 소리” 질러 이 말씀을 하셨다. 여섯 시간 동안 말로 다 할 수 없는 고통 속에 있던 끝이라 입은 마르고 혀는 부풀어 올라 또렷하게 발음을 하기가 심히 어려웠을 것을 감안할 때 아마 예수께서는 천천히 말씀하셨을 것이다. 또한 예수께서 거룩하고 권위 있다고 여기는 성경에서 격렬한 감정으로 인용한 말씀(시 22:1)인 만큼 이는 의도적으로 하신 말씀이었다.

예수께서 이 말씀을 모어(母語)인 아람어로 하셨는지(마가의 그리스어 표기가 암시하는 것처럼), 성경에 쓰인 히브리어로 하셨는지(마태의 그리스어 표기가 암시하는 것처럼), 아니면 히브리어와 아람어가 섞인 형태였는지는 확실하지 않다. 하지만 그리스어 의미는 명확하다. “나의 하나님, 나의 하나님, 어찌하여 나를 떠나셨나이까/버리셨나이까?”이다. “나를 왜 버리셨느냐는 이 부르짖음”에 쓰인 이중 합성 그리스어 동사는 ‘엥카탈레이포’(egkataleipō)로서, “버리다”, “돌보지 않다”, “버리고 떠나다”라는 의미다. 어원을 따져 보면 이는 도움이 절박하게 필요한 상황에 있는(엔en) 어떤 사람을 완전히(카타kata) 버린다(레이포leipō)는 뜻이다.

예수께서 하나님께 버림받았다는 증거는, 시편 기자가 표현했다시피(시 22:11, 19) 하나님의 ‘떠나심’, ‘멀리 계심’이 명백해 보이고, 예수 자신이 근래 그렇게 언급한 천사 군단을 보내실 수도 있었을 텐데(마 26:53) 그런 도움으로 이 상황에 개입하시지 않았음이 눈에 보인다는 것이었다(시 22:11과 대조해 보라). 그리고 시편 기자가 그랬듯(시 22:11, 19-21), 단순히 예수께서 하나님께 버림받았다고 느낀 게 아니라, 그분은 실제로 버림받았다. 하나님은 여전히 예수의 하나님이셨지만(“나의 하나님”), 성부와 성자 사이의 생생한 소통은 중지되었다. 하나님께서는 끔찍이 사랑하는 자신의 아들, 자기 마음의 변치 않는 기쁨인 존재에게 정말로 얼굴을 숨기셨다(참조. 시 22:24). 그 무엇에도 방해받지 않고 아버지와 쉼 없이 복된 교제를 나누는 것이 이 땅에서 예수의 존재의 본질이었다는 사실을 감안할 때, 그 아버지에게 버림받은 것이 예수에게 얼마나 고통스러운 영적 트라우마였을지 인간이(설령 구속받은 인간일지라도) 어떻게 짐작이나 하겠는가?

이제 예수께서 십자가에 달리신 지 대략 여섯 시간이 지났고(오전 9시에서 오후 3시까지), 복음서 기자 셋이 분명히 언급하는 것처럼(마 27:45; 막 15:33; 눅 23:44) 정오부터 "제구시(오후 3시)까지" 어둠이 계속되고 있었다. 예수가 아버지께 버림받은 기간은 어둠이 지속된 세 시간과 일치하는 게 분명하다.

그런데 거룩하신 하나님께서 왜 끔찍이 사랑하는 자신의 거룩한 아들을 비록 잠시나마라도 버리셨는가? 특히 예수께서 앞서 "내가 혼자 있는 것이 아니라 아버지께서 나와 함께 계시느니라"(요 16:32)라고 장담하신 후에 말이다. 성경 구절 두 군데에서 이에 대한 적절한 답변을 얻을 수 있다. 고린도후서 5:21(2부 27장을 보라)과 갈라디아서 3:13이 바로 그 두 구절인데, 두 구절 모두에서 하나님께서 그리스도를 버리심은 "우리를 대신하여"(휘페르 헤몬hyper hēmōn)서라고 말한다. 아버지께서 자신의 무죄한 아들을 죄인들의 죄와 전적으로 동일시하시고(고후 5:21) 그리하여 그 아들을 버리셨을 때, 그리스도께서 범죄자들이 당해 마땅한 하나님의 저주를 감당하시고(갈 3:13) 그리하여 하나님께 버림받으셨을 때, 이는 모두 "우리를 위한", 그리고 "우리를 대신한" 행동이었다. 대표 개념뿐만 아니라 대리 개념도 포함되어 있었다.

이는 세상에서 가장 심오한 신비로 손꼽히지만, 하나님의 행동이 낳은 결과는 모호하지 않다. 그리스도께서는 십자가에서 일시적으로 그러나 고통스럽게 긴 시간 동안 하나님께 버림받으사 신자들이 이생에서나 죽음 후에나 하나님에게서 떨어지지 않게 하셨다(롬 8:35-39; 히 13:5-6). 엘리자베스 배럿 브라우닝은 자신의 시 '카우퍼의 무덤'에서 이렇게 말했다.

> 실로 임마누엘의 버림받은 부르짖음이 한때 그분의 세상을 뒤흔들었으니
> 그 부르짖음은 홀로, 메아리도 없이 하늘로 올라갔다, "내 하나님, 나는 버림받았습니다."
> 그 부르짖음은 잃어버린 창조 세상 한가운데 거룩한 입술에서 나와 하늘로 올라갔으니
> 잃어버린 자들의 아들 중에서는 그 누구도 그 말을 입에 올릴 수 없으리.

누가복음

22. 마리아의 힘겨운 여정 (눅 2:1-6)

누가는 예수 탄생 정황을 묘사하면서 요셉이 마리아와 함께 갈릴리 나사렛을 떠나 베들레헴으로 가기로 한 이유를 단 한 가지로 명시적으로 언급한다. 요셉은 과세(課稅)를 목적으로 로마 제국 전역 사람들에게 호적 등록을 요구하는 로마 황제 가이사 아구스도의 칙령에 따라야 했다. 그런 인구 조사를 위해서는 조상의 동네로 돌아가는 게 보통이었다. 다윗의 집 족속이었던(눅 2:1-4) 요셉은 다윗의 도성 베들레헴으로 간다(삼상 17:12, 58).

하지만 요셉이 이번에 반드시 베들레헴으로 돌아가야겠다고 생각한 또 한 가지 이유는, 나사렛에 아마도 마리아의 임신과 관련해 소문이 돌고 있었을 텐데 마리아가 이 때문에 상처를 받고 심적 스트레스에 시달리는 일이 없도록 해 주고 싶었기 때문이다.

마리아는 요셉의 약혼녀였다(눅 2:5). 즉, 마리아는 "그와 결혼하기로 서약했다"(NIV), 혹은 "그와 결혼하기로 약속했다"(GNT). 약혼은 공식 결혼 계약이며, 그래서 약혼한 커플은 법적으로 '남편'과 '아내'였다(신 22:23-24). 약혼한 남자가 죽을 경우 약혼한 여자는 '과부'였고, 약혼은 죽음이나 공식 이혼을 통해서만 취소될 수 있었다. 여자가 부모의 집을 떠나 남편과 살림을 시작하고 성적 관계를 맺기 시작하면 약혼이 완전한 의미에서의 결혼이 되었다(마 1:20, 24-25).

이 시기에 마리아의 임신이 어느 정도까지 진행되었는지 우리는 알지 못하지만, 적어도 첫 삼 개월은 지났을 것으로 추측할 수 있다. 마리아는 잉태할 것을 알게 된 후(눅 1:31, 35) 친척 엘리사벳 집에 가서 "석 달쯤 함께 있다가"(눅 1:56) 나사렛 집으로 돌아갔기 때문이다. 한편 요셉이 만삭의 여인을 데리고 긴 여정에 나서는 모험을 감행했을 가능성은 극히 적다. 팔레스타인 북쪽의 나사렛에서 남쪽의 베들레헴까지는 약 145킬로미터에 이르는 거리였고, 성인 걸음으로 적어도 6일이 걸리는 여정이었다.

누가가 우리에게 말해 주는 것은, 마리아가 임신 중이었고("이미 잉태하였더라") 베들레헴에 "있을 그 때에" 출산을 했다는 것뿐이다(눅 2:5-6). 5절의 분사(우세ousē, "[잉태]하였더라")는 단순히 형용사적 표현일 것이다. "(마리아가) 아기를 낳기로 되어 있었다"는 것이다. 하지만 이 분사는 원인을 가리키는 말, 즉 요셉이 베들레헴으로 간 것은 "[마리아가] 잉태하였기 때문"임을 말하는 것일 수도 있다. 이 경우, 요셉은 베들레헴에서 메시아가 탄생함으로써 미가 5:2이 성취되도록 배려한 것이다. 세 번째 해석안은 이 분사가 양보적 의미의 분사로서, "[마리아가] 잉태했음에도/잉태했다는 사실에도 불구하고" 요셉이 베들레헴으로 갔다는 뜻이다.

마리아가 임신 중기에 접어들었든 후기에 접어들었든, 6-7일이 걸리는 여정은 몹시 벅찼을 것이 틀림없다. 여성용 안장에 두 다리를 모으고 앉아서든 혹은 다리를 벌리고 앉아서든, 요셉의 걱정스러운 시선을 받으며 마리아가 나귀에 올라타 흔들흔들 길을 가는 광경을 상상해 보

라. 길은 심히 울퉁불퉁해, 임신 중의 마리아에게는 몹시 불편한 요동이 전해졌을 것이다. 이 힘들고 험한 여정을 마리아가 견뎌 낼 수 있을까? 하지만 요셉과 마리아는 아기가 안전하게 태어나리라고 보장하는 말씀을 각각 들었으므로(마 1:21; 눅 1:31, 35) 이 말씀을 기억하고 마음을 굳게 먹었을 것이다.

23. 사함 받았으므로 사랑하기 (눅 7:47)

다음 두 문장을 생각해 보라.

> 이 여인은 경쟁에서 이겼기 **때문에** 행복하다.
> 이 여인은 웃고 있기 **때문에** 행복하다.

"때문에"라는 말은 두 경우 모두 의미가 같은가? 아니다! 첫 번째 문장의 경우, "때문에"는 "이 여인은 행복하다"라는 말의 근거 혹은 이유를 소개하며, "~라는 이유로"라는 의미가 있다. 두 번째 문장의 경우, "때문에"는 "이 여인은 행복하다"라는 말의 증거를 소개하며, "~라는 사실이 보여 주는 것처럼"이라는 의미를 지닌다. 하나의 동일한 그리스어 접속사 '호티'(hoti)가 이 두 가지 의미의 "때문에"를 다 표현할 수 있다.

누가복음 7:47에서는 이 구별이 특별히 중요하다. 예수께서는 바리새인 시몬의 집에 초대를 받으셨다. 하지만 시몬은 예수가 도착했을 때 관례에 따라 정중하게 맞아들이지 못했다. 그 동네 창기가 예수께서 시몬의 집에 오신 것을 알고 집으로 찾아와 눈물로 예수의 발을 적시고 머리털로 닦아 낸 후 입을 맞추고는, 가지고 온 옥합에 든 향유를 그 발에 부었다.

예수께서 감정이 과잉된 여인의 관심을 그대로 받아들이고 계신 것을 보고 시몬이 속으로 이의를 제기하자 예수께서는 탕감받은 빚과, 감사와 사랑의 깊이의 상관관계에 관한 이야기를 시몬에게 들려주셨다. 즉, 탕감받은 액수가 클수록 사랑 어린 감사도 크다는 것이다. 이 원리를 그 죄 많은 여인에게 적용하면서 예수께서는 말씀하셨다. "이러므로 내가 네게 말하노니 그의 많은 죄가 사하여졌도다 이는(호티hoti) 그의 사랑함이 많음이라"(눅 7:47).

이는 인간 편에서의 큰 사랑이 하나님 편에서의 큰 용서를 촉발한다는 뜻인가? 사실이 그렇다면, 예수께서는 "적게 사랑하는 자는 적게 사함 받는다"라고 계속해서 말씀하셨을 것이다. 하지만 실제로는 "사함을 받은 일이 적은 자는 적게 사랑하느니라"라고 말씀하셨다. 그리고 세 구절 뒤에서는 "네 사랑이 너를 구원하였다(=죄 사함을 초래했다)"라고 말씀하셨어야 할 텐데, 실제로는 "네 믿음이 너를 구원하였다"라고 하셨다. 그러므로 예수께서 하신 말씀의 올바른 의미는 "이러므로 내가 네게 말하노니 여인의 많은 죄가 사하여졌도다. — 그의 큰 사랑이 증명했다시피"(NIV), 또는 "이러므로 내가 네게 말하노니 여인의 죄가, 많은 죄가 사하여졌도다. 그러므로 여인이 자기의 큰 사랑을 증명했도다"(NRSV)이다. 큰 사함은 큰 사랑으로 귀결된다.

'호티'의 이런 의미를 보여 주는 (많은 사례 중) 또 하나의 예는 요한일서 3:14에서 볼 수 있다. "우리는 형제자매를/서로를 사랑하기 때문에(형제를 사랑한다는 사실로 증명되는 것처럼/형제를 사랑한다는 사실로) 사망에서 옮겨 생명으로 들어간 줄을 알거니와."

하지만 결정적으로 중요한 의문이 남는다. 우리가 "많이 사함" 받은 줄을 어떻게 알 수 있는가? 무한히 거룩하신 하나님께 대한 공공연한 무례로서의 우리 죄가 얼마나 심각한지를 깨닫는다는 것으로써, 우리 죄가 사함 받을 수 있도록 예수께서 십자가에서 고난과 수치를 당하시는 끔찍한 대가를 치렀다는 것을 기억한다는 것으로써 알 수 있다.

24. 사탄이 하늘로부터 떨어지는 것을 보다 (눅 10:18)

누가복음 10:1-11에서 예수께서는 자신이 갈릴리의 여러 동네를 곧 방문할 것을 내다보시면서 일흔두 명의(일부 사본에서는 일흔 명) 제자를 미리 보내, 하나님 나라의 도래와 그 나라에 들어갈 수 있는 가능성을 알림으로써 길을 예비하게 하셨다. "하나님의 나라가 너희에게 가까이 왔다"(눅 10:9, 11). 제자들은 맡겨진 일을 성공적으로 마치고 온통 흥분 상태로 돌아와서 "주여 주의 이름이면 귀신들도 우리에게 항복하더이다"(눅 10:17)라고 말했다. 이때 예수께서 보이신 반응이 인상적이었다. "사탄이 하늘로부터 번개같이 떨어지는 것을 내가 보았노라 내가 너희에게 뱀과 전갈을 밟으며 원수의 모든 능력을 제어할 권능을 주었으니 너희를 해칠 자가 결코 없으리라 그러나 귀신들이 너희에게 항복하는 것으로 기뻐하지 말고 너희 이름이 하늘에 기록된 것으로 기뻐하라"(눅 10:18-20).

어떤 이들은 여기서 사탄이 하늘에서 떨어지는 것을 이사야 14:12에 기록된 일과 동일한 것으로 여긴다. "너 아침의 아들 계명성(KJV에서는 '루시퍼')이여 어찌 그리 하늘에서 떨어졌으며 너 열국을 엎은 자여 어찌 그리 땅에 찍혔는고." 하지만 이 구절은 바벨론 왕을 대적하여 비웃는 노래(사 14:4-21)의 한 부분이기 때문에 그럴 가능성이 없다.

오히려 누가복음 10:18은 바로 앞 구절에 비추어 해석해야 한다. "주여 주의 이름이면 귀신들도 우리에게 항복하더이다"(17절). 사탄이 떨어진 일에 대한 예수의 말씀은 제자들의 기쁨에 찬 주장에 대한 답변이었다. 즉, 제자들이 예수의 이름으로 귀신들을 명해 쫓아낼 때 사탄의 그 수하들이 이에 복종한 것은 사탄이 권세를 잃었음을 보여 주는, 잠시 동안의 지배자 자리에서 추락했음을 보여 주는 확실한 증표였다. 귀신들을 쫓아낸 것은 하나님 나라의 도래뿐만 아니라(마 12:28) 사탄의 패배까지 알리는 증표였다. 사실 "강한 자"의 집을 강탈하는 일은 아직 미래의 일로 남겨져 있다(마 12:29). 이 일은 예수께서 요한복음 12:31에서 분명히 밝히시는 것처럼 그분의 죽음을 통해 일어날 터였다. 하지만 사탄과 그 앞잡이들을 몰락시키려는 하나님의 군사작전에서 결정적 승리는 이 일흔두 명 제자가 사명을 이행하는 중에 발생했다. "사탄이 하늘로부터 번개같이 떨어지는 것을 내가 보았노라"라는 문장에서 "떨어지다"(fall)라는 분사(페손타pesonta)가 이례적으로 문장 끝에 위치한 것은 그 승리의 결정적 성격을 강조한다(원문의 순서는 "I beheld Satan as lightening out of the heaven having fallen"이다. — 옮긴이).

예수께서는 셈어의 전형적 대조법 표현으로 기쁨에 겨운 제자들에게 주시는 조언의 말을 마무리하는데, 이 표현 방식에서 "이것이 아니라 저것"(not this, but that)은 "주로 이것이 아니라 본질적으로 저것"(not primarily this, but principally that)이라는 의미가 있다. "귀신들이 너희에게 항복하는 것으로 기뻐하지 말고 너희 이름이 하늘에 기록된 것으로 기뻐하라"(눅 10:20; 참조. 계 20:12-15). 예수께서 제자들에게 하시는 말씀은,

영적 승리를 기뻐해야 마땅하다는 것이다.

제자들이 선교 여정에 나선 사이에 예수께서 직접 이 환상을 받았든 그렇지 않든, 미완료 시제(에데오룬etheōroun)로 기록된 "내가 보고 있었노라"(NASB)는 예수께서 자신이 본 것을 생생히 회상하고 있음을 반영한다. 이 구절을 읽으면 사도 요한이 밧모 섬에서 받은 환상을 떠올리게 된다. 환상 가운데 하늘에서 전쟁이 발발하자, "큰 용이 내쫓기니 옛 뱀 곧 마귀라고도 하고 사탄이라고도 하며 온 천하를 꾀는 자라 그가 땅으로 내쫓기니 그의 사자들도 그와 함께 내쫓기니라"(계 12:9)라고 했다.

25. 부모를 미워하라? (눅 14:26)

누가복음 14:26에서 예수께서는 충격적인 말씀을 하신다. "무릇 내게 오는 자가 자기 부모와 처자와 형제와 자매와 더욱이 자기 목숨까지 미워하지 아니하면 능히 내 제자가 되지 못하고." 이는 부모를 공경하라는 제5계명과 모순되지 않는가(출 20:12)?

아니다. 왜냐하면 여기서 우리는 셈어 특유의 또 한 가지 생생한 관용적 표현(바로 앞 장을 보라)을 만나기 때문이다. 셈어에서 "미워한다"는 말은 "덜 사랑한다"는 뜻이다. 예수께서는 자신을 따르는 사람들은 자신이 구현하는 하나님 나라의 요구를 우선으로 여기고 가족과의 유대(紐帶)는 부차적인 것으로 여겨야 한다는 의미를 아주 인상적이고도 잊을 수 없는 방식으로 표현하고 계신다.

'미움'이라는 말의 이런 용법을 조명해 주는 구약성경의 사례가 있다. 신명기 21:15-17은 아내가 둘인 이스라엘 남자의 유산 문제를 다룬다.

한 아내는 "사랑을 받는" 아내이고 또 한 아내는 "미움을 받는"(KJV) 아내다(구약 시대에는 일부다처가 용인은 되었으나 지지받지는 못했다). 좋아하는 아내에게서 낳은 아들을 총애할 수도 있지만 법은 장자(長子)의 권리를 옹호한다. 장자가 남편이 덜 사랑하는 아내에게서 낳은 아들일지라도 그 아들이 아버지 유산의 2/3를 물려받아야 한다. 이유가 뭔가? "그는 자기의 기력의 시작이라"(신 21:17). 즉 그 아들은 집안의 핏줄을 이어갈 수 있는 아버지의 능력을 입증하는 존재였기 때문이다.

이것이 부모를 "미워한다"는 말을 이해하는 올바른 방식이라는 점은 마태 식의 표현에서 뚜렷해진다. "아버지나 어머니를 나보다 더 사랑하는 자는 내게 합당하지 아니하고 아들이나 딸을 나보다 더 사랑하는 자도 내게 합당하지 아니하며"(마 10:37).

하나님의 요구를 우선으로 여기는 것이 가족 관계에까지 영향을 미치는데, 이렇게 이에 순복하는 사례가 성경에 있는가? 한 가지 극적인 예를 금송아지 사건 당시에서 찾아볼 수 있다(출 32:17-29). 죄짓고 있는 이스라엘 백성을 향해 모세가 "누구든지 여호와의 편에 있는 자는 내게로 나아오라"라고 하자 "레위 자손이 다 모여 그에게로" 갔다(출 32:26). 이들은 반역적 우상숭배 죄가 있는 자들을 다 처형하라는 하나님의 지시를 이행했다. 설령 그중에 "자기의 아들과 자기의 형제"가 있을지라도 말이다(출 32:28-29). 그 결과, 모세는 죽기 전에 이스라엘 백성에게 복을 빌어 주면서 레위인들에게는 이런 말로 축복한다. "그는 그의 부모에게 대하여 이르기를 내가 그들을 보지 못하였다 하며 그의 형제들을 인정하지 아니하며 그의 자녀를 알지 아니"하였다(신 33:9). 이렇게 해서 레위인들은 하나님 말씀을 맡은 관리자요 제사 의식의 수호자가 되었다(신 33:8-10).

신약성경에는 사도 베드로의 사례가 있다. 마가복음 1:30에는 베드로의 장모에 대한 언급이 있는데, 이를 근거로 우리는 베드로가 예수께 부름받을 당시(막 1:16-18) 기혼이었음을 알 수 있다. 또한 복음서 기록을 통해 우리는 베드로가 늘 예수와 동행했다는 것도 알게 된다. 삼십 년쯤 후, 바울은 베드로가 전도 여행 때 아내를 데리고 다니곤 한다는 것에 주목한다(고전 9:5). 하지만 예수의 공생애 삼 년 동안 베드로는 예수와 복음을 위해 집과 친척을 버려두고 열두 제자에 속하는 동료 제자들과 함께 돌아다녔다(막 10:29-30).

그러나 누가복음 14:26 말씀을 과도하게 적용하려고 하면 안 되므로, 이 말씀과 더불어 우리에게는 다른 의무보다도 자기 친족 돌보기를 중요하게 여기라는 보완적 명령도 주어졌다(딤전 5:8).

26. "하나님의 나라는 너희 안에 있느니라" (눅 17:21)

이 구절에서 하나님의 나라에 관한 예수의 말씀은 주요 영어 성경을 기준으로 할 때 신약성경에서 번역 논란이 가장 많은 부분이라는 탐탁지 않은 특징이 있다. 영어 성경 10종이 선택적 번역안을 제시하는 각주를 붙였고, 그중 4종은 두 가지 대안을 제시하며, 한 종(REB)는 세 가지 선택안을 나열한다! 쟁점은 '엔토스 휘몬'(entos hymōn)을 어떻게 번역할 것이냐 하는 것이다. 논리적으로 지지할 수 있을 만한 번역으로는 세 가지가 있다.

첫째는, "너희 안에"(within you; KJV, GNT, NIV 1984)다. "안에"는 '엔토스'의 본질적 의미임이 틀림없다. 예를 들어, '엔토스 무'(entos mou)는 그리스어 구약성경(LXX) 시편 38:3과 108:22(because poor and needy I am and my heart is troubled within me. — 옮긴이)에서 "내 안에(서)"를 뜻한다. 하지만 "너희"를 포괄적 호칭으로 이해한다 해도, 본문의 맥락에서 주로 가리키는 것은 바리새인들이다(눅 17:20). 누가복음 11:37-54(특히 52-54절)에 비춰 볼 때, 예수께서 바리새인들의 체험 안에 하나님 나라가 작동하고 있다고 말씀하셨을 가능성은 거의 없을 것 같다. 게다가 다른 어느 구절에서도 누가는 하나님의 나라를 내면화된, 주관적 현실로 이야기하지 않는다. 그 나라가 사람들 안으로 들어오는 게 아니라 사람들이 그 나라로 들어가는 것이다.

둘째는, "너희 사이에"(among you; HCSB, NRSV)다. 이 해석은 전치사 '엔토스'가 전치사 '엔'(en)과 의미가 같다고 보는 것이며, 이사야 45:14(LXX)에서 "하나님이 과연 네게 계시고"(엔 소이en soi)가 바로 그런 사례다.

마지막으로, "너희 가운데"(in your midst, in the midst of you; CSB, ESV, NASB, NIV)가 있다. 신약성경 다른 곳에서 누가는 '엔 메소 휘몬'(en mesō hymōn)이라는 조금 더 길고 명백한 표현을 "너희 가운데"라는 뜻으로 쓰는 게 사실이다(눅 22:7; 행 2:22에서처럼). 하지만 '엔토스'가 "~ 가운데"라는 의미로 쓰인 유사한 사례가 분명히 있다.

- 아가 3:10(LXX), 솔로몬 왕의 가마 "가운데에는" 모자이크 깔개가 있었다.
- 폴리카르포스(Polycarp)가 "빌립보인들에게 보내는" 편지 3:3에서는 "누구든 이것들(믿음, 소망, 사랑) 가운데 있는(=이런 덕목에 몰두해 있는) 사람은 의의 계명을 이루었다"라고 했다.

이 세 번째 해석이 가장 일리가 있다. 누가복음 17:20 상반절에서 일부 바리새인들이 하나님의 나라가 언제 임하느냐고 예수께 물었는데, 예수의 답변(20하-21절)은 때를 말하지 않고 그 나라의 도래를 판단하는 참된 방식과 그릇된 방식을 말한다. 하나님의 나라가 임했는지는 모호한 징후를 열심히 관찰하거나(20하절) 사람들의 서로 모순되는 의견을 따름으로써가(21상절) 아니라, 명백한 현존을 인식함으로써 알 수 있다. "하나님의 나라는 너희 가운데 있느니라"(21하절).

예수께서는 바리새인들에게 하나의 도전을 던지고 응답을 촉구하신다. "너희가 묻는 그 나라를 내가 친히 구현한다. 바로 여기 너희의 눈앞에서 말이다." 바울의 표현을 빌려 말하자면, 결과적으로 예수께서는 "너희 앞에 있는 것을 보라"라고 말씀하고 계신다(고후 10:7). 하나님 나라의 현존을 알고자 한다면 다른 곳을 볼 필요가 없다.

우리 또한 마찬가지다. 교부들이 말하곤 했다시피, "예수는 '아우토바실레이아'(autobasileia)", 그 나라 자체이시다.

27. 모르고 지은 죄는 그냥 용서해 주실까? (눅 23:34)

예수께서 십자가에서 남긴 일곱 가지 말씀 중 이 첫 번째 말씀은 아마 땅바닥에 짓눌린 채 손목과 발이 십자가에 쇠못으로 박힌 직후에 하신 말씀일 것이다. "아버지 저들을 사하여 주옵소서 자기들이 하는 것을 알지 못함이니이다"(눅 23:34). 예수께서는 평소에 하나님께 말씀하실 때처럼 "아빠"(Abba; '아버지'를 뜻하는 아람어 — 옮긴이), "사랑하는 아버지"라는 표현을 썼을 것이 틀림없다(2부 32장을 보라). 이 표현에는 단순성, 친밀성, 안도감, 애정 등의 개념이 풍성하게 담겨 있다.

어떤 이들은 사함 받는 "저들"은 빌라도 앞에서 예수께 혐의를 씌운 유대 당국자들, 혹은 유대 민족 전체, 즉 자신들의 메시아를 알아보지 못하고 환영하지 못한 자들을 뜻한다고 말한다. 이 해석을 바탕으로 하면 예수께서는 유대 민족이나 유대 민족 대표들의 고집스러운 불신앙에 대한 심판을 미뤄 주시기를 하나님께 요구하고 있는 것이고, 이에 대한 응답으로 하나님께서는 십자가 사건 때부터 예루살렘 함락 때까지 한 세대의 시간, 즉 약 40년간의 말미를 주셨으며, 이 기간 동안 유대인들에게는 복음을 듣고 예수를 메시아로 받아들일 기회가 있었다. 하지만 초기 기독교의 설교는 이방인뿐만 아니라 유대인을 향해서도 "죄 사함을 받게 하는"(눅 24:47) 회개를 촉구했다. 유대인이라고 해서 죄 사함이 자동적으로 주어지지는 않았다. 예수의 요청은 단순히 신적 보응(報應)을 미뤄 달라는 것이 아니었다.

좀 더 가능성이 큰 해석으로, 예수께서 중보해 주신 사람은 네 명으로 구성된 로마군 처형조와 이들을 감독하는 백부장일 것이라는 의견도 있다. "저들은 자기들이 한 것을 알지 못했음이니이다"가 아니라, "자기들이 하는 것"(포이우신poiousin), "알지 못함이니이다"(오이다신oidasin)라고 현재 시제를 쓴 것이 이 견해를 강력히 지지한다.

우리는 스데반이 산헤드린의 손에 돌을 맞아 죽을 때 드린 기도에서 예수의 이 요청이 무슨 의미인지를 알 수 있는 중요한 실마리를 얻는다. 스데반은 예수 자신의 기도를 본받은 것이 분명한 기도를 예수께 ("주여") 드렸다. "주여 이 죄를 그들에게 돌리지 마옵소서"(행 7:60). 스데반은 산헤드린 각 구성원의 모든 죄를 사해 주시기를 예수께 요청하는 것이 아니라 저들이 무고한 사람을 처형하는 지금 이 한 가지 공동의 죄를 사해 주시기를 구한다.

마찬가지로, 예수께서 하나님 아버지께 드린 요청은 이 로마 병사들이 저지른 모든 죄를 포괄적으로 사해 주십사 하는 것이 아니라, 무고한 사람을 십자가에 못 박는 한 가지 가증스러운 죄를 사해 달라는 것이었다. 예수께서는 이들의 이 한 가지 죄를 천상의 책에 셈하여 기록하지 마시기를 하나님께 청하신 것이다.

하지만 예수께서는 죄 사함에 회개가 요구된다고 가르치셨다(눅 17:3; 참조. 행 2:48). 그렇다면 예수께서는 어떻게 그 병사들의 무지함을 이유로 들어("사하여 주옵소서. 이는 …"; HCSB, CSB: "사하여 주옵소서. 왜냐하면 …") 이들을 용서해 주셔야 한다고 하나님께 호소할 수 있었을까? 유일한 해석은 아마 죄 사함을 청할 수 있을 만큼 충분한 근거(잘못을 인정한다거나 회개한다거나 하는)가 없어서, 예수께서 경감사유에 호소할 필요가 있다고 생각하시는 듯하다는 것이다. 즉, 병사들은 자신들이 사실상 하나님의 사자(使者)인 무고한 사람을 십자가에 못 박고 있다는 것을 알아차리지 못한다는 것이다. 예수께서는 병사들 쪽에 당연히 뉘우침이나 회개가 없다는 것을 아시고, 죄 사함을 허락하거나 허락하지 않을 책임을 아버지께 맡기신다. 1부 5장도 보라.

28. 죽은 후 부활하기 전, 그리스도인은 어디에 있는가? (눅 23:43)

이는 예수께서 십자가에 달려 계시는 동안 하신 일곱 가지 말씀 중 두 번째 말씀이다. 예수와 함께 못 박힌 범죄자 중 한 사람은 예수께 욕설을 퍼붓고 조롱했지만(눅 23:39), 나머지 한 사람은 그 범죄자를 꾸짖고서 예수를 향해 말했다. "당신의 나라에 임하실 때에 나를 기억하소서"(눅 23:42). "나를 기억하소서"는 예수께서 왕의 신분과 권세를 취하실 때 단순히 눈길을 달라는("나를 좀 생각해 주소서!") 것이 아니라 왕궁에서 자비를 베풀어 달라는 간절한 탄원이다.

예수께서는 답변을 통해 그 사람의 끈덕진 요청에 화답하셨으며, 이는 미완료 시제로 쓰인 '엘레겐'(elegen, "예수께서 이르시되")을 보면 알 수 있다. 그뿐만 아니라 예수께서는 그 사람이 죄책을 고백했고(41절), 암묵적으로 회개했으며, 예수의 무고함을 주장했고(41절), 내생(來生)과 함께 그 내생에서의 예수의 왕권과 다스림을 믿었다고(42절) 인정하신다. "내가 진실로 네게 이르노니 오늘 네가 나와 함께 낙원에 있으리라"(43절).

"오늘"은 "바로 이날", 즉 "우리가 십자가에 달려 있는 현재 이날이 다하기 전"을 뜻한다. 그리스어 어순(語順)을 보면 "오늘"이 "내가 진실로 네게 이르노니"가 아니라 "나와 함께"라는 말과 관련된다는 것을 알 수 있다. 여기서 "낙원"은 죽은 의인들의 거처를 가리키며, 이는 셋째(=가장 높은) 하늘과 동의어이거나 셋째 하늘 안에 있으며(고후 12:4), 셋째 하늘은 하나님께서 거하시는 곳을 말한다. 어느 쪽이든 이는 부활하신 그리스도의 임재 덕분에 초월적 복이 있는 곳이다.

이 구절은 신약성경에서 죽음과 부활 사이에 있는 신자들의 상태를 묘사하는 세 가지 구절 중 하나다. 각 구절마다 죽음의 순간과 부활하신 그리스도께서 임재하신 곳에 도착하는 순간 사이에 시간 간격이 없음이 암시되어 있다. 떠나는 순간이 곧 도착하는 순간이다.

> 우리가 담대하여 원하는 바는 차라리 몸을 떠나 주와 함께(프로스pros) 있는 그것이라(고후 5:8)

내가 그 둘 사이에 끼었으니 차라리 세상을 떠나서 그리스도와 함께(쉰 syn) 있는 것이 훨씬 더 좋은 일이라(빌 1:23)

오늘 네가 나와 함께(메타meta) 낙원에 있으리라(눅 23:43)

이 구절들에는 각각 다른 세 가지의 그리스어 전치사가 쓰였지만(보통은 모두 영어 "with"로 번역되는), 이 전치사가 표현하는 현실은 단 한 가지, 즉 죽음 후에 의식이 있는 상태에서 그리스도와 교제한다는 것이다. 이 전치사들 자체는 "~가 있는 곳에서"라는 의미 그 이상일 필요가 없고, 행동의 상호성 개념이 전혀 담겨 있지 않다. 하지만 이 말이 발화(發話)되면, 신자가 주와 함께 거한다는 것은 그리스도 안에 받아들여진다는 의미일 뿐이라고, 혹은 그리스도와 공간적으로 나란히 있다는 의미(의자가 탁자와 "함께" 있다고 할 때처럼)이거나 가사 상태("영혼 수면")에 있다는 의미일 뿐이라고 결론 내리는 게 부적절해 보인다. 그 자체로는 단순히 공간상의 수동적 병렬 상태를 나타내는 전치사들이 인격체와 인격체의 관계에 적용되면 역동적 상호 교제 개념이 생겨난다(2부 60장을 보라). 얼마나 놀라운 전망인가!

죽은 후 부활하기 전 그리스도인의 위치에 관해서는 신약성경에 두 가지 주장이 있다. 죽은 사람이 장사되어 시야에서 사라지는 것을 목격한 사람의 관점에서 볼 때, 죽은 사람들은 무덤에서 안식하고 있다(요 5:28-29; 살전 4:16-17; 참조. 행 13:36). 또는 음부(陰府)에 거하고 있는데(행 2:27, 31), 음부는 땅속의 보이지 않는 영역으로(마 12:40), 죽은 사람들은 모두 그곳의 일시 거주자다. 보이지 않는 것을 보는 믿음의 관점에서 볼 때, 죽은 사람들은 하나님 가까이에 있다. 이는 아브라함과의 식탁

교제로(눅 16:23), 아버지 집의 거할 곳으로(요 14:2), 혹은 영원히 거할 처소로(눅 16:9), 낙원에서 그리스도와의 활발한 교제로(눅 23:43), 천국으로(요 12:26; 고후 5:8; 빌 1:23), 혹은 순교자의 경우처럼 천국 제단 아래서 기다리는 것으로(계 6:9) 표현될 수 있다.

하지만 자연스럽게 한 가지 의문이 생긴다. 예수께서는 죽으신 직후 암시적으로 낙원으로 올라갈 것을 암시하셨는데, 그러면 이는 죽으실 때 "음부로 내려가신" 것(마 12:40; 행 2:31; 롬 10:7)과 어떻게 연관되는가? 대답은, 땅에서부터 하늘로 높아지시기까지 예수의 광범위한 우주적 움직임은 일시적인 음부 방문을 거쳐서 이루어졌으며, 그곳에서 자신이 죽음과 음부에 승리했음을 "갇힌 영들"에게 알리셨다는 것이다(참조. 벧전 3:19; 유 6절; 계 1:18).

29. 예수는 십자가에서 무어라고 부르짖었는가? (눅 23:46)

많은 영역본 성경들이 예수께서 십자가에서 마지막 말씀을 "큰 소리로" 하셨다고 암시하거나 단언한다. 예를 들어 이런 구절이 있다. "예수께서 큰 소리로 불러 이르시되 아버지 내 영혼을 아버지 손에 부탁하나이다"(ESV; GNT, NASB, NIV, NLT, CSB도 마찬가지). 즉, 기도를 큰 소리로 했다는 것이다.

이런 번역에 따르는 난점은, "불러"(crying out)라고 번역된 분사(포네사스phōnēsas)가 현재 시제가 아니라 부정과거 시제이며, 정형 동사(여기서는 에이펜eipen, "이르시되")에 선행하는 부정과거 시제는 보통 선행하는 행동을 가리킨다는 점이다. 그래서 KJV와 RV 성경은 이 구절을 이렇게 옮긴다. "그리고 예수께서 큰 소리로 부르짖었을(cried out) 때, 그는 … 라고 말했다"(JB성경도 마찬가지). 여기서는 크게 부르짖으며 기도를 했다는 뜻이 아니다. 크게 부르짖으며 한 말은 아마 "다 이루었다"(요 19:30)였을 것이다. 예수께서는 아버지께 드리는 마지막 기도보다는 승리의 외침을 "큰 소리로" 말씀하셨을 가능성이 더 높은 것 같다.

후대의 랍비들 사이에서는 시편 31:5의 "내가 나의 영을 주의 손에 부탁하나이다"가 잠들기 전에 반복해서 드려야 할 유대인들의 저녁 기도의 한 부분이었다. 이 전통은 아마 이전의 관행을 반영하는 것일 터이며, 예수께서도 날마다 이 기도로 저녁 경건의 시간을 마무리했을 것이다. 하지만 이 기도를 아버지께 드림으로써 예수께서는 십자가에서 하신 네 번째 말씀 중의 불길한 "나의 하나님, 나의 하나님"에 뒤이어, 처음에 썼던 호칭("아버지, 저들을 사하여 주옵소서")으로 되돌아갔다. "아버지"라는 호칭을 다시 쓴 것은 암흑 가운데서의 세 시간 동안 아버지와의 충만하고 의식적이고 친밀한 관계가 고통스럽게 중단되었다가 이제 그 관계가 회복되었다는 증거다.

동사 '파라티데마이'(paratithemai)는 "무언가를 맡기다/누군가를 다른 누군가에게 맡겨 무사히 지키게 하다"라는 뜻이기에, "손"이라는 말은 보호하는 돌봄을 뜻한다. 하지만 "하나님의 손(들)"이라는 표현은 통상적으로 비할 데 없는 하나님의 권능을 가리키며(시 89:13; 95:4; 히 1:10에서처럼), 그래서 그렇게 자발적으로 하나님의 손에 내맡긴다는 것은 하나님의 은혜롭고 전능한 주권에 묵묵히 순종하는 것을 나타낸다. 특히 이는 하나님께서 부활로써 자신을 죽음에서 건지시리라는 예수의 확신을 가리킨다(참조. 눅 9:22; 18:33; 22:69; 23:43). "내 영혼"은 예수의 속 사람(inner person; 참조. 요 11:33; 13:21) 혹은 그분의 비육체적 영혼을 의미한다.

요한은 예수께서 자기 영혼을 하나님께 맡기기 직전 "머리를 숙이"셨다는(요 19:30하) 점에 주목한다. 사도 요한은 예수께서 죽는 순간의 모습을 지켜볼 수 있을 만큼 십자가 가까이에 있었던 것이 분명하다. 머리를 숙인 이 행동은 예수께서 침착하고 평온하게, 그리고 단호하게 죽음을 마주했음을 가리킨다. 그분이 그렇게 평온하게 기꺼이 죽음을 맞이한 것은 "다 이루었다"라고 말할 수 있었고 실제로 그렇게 말씀하셨기 때문이다.

예수의 이 말씀의 영향력과 관련해 우리가 떠올릴 것은, 최초의 그리스도인 순교자 스데반이 쏟아지는 돌에 맞아 죽어 가면서 "주 예수여 내 영혼을 받으시옵소서"(행 7:59)라고 기도했다는 사실이다. 그리고 삼십 년쯤 후 베드로는 그리스도인의 고난에 관한 논의를 다음과 같은 명령으로 마무리한다. "그러므로 하나님의 뜻대로 고난을 받는 자들은 또한 선을 행하는 가운데에 그 영혼을 미쁘신 창조주께 의탁할지어다"(벧전 4:19).

30. "그분이 보이네 — 아니, 안 보이네!" (눅 24:31)

깊고도 놀라운 신비가 예수의 생애에서 결정적으로 중요한 세 가지 사건을 에워싸고 있다. 예수께서 마리아의 태에서 성육신하신 일은(1부 33장을 보라) 하나님의 깊은 침묵 가운데 일어났다. 예수의 실제 부활은 천사도 인간도 목격하지 못했으니, 부활 또한 하나님의 깊은 침묵 가운데 일어났다. 예수께서 부활과 최종 승천 사이 사십 일 동안 모습을 드러내신 것 또한 경외감을 불러일으키는 일이요 인간의 체험과 이해 영역을 벗어나는 일이었다. 부활하신 예수의 한 가지 특징은, 뜻하시는 대로 나타나기도 하고 사라지기도 하는 능력이 있었다는 것이다.

예수께서 나타나거나 사라지실 때마다 그 일의 주도권은 늘 예수께 있었다. 언제 나타날지, 누구에게 나타날지는 예수께서 정하셨다. 누구도 "오늘 나는 예수를 볼 것이다!"라고 말할 수 없었다. 그리스어 동사 네 가지가, 예수께서 주도권을 쥐고 사람들 앞에 나타나셨음을 알게 해 준다.

1. 파네로오(phaneroō), "드러내다" ("예수께서 … 자기를 나타내셨으니", 요 21:1에서 두 번)

2. 옵타노마이(optanomai), "나타나다" ("그가 … 보이시며", 행 1:3하)

3. 파리스테미(paristēmi), "모습을 보이다" ("그가 … 친히 살아 계심을 나타내사", 행 1:3상)

4. 호라오(horaō), "보이다" ("주께서 … 보이셨다", 신약성경에서 아홉 번 쓰임: 눅 24:34; 행 9:17; 13:31; 26:16상; 고전 15:5-8에서 네 번; 딤전 3:16).

맨 마지막 동사가 부정과거 수동형(오프데ōphthē)로 쓰이고 뒤에 여격이 나오면, 이 동사는 자동사의 의미를 갖게 되어 "그가 ~에게 보였다"가 아니라 "그가 ~에게 나타났다"가 된다. 이 문법 사항에는 모든 권위자들이 동의한다. 강조점은 보는 사람의 행동이 아니라 나타나는 사람의 행동에 있다. 흥미롭게도 똑같은 동사 형태를 창세기 1:9에서도 볼 수 있다. "뭍이 드러났다"("뭍이 보였다"가 아니라).

예수의 주도적 행동과 관련해 이런 법칙에서 한 가지 이해할 만한 예외가 사도행전 10:40에서 발견된다. "하나님이 사흘 만에 그를 다시 살리사 나타나는 것을 허용하시되"(NRSV). 여기서 "나타나다"(to appear)는 문자적으로 "(눈에) 보이게 되다"(엠파네스 게네스다이emphanēs genesthai)이다. 이 말의 반대어 "(눈에) 보이지 않게 되다"(아판토스 게네스다이 aphantos genesthai)는 누가복음 24:31에서 볼 수 있다. "그들의 눈이 밝아져 그인 줄 알아보더니 예수는 그들에게 보이지 아니하시는지라." 또는 "예수는 그들의 시야에서 사라지셨다"(GNT, NIV, HCSB).

이 두 가지 그리스어 표현, "(눈에) 보이게 되다"와 "(눈에) 보이지 않게 되다"는 그리스어 성경 다른 어느 구절에서도 찾아볼 수 없다. 이 표현들은 부활하신 예수의 독특한 능력, 그분의 부활체의 두 가지 주목할 만한 특징을 특이한 방식으로 나타낸다.

이때 한 가지 의문이 자연스럽게 생겨난다. 예수께서 한 번 나타났다 사라지고 다시 나타나기까지는 간격이 긴데, 그 사이에는 어디에 계셨을까? 우리가 알기로 그분은 죽으시던 날에 낙원에 계셨다(눅 23:43; 1부 28장을 보라). 그러므로 그분의 나타남은 당연히 천상의 영역, 즉 이미 아버지의 오른편으로 높아져 계신 곳으로부터 등장하신 것으로 보아야 한다. 사십 일 후 예수의 승천은 이 눈에 보이지 않는 착좌식(着座式)을 눈에 보이게 극화(劇化)한 것이었으며, 이는 그분께서 이 땅에서 부활을 나타내시는 일이 끝났음을 알렸다.

요한복음

31. "말씀은 하나님과 같은 본질을 지녔더라" (요 1:1하)

그리스어 관사(영어로는 'the')는 쓰임새가 매우 넓다. 명사에 관사가 붙는 게 의미 있을 때도 있고 관사가 없는 게 중요할 때도 있다. 요한복음 1:1이 좋은 예다. 요한은 "태초에 말씀이 [이미] 계시니라"(1:1상)라고 단언하면서 이 말씀이 "하나님과 함께"(프로스 톤 데온pros ton theon, 1:1중) 계셨다고 선언한다. 이 구절에는 정관사 '톤'(ton)이 명사 '데온'(theon)과 함께 쓰이는데, 네 번째 복음서 전체에서 관사가 붙은 '데오스'라는 단어는 거의 언제나 하나님 아버지를 가리킨다(예를 들어 요 3:16을 보라). 그러므로 1절 중반절의 주장은, 천지창조와 시간이 시작될 때 말씀이 아버지와 더불어 있었다는 것이다. 요한이 보기에 "말씀"(로고스)으로서의 예수는 하나님의 외적이고도 인격적인 표현이었다.

하지만 1절 하반절은 두 가지 면에서 다르다. 첫째, 그리스어 어순(語順)이 1절 상반절 및 중반절과 달라서 데오스가 주어("말씀")보다 먼저 오는데, 이는 데오스가 주어가 아니라 술어이고, 강조어임을 가리킨다. 둘째, 1절 중반절의 데오스와 달리, 1절 하반절의 명사 데오스에는 정관사가 없다.

정관사가 없다는 사실은 어떤 의미인가? 그리스어 명사가 정관사 없이 쓰일 때, 이 탈락은 흔히 이야기되고 있는 사물이나 사람의 특질이나 특성에 관심이 쏠리게 만든다. 이 본문의 경우, 요한은 말씀 특유의 본질을 강조하는 것이지 그분의 위격을 확인하는 게 아니다. 어떤 역본들은 이 생각을 포착해 이 구절을 "하나님이 무엇이든, 말씀도 곧 그것이었다"(What God was, the Word was.; NEB, REB)라고 풀어 옮긴다. 주목하라, "하나님인 분은 곧 말씀이었다"(Who God was, the Word was)가 아니라는 것을. 이 번역은 그리스어 어순을 재현하지만, 술부(述部)를 주어로 변환시켰다. 추천할 만한 다른 번역으로는 "말씀의 본질은 하나님의 본질과 같았다"(Barclay), "말씀은 하나님과 같은 본질을 지녔더라"(P. B. Harner)이다.

하지만 대다수 영역본은 단순한 번역 쪽을 택한다. "말씀은 곧 하나님이었다." 이렇게 번역하면 원전처럼 단순하고 직접적이라는 이점이 있다. 단, 여기서 "하나님이었다"는 "하나님의 참본질을 지녔다", "하나님의 본질적 성격을 공유했다", "신적 본질을 소유했다"는 뜻임을 알아야 한다. 그런데 그것이 바로 이 일반적 번역에 따르는 문제점이다. 보통의 영어 용법에서 "하나님"은 성부의 위격을 가리키거나 신성의 세 위격을 가리키는 올바른 명사다. 하지만 인격화한 말씀으로서의 예수 그리스도는 성부의 위격 및 성령의 위격과 구별된다.

그렇다면 요한복음 1:1 하반절은 어떻게 옮겨야 할까? 선택은, 일반적 영어 단어에 고유의 의미를 두는 "말씀은 곧 하나님이었다"와, 원어의 단순성이 결여된 풀어 옮기기인 "말씀은 하나님과 같은 본질을 지녔다" 사이에서 이뤄져야 한다.

32. 하나님의 자녀가 되는 방식 (요 1:12하-13)

그리스어 성경 구절을 정직하고 정확하게 번역해 놓은 문장은 때로 풀어서 설명해 줄 필요가 있다. 요한복음 1:13이 적합한 예인데, 이 구절은 하나님의 자녀를 가리켜 "혈통으로나 육정으로나 사람의 뜻으로 나지 아니하고 오직 하나님께로부터 난 자들"이라고 한다.

네 번째 복음서 머리말(요 1:1-18)은 선재(先在)하는 로고스이신 예수 그리스도의 사명을 설명한다. 그분은 하나님 아버지가 인간에게 알려지고 인간은 그리스도를 믿음으로써 하나님의 자녀가 되게 하기 위해 참빛으로 세상에 오셨다. 사도 요한이 보기에 예수를 믿는 이들은 "하나님의 아들들"(휘오이 데우huioi theou, 바울이 선호하는 표현)이 아니라 "하나님의 자녀"(테크나 데우tekna theou)로 불린다. 요한일서에서와 마찬가지로 요한복음에서도 예수님만이 '하나님의 아들'로 불린다. 그리스도의 아들 신분은 그분의 존재 혹은 본질과 연관된다. 반면 신자들의 아들 됨은 이들이 입양된 사실을 가리킨다. 하나님에게는 단 한 분의 친생자가 있고 여러 양자(養子)들이 있다.

요한복음 1:13에서는 그리스어 전치사 '에크'(위에서 "of"로 번역되었고, 대다수 영역본의 이 구절에서도 "of"로 번역되는)가 네 번 쓰이는데, 이는 작인("~에 의해서"나 "~을 통해"), 근원("~로부터"), 원인("~의 결과로"), 또는 이런 것들의 조합을 가리킬 수 있다. 혈통으로도 아니고 육정으로도 아니고 사람의 뜻으로도 아니고("not … nor … nor …")라고 부정어 표현이 세 번 나오는 것은, 이렇게 점층적으로 나아가 "하나님께로부터"라는 긍정 표현을 강조하려는 의도다.

1. "혈통으로나"(of bloods). 혈통을 이렇게 복수로(하이마타haimata) 표현한 것은 신약성경에서 유일무이한 경우로, 일반화나 관용구적 용법으로서 단순히 '가문'을 뜻할 것이다. "추상적인 것을 나타내는 구체적 개념"의 경우로서 이는 인간의 가계(家系)나 태생을 비유하는 말일 것이다. 하지만 이 표현이 실제로 복수 개념일 경우, 이는 혈족을 뜻하거나 남자와 여자의 혈통의 결합까지도 가리킨다.

2. "육정으로나"(of the will of the flesh). 14절에서와 마찬가지로, '육'(사르크스sarx)이라는 말은 부정적인 의미를 함축하지 않으며 순전히 자연적인, 혹은 물질적인 영역을 가리킨다. 또한 본문에서 이 말은 형용사적 의미가 있어서, "인간의", "자연적인"이라는 뜻이다. 전체적으로 이 표현은 '인간의 선택', 혹은 성욕 같은 '자연적 본능'을 가리키는 말일 수 있다.

3. "사람의 뜻으로"(of the will of man). '아네르'(anēr)는 '남자'를 총칭하는 말이거나 '남편'이라는 뜻이므로, 위의 문구는 자연 생식과 관련하여 '남자의 결정' 혹은 '남편의 뜻/주도/구상'을 뜻할 수 있다.

종합해 보면, "~도 아니고, ~도 아니고, ~도 아니다"라는 이 세 번의 부정 표현은 예수 그리스도를 믿는 신자는 자연적 수단으로 하나님의 자녀가 되지 않았음을 단언한다. 그보다, 이들이 영적으로 거듭난 것은 하나님 자신의 행동 및 오직 하나님 덕분이다. 신적 산출(divine procreation)은 인간의 가문, 인간의 선택, 인간의 구상과 전혀 무관하다. 영적 발생(spiritual generation)은 육체적 발생과 아무 관계가 없다. 영적 발생은 오로지 "하나님께로부터", 즉 하나님의 주도와 행동의 결과로 일어난다.

33. 말씀이 언제 성육신했는가? (요 1:14)

성 게르마누스(634-734)가 쓰고 존 M. 닐이 번역한 오래된 성탄절 찬송은 이렇게 시작한다.

> 크고 강한 경이(驚異)요
> 완전하고 거룩한 고치심이라
> 처녀가 아기를 낳으니
> 순결한 동정으로

찬송은 2절에서 이렇게 이어진다.

> 말씀이 성육신하시나
> 여전히 높은 데 계시도다
> 그룹들이 찬미 노래 부르네
> 하늘에서 목자들에게

그런데 이 찬송을 비롯해 다른 몇몇 노래들이 암시하는 것처럼 성육신이 베들레헴에서 일어났는가? 걸출한 복음주의자들(이름은 밝히지 않겠다)의 다음 발언을 생각해 보라.

> 우리가 알아야 할 중요한 점은 … 예수께 일어난 일은 그가 베들레헴에서 취하신 우리 인성에 일어난 일이라는 것이다.

성탄절은 우리가 다시 한 번 탄생을 마주하게 한다. 하나님에게 예수의 탄생은 성육신이었고, 우리 가운데 거하시려고 그가 인간이 되셨을 때 일어난 역사적 사건 중의 사건이었다.

생명이 잉태 순간에 시작된다고 믿는다면, 인간으로서의 예수의 생명은 마리아가 하나님의 아들을 낳을 것이라는 사실이 전해진(수태고지) 후 나사렛에서 시작되었다. 누가복음 1:35를 보면, "천사[가브리엘]가 대답하여 이르되 성령이 네게 임하시고 지극히 높으신 이의 능력이 너를 덮으시리니 이러므로 나실 바 거룩한 이는 하나님의 아들이라 일컬어지리라"라고 한다. 나사렛에 있는 수태고지 교회의 서쪽 정면에는 성경 구절 두 가지가 새겨져 있는데, 하나는 누가복음의 바로 이 구절이고 다른 하나가 요한복음 1:14이라는 것은 아주 의미심장하고도 적절하다. 그리고 베들레헴이 아니라 나사렛에서 "말씀이 육신이 되"었다면(요 1:14), 예수의 탄생 아홉 달 전에 일어난 일은 12월 25일 못지않게 중요하다. 말씀의 성육신은 하나님의 깊은 침묵 가운데 일어났다. 예수의 탄생 때에는 천사들의 노래가 있었고 예수의 죽음 때에는 지진 같은 진동이 있었지만, 예수의 잉태 때에는 침묵이 에워쌌다. 위의 찬송가 작가가 의도하지 않은 어떤 의미에서 우리는 "얼마나 고요하게, 얼마나 고요하게 그 경이로운 선물은 주어지는가!"라고 말할 수 있다.

성육신의 경이는 하나님께서 위엄 있는 선지자의 기적적 능력을 통해서, 혹은 지상에서 생명을 관리 감독할 수 있는 천사 군단을 통해서, 혹은 천사장 미가엘에게 오류 없는 메시지를 들려 하늘에서 직접 파송함으로써 인간에게 최종적이고 완전한 계시를 전달하기로 하시지 않았다는 것이다. 또한 하나님의 최종적 말씀은 성숙한 인간의 모습으로나

한 여인의 태에 기적적으로 이식된 열 달을 다 채운 아기로 인간 삶의 현장에 불쑥 나타난 성자에 의해 전달되지도 않았다. 그렇다. 약혼 상태의 유대인 처녀가, 유대법의 시선으로 볼 때 이미 남편으로 간주되는 남자와의 성관계 없이 성령의 특별한 행동으로써 임신하는 것이 하나님의 신적 계획이었다. 마리아의 태 속의 수정란으로서, 생물학 용어로 단세포의 접합체로서 "말씀이 육신이 되"셨다. 이 세포가 분할을 거듭해 수십만 배로 커져야 수정란은 비로소 인간의 눈에 보이게 된다.

2주가 지났어도 예수의 배아는 고작 2.5밀리미터 길이에도 못 미쳤다. 십팔 일이 지나자 예수의 심장이 뛰기 시작했다. 아버지께 자기 영혼을 맡기기까지 삼십 년 이상 힘차게 뛰게 될 바로 그 심장이었다. 4주 후, 예수의 팔이 될 돌기가 보이기 시작했다. 아이들을 다정히 안아 올려 축복하게 될 팔, 십자가에 넓게 벌려질 팔이었다. 마찬가지로 4주 후, 예수의 눈이 형성되기 시작했다. 긍휼 어린 시선으로 무리들을 바라보게 될 눈, 십자가에서 자기 어머니를 내려다보게 될 눈이었다. 5주쯤 되자 코가 자리를 잡기 시작했다. "들에 핀 꽃"의 은은한 향기를 맡게 될 코, 십자가 형장의 지독한 악취를 맡게 될 코였다. 6주가 되자 다리 돌기가 나타났다. 유대, 사마리아, 갈릴리를 두루 돌아다니며 설교하고 자비의 일을 하게 해 줄 다리, 쇠못이 그분을 십자가에 꿰어 박을 때 서로 겹치게 될 다리였다. 이 단계에서 예수의 배아는 아직도 12밀리미터 정도로서, 손이 작은 사람의 손톱만 했다. 7주째에 그분은 19밀리미터 길이였고, 손을 움직일 수 있었으며, 손가락이 확실히 구분되었다. 8주째에는 발가락이 뚜렷했다. 10주째에 태아 예수는 51밀리미터였다. 11주에는 64밀리미터, 12주에는 77밀리미터였다. 14주째에 예수께서는 고개를 돌릴 수 있었고, 이마를 찌푸릴 수 있었으며, 손가락을 빨 수 있었다.

놀랍게도 인간이 형성되는 모든 과정을 지으신 분께서 인간이라면 누구나 태 속에서 경험하는 그 발달 과정을 친히 겪으셨다. 바로 여기에 놀라움과 경외감과 경배를 불러일으키는 깊은 신비가 있다.

34. 내 뒤에 오시는 ― 그러나 내 앞에 계시는 예수! (요 1:15)

다른 사람의 뒤를 이어 현장에 등장하는 사람이 어떻게 시간상으로 그 사람을 앞설 수 있는가? 이것이 요한복음 1:15의 수수께끼이자 역설이다.

요한복음 서두(요 1:1-18)가 로고스의 사명을 설명하고 있다고 할 때(1:1), 마지막 단락(1:14-18)은 그 사명에서 결정적으로 중요한 측면을 보여 준다. 그것은 바로 성부 하나님을 계시하는 로고스-성자로서의 그분의 독특한 역할이다. 이 마지막 단락에서 15절은 세례 요한이 주역(主役)이신 메시아 예수의 탁월함을 증언하는 말을 기록한다. "요한이 그에 대하여 증언하여 외쳐 이르되…" 이 두 번째 동사(크라조krazō)는 모든 사람이 들을 수 있도록 선지자가 크고 담대하게 메시지를 외치는 스타일을 반영한다.

이 구절의 중심 주장은 세 부분으로 나뉘는데, 각 부분이 저마다 예수와 세례 요한의 관계를 정의한다.

1. "내 뒤에 오시는 이." "오시는/오실 그이"라는 말은 독자적으로 있을 때는 메시아를 가리키는 호칭이지만(눅 7:19-20; 히 10:37에서처럼), 여기서는 "내 뒤에"라는 말이 뒤에 있으므로 동사적 의미를 지닌다. 세례 요한은 자기 자신을 메시아의 선구자(先驅者)로 그리고 있다.

2. “(내 뒤에 오시는 이가) 나보다 앞선 것은.” ‘엠프로스텐’(emprosthen)이라는 단어는 원래 장소(“전방에”, “앞에”)를 나타내는 부사였는데, 여기서는 시간을 나타내는 게 아니라(“나보다 앞선다”가 시간상 앞선다는 뜻이면 뒤에 이어지는 “먼저 계심이라”는 문구는 중복 표현이 된다) 신분이나 지위(“나보다 뛰어나다”)를 나타내는 전치사다. ‘엠프로스텐’을 이런 의미로 쓰는 한 사례는 칠십인역 성경의 창세기 48:20이다. “에브라임을 므낫세보다 앞세웠더라.” 그러므로 요한복음 1:15의 이 부분을 엄밀한 의미로 번역하면 “(내 뒤에 오시는 이가) 나보다 우위에 계심은”일 것이다.

3. “나보다 먼저 계심이라”=“그가 나보다 먼저 계셨음이라” 또는 “그가 나보다 먼저 존재하셨음이라.”

여기 로고스-성자이신 예수에 관한 세 가지 진술이 있다. 그분은 시간상으로는 요한 뒤에 계시고, 신분상으로는 요한보다 위에 계시며, 그래서 (역설적으로) 시간상으로 요한 앞에 계신다. 주역(主役)인 존재의 선구자는 자신이 그 주역보다 열등하다고 말할 것으로 예상되기는 하지만, 요한이 예수의 우월함을 선언하기 위해 제시한 이유는 그게 아니다. 세례 요한에게 메시아 예수의 완전한 우월성은 그분의 선재(先在)에 바탕을 두고 있었다. “그가 나보다 우위에 계심은 그가 나보다 선재하셨기 때문이다(호티hoti).”

복음 전도자 요한의 입장에서 메시아는 단순히 세례 요한보다 먼저 태어나신 게 아니었다. 그분은 성부 하나님과 더불어 영원히 존재하셨다.

태초에 말씀이 이미 계셨고, 이 말씀이 하나님과 더불어 존재하셨으며, 말

씀은 곧 하나님이셨다.(요 1:1)

"예수께서 이르시되 진실로 진실로 너희에게 이르노니 아브라함이 나기 전부터 내가 있느니라"(요 8:58)

"아버지여 창세전에 내가 아버지와 함께 가졌던 영화로써 지금도 아버지와 함께 나를 영화롭게 하옵소서"(요 17:5)

시간상으로 세례 요한보다 뒤에 오신 분이(마 11:11) 지위와 중요성 면에서 요한을 능가하심은 그분이 시간상으로 요한보다 먼저 존재하셨기 때문이다.

35. 신속하게 영원히 채워지는 새로운 은혜 (요 1:16)

앞 절(요 1:15)에서 사도 요한은 예수의 우월성에 관한 세례 요한의 증언을 기록했다. "내 뒤에 오시는 이가 나를 능가함은 그가 나보다 먼저 계심이라"(앞 장을 보라). 이제 16절에서 사도 요한은 신자들의 한결같은 경험에 호소함으로써 그 증언의 정확성을 확언한다. "우리가 다 그의 은혜의 충만함으로부터 받으니 — 즉, 이미 받은 은혜 대신 은혜러라."

결정적으로 중요한 표현은 '카리스 안티 카리토스'(charis anti charitos), "은혜 대신에 은혜"(grace in place of grace)다. '카리스'라는 말은 '은혜/은총/축복/사랑의 선물'로 번역할 수 있으며, 전치사 '안티'는 "~ 대신에"(instead of, in place of), 또는 동등한 것을 뜻한다. 표현 전체가 명쾌히 압축되어 있기 때문에 다음과 같이 매우 다양한 번역이나 바꿔 쓰기가 제안되어 왔으며, 옹호할 수 없다거나 부적당하다고 배제할 만한 것은 한 가지도 없다.

- "은혜 대신에 은혜"
- "은혜 위에 은혜"
- "은혜에 이어 은혜"
- "(옛) 은혜 대신 (새) 은혜"
- "한 축복에 이어 또 다른 축복"
- "축복에 이은 축복"
- "은총의 자리에 또 다른 은총"
- "사랑의 선물에 이은 선물"

어떤 주석가들은 각각의 '카리스'를 특정한 축복과 연관시킨다. 이들은 옛 언약 대신 새 언약, 예수의 육체적 임재 대신 성령의 영적 임재, '셰키나'(하나님의 가시적 영광) 중에 있는 하나님의 임재 대신 그리스도 안에 있는 하나님의 임재, 또는 모세 율법 대신 자유와 아들 됨의 은혜가 여기 암시되었다고 본다.

하지만 이 표현에는 X 대신 Y, 예를 들어 율법 대신 은혜와 같이 어떤 단일한 대체물의 교환 개념이 아니라 그 이상의 의미가 담겨 있다. 이 표현은 한 가지 축복이 또 다른 축복을 대체하는 것, 은혜를 계속 부어 주시는 것, 축복이 신속하고도 영원히 이어지는 것을 가리킨다. 한 가지 축복이 도래하고 또 그다음 축복을 받기까지의 사이에 전혀 간격이 없는 양 말이다. A.T. 로버트슨은 『그리스어 신약성경 문법』(*A Gram-*

mar of the Greek New Testament)에서 이를 다음과 같이 요약한다. "하루가 가고 또 하루가 오는 것처럼, 이미 주어진 은혜의 자리에 새로운 은혜가 채워진다. 해안에 파도가 연이어 밀려들 듯"(574).

끊임없이 새로워지는 은혜의 본질이 정확히 무엇인지는 여전히 확실하지 않지만, 아마 이는 크게 늘어난 새 언약의 영적 유익일 것이다. "율법은 모세로 말미암아 주어진 것이요 은혜와 진리는 예수 그리스도로 말미암아 온 것이라"(요 1:17). 이 유익에는 우리의 대제사장 예수 그리스도, 새 언약의 중보자시며 우리의 연약함을 동정할 수 있는 분을 통해 우리가 직접, 영원히, 그리고 전례 없이 하나님께 나아갈 수 있는 것(히 4:14-16; 9:15; 10:19-22), 신자들의 마음에 쓰인 하나님의 율법(렘 31:33; 히 8:10), 그리고 그리스도께서 두 번째로 나타나셔서 구원을 완성하리라는 소망(히 9:28)이 포함된다.

36. 아버지를 완벽히 표현하심 (요 1:18)

요한은 머리말(1:1-18)을 마무리하면서 두 가지 보완적 진술을 하는데, 하나는 비가시성에 관한 것이고 다른 하나는 가시성에 관한 것이다. 첫 번째는 "본래 하나님을 본 사람이 없으되"(1:18상)라는 말인데, 여기서 하나님은 하나님 자체로서 계신 하나님을 말한다. 자신의 본질 가운데 계신 하나님, 하나님으로서의 하나님(정관사 없는 '데오스theos')은 육체의 눈으로든 영적인 눈으로든 인간은 절대 볼 수 없다(참조. 요 5:37; 6:46; 출 33:20). 하나님은 눈에 보이지 않는(invisible) 분이시다.

이 구절의 두 번째 부분(1:18하)은 하나님의 가시성, 하나님께서 계시자(Revealer) 그리스도 안에서의 자기 계시를 통해 인간에게 가시적인 분이 된 것에 대해 말한다. "본래 하나님이시며 아버지의 마음에 존재를 갖고 계신 유일한 아들께서 하나님을 나타내셨다." 18절 하반절은 네 가지의 주요 변형이 있는데, 대다수 본문 비평가들과 주석가들은 그중에서 '모노게네스 데오스'(monogenēs theos)라고 읽는 법을 선호한다. 이는 1절과 14절에서 볼 수 있는 중요 표현 두 가지를 합친 것으로, "유일한 아들, 곧 본래 하나님이신 분" 혹은 "유일무이한 아들, 곧 그 자신이 하나님이신 분"(NIV)이라고 옮길 수 있다.

'모노게네스'라는 말은 '친족의 유일한 구성원'을 가리키며, 따라서 이 말을 가족 관련 의미로 쓰면 "유일한 핏줄인", "형제자매가 없는"을 뜻하며, 한 가정의 유일한 자녀를 의미한다. 요한복음 3:16, 18, 요한일서 4:9에서 "유일한"과 "아들"을 연결한 것, 그리고 앞에서 아버지를 언급한 것을 감안할 때, 1:18 하반절에서는 "아들"에 "유일한"을 붙여서 이해하는 게 자연스럽다. 예수에게는 영적 형제자매가 없고 대등한 이도 없다. 다른 누구도 예수 그리스도에게 적용되는 의미에서 하나님의 아들이라는 호칭을 주장할 수 없다.

하나님의 신적 본질(역시 정관사 없는 '데오스')을 공유하는 이 '유일무이한 아들'은 "아버지의 품 안에"(KJV, NASB) 있거나 "아버지의 마음에 자기 존재를 갖고 계신다." 아버지의 품이나 마음이라는 이 비유적 표현은 잔치(잔치 때 비스듬히 기대앉기. 참조. 요 13:23), 가정(어린아이가 부모의 무릎에 앉거나, 부모나 유모의 품에 안겨 있기), 또는 부부(남편과 아내의 포옹)의 모습에서 가져온 것일 수 있다. 출처가 어디든, 이는 비밀을 공유할 수 있을 만큼 애정 깊은 상호 관계의 배타적이고 특권적인 친밀함을 가리킨다.

동사 '엑세게오마이'(exēgeomai, "자세히 설명하다", "알리다")는 일반 그리스어에서 신적 지식을 전달한다거나 신의 비밀을 계시한다는 뜻으로 흔히 쓰이는 표현이다. 여기서는 사실 확인적 부정과거(constative aorist)로서, 그리스도의 죽음과 부활을 포함해 그분의 지상 생애 전체를 한눈에 포괄한다. 이 동사의 목적어는 나타나 있지 않지만, 맥락으로 볼 때 "아버지"를 목적어로 봐야 한다. 아버지를 완전히 "해석한"(exegeted), 혹은 정확히 계시한 이는 다른 누구도 아닌 그리스도이시다(에케이노스 ekeinos). 예수 그리스도는 눈에 보이지 않는 하나님의 본질적 속성을 눈에 보이게 만들었고(참조. 골 1:15) 아버지의 마음을 드러내셨다.

요한복음 전체에서 1:18은 특별한 역할을 한다. 1:18은 요한복음 전체를 통해 두드러지는 주제, 즉 아들에게 완전하고도 직접적으로 알려진 분으로서의 아버지, 아버지의 독특한 해석자로서의 아들이라는 두 가지 주제를 강조함으로써 요한복음 머리말과 나머지 부분을 연결시킨다. 아버지의 가장 내밀한 생각에 다가갈 수 있는 영원한 접근권을 가진 분으로서(요 1:1중; 6:46), 예수는 아버지의 본질과 목적을 완전히 설명할 수 있는(요 3:32) 완벽하고도 독특한 자격이 있다.

37. "물과 성령으로 나다" (요 3:5)

니고데모와의 대화(요 3:1-15)에서 예수께서는 "사람이 물과 성령으로 나지 아니하면 하나님의 나라에 들어갈 수 없느니라"(요 3:5)라고 말씀하신다. 이는 하나님 나라에 들어가기 위해서는 거듭날 필요가 있다고 예수께서 두 차례 진지하게 단언하신 것(3, 5절) 중 두 번째 말씀이다. 두 번 모두 예수께서는 "내가 엄숙한 진리를 네게 말하노니", 혹은 "내가 네게 단호히 확언하노니"(아멘 아멘 레고 소이amēn amēn legō soi, 문자적으로는 "진실로 진실로 네게 이르노니")라는 말로 이야기를 시작하신다. 공관복음에서는 이런 엄숙한 진술이 시작될 때마다 늘 한 번의 '아멘'이 선행하는 데 비해 이 네 번째 복음서에서는 '아멘'이 언제나 반복되며, 뒤에 "너희"(휘민hymin)가 이어지는 경우는 스무 번, "너(네)"(소이soi)가 이어지는 경우는 다섯 번이다.

예수께서는 무슨 의미로 이 말씀을 하실까? "물"과 "성령"을 서로 관련 없는 별개의 실체로 여기는 이들은 대개 "물로/물에 의해 난다"는 말을 육체적 탄생을 가리키는 것으로 보고 "물"을 출산 때의 양수나 잉태 때의 정액으로 여기는 한편, "성령으로/성령에 의해 난다"는 것은 영적 탄생의 동인(動因)을 가리킨다고 본다. 또 어떤 이들은 "물"을 거듭남의 수단으로서의 개종자 세례나 세례 요한의 세례, 혹은 그리스도인의 세례와 연결시키고, "성령"을 중생의 주된 원인으로 본다.

하지만 정말로 두 가지 별개의 실체가 언급되고 있는지 의심할 만한 충분한 이유가 있다. 첫째, 5절에서는 '프뉴마'(pneuma, "성령")에 정관사가 없지만 6절과 8절에는 정관사가 있으며, 이는 5절에 독특한 중요성이 있음을 암시한다. 둘째, "물과 성령으로"라는 말의 '프뉴마' 앞에 전치사 '에크'(ek[ex])가 빠져 있는데, 이 사실은 물과 성령이라는 두 항목을 밀접히 결부시킨다. 즉, "물"과 "성령"은 단일한 개념 단위를 형성한다. "물"이라는 외적 요소와 성령께서 이루시는 별개의 내적 갱신 사이에는 어떤 대조도 의도되어 있지 않다. 또한, 초점은 인격적 성령께 있지 비인격적 물에 있지 않다. 6절과 8절에서는 성령만 언급되고 있으니 말이다. 성령께서는 "물"을 수단으로 해서 거듭남을 이루신다.

에스겔 36:25-27에서도 불결함에서 깨끗해지게 하는 동인(動因)으로서의 "물"과 하나님의 율례에 화답하는 새로운 마음과 그 율례에 복종하는 새로운 영을 창조하시는 행위자로서의 "성령"이 마찬가지로 직접적으로 연결되는 것을 볼 수 있다. 실제로 "물과 성령으로"는 영적 갱신에 대해 이야기하는 에스겔서의 이 세 구절을 적절히 요약하는 표현일 것이다.

> 맑은 물을 너희에게 뿌려서 너희로 정결하게 하되 곧 너희 모든 더러운 것에서와 모든 우상 숭배에서 너희를 정결하게 할 것이며 또 새 영을 너희 속에 두고 새 마음을 너희에게 주되 너희 육신에서 굳은 마음을 제거하고 부드러운 마음을 줄 것이며 또 내 영을 너희 속에 두어 너희로 내 율례를 행하게 하리니 너희가 내 규례를 지켜 행할지라

이러한 이해를 바탕으로 할 때, "물과 성령으로"는 우리를 깨끗하게 하시고 새롭게 하셔서 하나님 나라에 들어가기 위한 선행 조건인 거듭남을 이루게 하시는 성령의 역할을 가리킨다. "물과 성령으로"는 요한복음 3:3, 7의 "거듭나다/위로부터 나다"라는 말과, 요한복음 1:13의 "하나님의 역사로써 난다"라는 말을 자세히 설명해 주는 표현이다.

38. 독특한 사랑에 의한 독특한 주심 (요 3:16)

요한복음 3:15에서는 "이는 그를 믿는 자마다 [그(예수)와의 연합을 통해] 영생을 얻게 하려 하심이니라"라고 한다. 다음 구절은 말로든 글로든 가장 유명한 문장으로서, 15절이 왜 참인지 그 이유를 설명한다(그래서 "왜

나하면"이라는 뜻의 '가르gar'로 시작한다). "[왜냐하면] 하나님이 세상을 이처럼 사랑하사 독생자를 주셨으니 이는 그를 믿는 자마다 멸망하지 않고 영생을 얻게 하려 하심이라." 원래 그리스어 사본은 직접 화법을 지시하지 않았기에, 이것이 예수의 말씀인지, 아니면 예수께서 하신 말씀을 요한이 영감을 받아 회상한 것인지 여부는 좀 불확실하다. 근래 대다수 영역본의 해석처럼, 나는 21절에서 예수의 말씀이 끝난다고 생각한다.

"하나님이 … 이처럼 사랑하사 … 주셨으니." 세상을 향한 하나님 아버지의 사랑은 늘 현존하지만, 어떤 특정한 때에 사랑의 선물로 표현되었다. "사랑하사"가 과거 시제(부정과거)인 것은 "주셨으니"가 과거 시제(부정과거)인 것과 조화된다. 하나님께서는 사랑하셨고 주셨다. 하나님의 선물은 그분의 사랑을 나타냈다. 여기서 "이처럼"(후토스houtōs)이라는 말은 "그 정도로", "그렇게 강렬하게"라는 뜻이다. 그리스어 원전에서 "사랑하사"라는 말의 색다른 위치 때문에 "이처럼"은 특히 어조가 강한 말이 된다. 이는 평범한 사랑이 아니었던 것이다!

접속사 호스테(hōste, 영어의 that) 다음에 직설법의 종속절이 이어져, 행동의 결과에 강조점이 주어지는 예가 신약성경에는 단 두 군데 있다. 하나는 갈라디아서 2:13로, 여기서 바울은 베드로가 안디옥에서 공교롭게도 비유대인 그리스도인들과 접촉하지 않기로 유감스러운 판단을 내린 것에 주목한다. 이때 바울은 이렇게 말한다. "그(베드로)를 따라서 나머지 (그리스도인) 유대인들도 외식했고, 그 결과 (놀랍게도) 바나바까지 그들의 외식에 유혹되었다." 또 한 예는 요한복음 3:16에서 볼 수 있다. 이 구절의 의미는 다음과 같다. "너희가 이것을 믿을 수 있다면, 하나님께서 자신의 유일한 아들을 아끼지 않으셨고 반역하는 자기 피조물의 유익을 위해 실제로 그 아들을 내주셨다는 것을!" 즉, 자기 아들을 완전한 인간으로(1:14) 세상에 보내시고(17절), 희생의 죽음에 넘겨주시기까지 하는 그 놀랄 만한 내주심, 그 쉽지 않은 주심(giving)을 말이다. 요한이 다른 구절에서 말하다시피, “하나님이 우리를 사랑하사 우리 죄를 속하기 위하여 화목 제물로 그 아들을 보내셨”다(요일 4:10). 성육신과 십자가형 모두 이 주심에 포함된다.

요한복음에서 ‘코스모스’(kosmos)라는 그리스어는 온 우주를 가리킬 때도 있고(17:5), 지구(11:9), 혹은 인간이 사는 곳(16:21), 심지어 악에게 넘겨진 인류(7:7)를 가리킬 때도 있다. 하지만 3:16에서 “세상”은 아무런 구별이나 예외 없이 모든 인간을 가리킨다(‘코스모스’의 세 번째 용법인 3:17에서처럼).

하나님의 주심이 중대한 이유는, 주신 것이 쉽게 복제되거나 대체될 수 있는 어떤 사람이 아니라 하나밖에 없는 사랑하는 귀한 아들이었기 때문이다. 하나님의 아들로서 예수께서는 언제나 아버지 앞에 계시면서 친밀하고 다정한 대화를 나누셨고 모든 비밀을 함께 나누셨으며 아버지의 모든 계획을 다 받아들이셨다. 그것이 바로 예수가 아버지의 성품을 계시할 수 있는 독특한 자격을 지닌 이유였으며(요 1:18) 아버지의 주심이 그토록 엄청나게 후한 이유였다.

“이는 그를 믿는 자마다 멸망하지 않고 영생을 얻게 하려 하심이라.” 여기서 “이는”(히나hina)은 결과를 함축하는 목적을 표현한다. 하나님의 경륜에서 목적은 언제나 실현된다. “믿는 자마다”에는 “어느 때든 모든 믿는 사람”이라는 뜻이 담겨 있으며, 이는 언제나 유효한 약속이다. “믿는”에 대해서는 다음 장에서 살펴보기로 하자. ‘누구’를 믿으라고 모든 사람을 청하는가 하면, 바로 하나님께서 주신 아들이다. 하지만 예수를 믿는 신자들은 그저 십자가에 달려 죽은 뒤 장사된 유대인 선지자에게 자신을 맡기는 게 아니다. 그분은 죽음의 사슬을 끊고 이제 아버지 앞에서 영원히 살면서 하나님의 보좌를 공유하는 분이시다(계 22:3).

'멸망'과 '영생 얻기'는 상반되는 것이 확실하며, 그래서 "멸망한다"는 말은 '영원한 죽음', 즉 참생명의 유일한 근원이신 하나님에게서 영원히 끊어진다는 뜻일 것이다. 하나님에게서 영원히 추방되는 것은, 하나님의 법정에서 정죄받고 죄인의 이마에 하나님의 의로운 진노가 머문 결과 "멸망"하거나 "잃어버린바 되는" 것이다. "영생을 얻는다"는 표현에서 "얻는다"(have)는 말에는 "입장료를 내는 사람은 모두 헬스장에 무제한 입장할 수 있다"는 말에서처럼, "~의 소유권을 획득해서 누릴 수 있다"라는 의미가 있다. 영생 얻기는 믿음에 좌우된다는 의미에서만 미래에 속한 일이다. 하지만 일단 믿음이 있으면 영생은 현재의 현실이다.

여기서 '생명'(조에zōē)은 질(質)을 말한다. 즉, 이 생명은 하나님에게서 와서 우리로 하여금 그분의 생명을 공유할 수 있게 하는, 초자연적이고 영적인 생명이다. "영원한"(아이오니오스aiōnios)이라는 말은 양(量)을 가리킨다. 이 '생명'은 영원히 지속될 것이다. "영생[영원한 생명]"이라는 이 표현에서 강조점은 "영원한"보다는 '생명'에 있다. 그리고 요한복음 3장이라는 좀 더 넓은 맥락에서, 이 영생 얻기는 '거듭나기'나 '위로부터 나기'(요 3:3, 7)와 같은 개념이다.

요한복음 3:16을 다음과 같이 풀어서 다시 쓰면 앞에서 관측한 많은 내용을 구체적으로 표현하게 될 것이다

> (위로부터의 이 거듭남은 모든 믿는 자에게 가능하니) 왜냐하면 하나님 아버지께서 모든 인간을 사랑하시되 하나밖에 없는 사랑하는 귀한 아들을 실제로 세상에 보내시고 그 아들을 대속의 죽음에 넘겨주사, 예수를 믿는 모든 사

람은 구별이나 예외 없이 하나님의 진노를 당하여 잃어버린 바 되지 않고 오히려 지금은 물론 앞으로도 하나님과의 친밀한 교제를 누리며 하나님 자신의 생명을 함께 나눌 수 있을 만큼 엄청나게 사랑하셨기 때문이다.

39. "~이라고 믿기"와 "~을 믿기" (요 3:36)

동사 "믿다"(피스튜오pisteuō)는 이 네 번째 복음에 아주 흔히 등장하는 단어이며(98회 쓰임), 그래서 이 복음서가 '믿음의 복음'이라 불리는 것도 당연하다. 이 동사는 사실과 관련될 때(요 9:18; 16:27에서처럼 "~라고 믿다", "~임을 확신하다")도 있고, 상황과 관련될 때(4:50)도 있지만, 대개 믿음의 대상은 어떤 사람이며('피스튜오'가 여격과 함께 쓰임), 이 경우 "믿는다"는 말은 "지적으로 신뢰한다"(4:21), "자기 자신을 맡긴다"(5:24)는 뜻이다.

하지만 요한의 특징을 이루는 관용어는 "~를 믿다"(이때는 '피스튜오'에 전치사 '에이스eis'가 붙는다)이다. 이런 구조는 고전 그리스어나 구약성경(LXX) 그리스어, 고대 그리스어 파피루스에서는 찾아볼 수 없다. 그리고 신약성경에서 이 말이 45회 쓰이는데, 요한복음과 요한일서 외에 다른 성경에서 이 말이 쓰이는 경우는 아홉 번에 불과하다. 이 표현은 믿음의 신적 대상에 대해서만 쓰이지(하나님에 대해서 쓰인 것은 요한복음 12:44 한 번이고, 대개는 그리스도를 대상으로 한다), 인간을 믿음의 대상으로 해서 쓰인 적은 한 번도 없다. 하나님께서 구원과 관련해 사람을 개별적으로 만나 주시는 곳은 그리스도 안에서이며, 그래서 인간의 믿음에는 서로 경쟁하는 두 대상이 있지 않다.

'피스튜오' 뒤에 나오는 전치사 '에이스'는 그 믿음의 방향을 가리킨다. 이 믿음은 예수께 초점을 맞춘다. 하지만 이는 단순히 예수에 관한 어떤 사실을 믿는다거나 그분의 가르침이 모두 참이라고 믿는 게 아니다. 믿음은 필연적으로 진리를 인식하고 받아들이기뿐만 아니라 주로 진리로서의 예수에게(요 14:6) 영원히 전적으로 붙어 있으며 충성하기(요 14:6), 메시아이자 주님으로서의 그리스도의 존재에 자기 자신 전체를 영원히 맡기기를 필요로 한다. 이는 결코 안이한 믿음지상주의가 아니다.

'~이라고 믿기'(believing that)와 '~을 믿기'(believing in)의 차이점은 다음과 같이 정리할 수 있지만, 전자는 당연히 후자로 귀결되는 게 이상적임을 잊지 말아야 한다.

~이라고 믿기	~을 믿기
사실을 다룬다	한 인격체를 다룬다
지성이 관여한다	마음이 관여한다
사실에 대한 인식이 필요하다	진리이신 예수께 대한 충성이 필요하다
일시적일 수 있다	지속되어야 한다
아무것도 변화시키지 못한다	모든 것을 변화시킨다
통상적인 경험이다	'위로부터의 거듭남'이다
선행 조건이다	타당한 결과다

예수를 믿는 것은 그분께 나아가는 것(요 6:35), 그분을 받아들이는 것(1:12), 그분이 주시는 물을 마시는 것(4:13-14), 그분을 따르는 것(8:12), 그리고 그분을 사랑하는 것(14:21)이다.

40. 살을 먹고 피를 마시다 (요 6:53)

요한복음 6장의 마지막 단락(30-58절)은 예수를 하늘로부터 온 생명의 떡으로 제시한다. 이 대화는 가버나움의 회당 모임에서 있었는데(요 6:59), 이곳에서는 예수의 말씀 도중 질문과 토론이 허용되었던 것 같다(28, 30, 34, 41-43, 52절을 보라). 예수는 그 옛날의 만나처럼(출 16:1-35) 하나님이 공급해서 하늘에서 내려온 떡이었다(요 6:32-33). 하지만 만나와 달리,

- 하나님이 떡을 마련해 주신 일은 그저 과거의 일(완료 시제의 '데도켄 dedōken')만이 아니라 현재에도(현제 시제의 '디도신didōsin') 일어나고 있다(요 6:32).
- 예수는 "하늘로부터 (온) 참떡"(요 6:32), "참된 양식"(요 6:55), 광야 만나의 대형(antitype)이시다.
- 하나님이 공급하시는 만나는 자양분 그 이상의 것을 끊임없이 마련해 준다(현재 능동분사인 '디두스didous'). 즉, 생명을 공급한다(요 6:33, 58).
- 이 떡은 그 누구도 차별하지 않고 모든 사람("세상")을 위해 마련된다(요 6:33, 51).

35절은 "하늘로부터 오는 떡"에 관한 다소 추상적 대화(30-33절)가 심히 개인적인 주장("나는 … 내게 … 나를")으로 바뀌고, 예수에게 다정히 찬동하다가("주여 이 떡을 항상 우리에게 주소서", 34절) 예수의 주장에 대해 격렬히 불평하는 것으로("자기가 하늘에서 내려온 떡이라 하시므로 유대인들이 예수에 대하여 수군거려", 41절) 태도가 바뀌는 지점이다. 따지고 보면 예

수와 예수의 부모는 한낱 나사렛 사람들로 알려져 있었다(42절)!

이때 예수께서는 한술 더 떠서 아버지께 이끌려 예수를 믿게 된 사람들, 그리고 그렇게 해서 하늘에서 내려온 떡을 먹는 사람들은 결코 죽지 않을 것이라고 주장하신다(43-51절). "사람이 이 떡을 먹으면 영생하리라 내가 줄 떡은 곧 세상의 생명을 위한 내 살이니라"(51하절). 이들 갈릴리 유대인들의 비교적 온건하던 불평은(41절) 이제 격렬한 논쟁으로 번진다(52절). 이들은 예수께서 비유적으로 말씀하고 계심을 알고 있었던 게 틀림없지만(예수께서는 식인 풍습을 옹호하시는 게 아니다!), 그래도 예수의 표현은 심히 불쾌감을 주었다. 어떤 사람을 영적으로 자기 것으로 만든다는 것은 불가해한 개념이거나, 그렇지 않으면 사람을 어리둥절하게 만드는 개념이었다.

하지만 예수께서는 누구든 자신의 살을 먹는 사람에게는 불멸이 보장된다는 놀라운 주장을 굽히지 않으시며(50-51절), 오해를 줄이기 위해 다른 은유를 쓰지도 않으신다. 오히려 자신의 살을 먹는 것도 모자라 자신의 피를 마시라는 소름 끼치는 이야기를 하면서, 그것이 영생을 얻고 부활에 포함되는 수단이라고 하신다(53-56절). 피를 마신다는 것은 유대인들이 질색하는 개념이었다(창 9:4; 레 17:10-14; 신 12:16).

요한복음 6장의 맥락에서, 예수의 이 신비스러운 말씀은 어떻게 이해해야 할까? 다음 세 가지 진술에 주목해 보면 도움이 되는데, 이 세 진술은 각각 "영생을 얻는다/가진다"는 말로 끝난다.

- "아들을 보고 믿는 자마다 영생을 얻는 이것이니"(40절).
- "믿는 자는 영생을 가졌나니"(47절).
- "내 살을 먹고 내 피를 마시는 자는 영생을 가졌고"(54절).

이는 '보고 믿기' 혹은 '믿기'가 영생을 소유하기 위한 선행 조건으로서 '먹고 마시기'와 동등하다는 추론을 정당화한다. 예수를 보고 믿음으로 그분께 순복하는 것은 곧 그분의 살을 먹고 피를 마시는 것이요, 그분의 생명에 참여하고 그분과의 연합에 들어가는 것이며(56절), 그리하여 하나님의 영원한 생명을 함께 나누기에 이른다. 아우구스티누스는 이를 다음과 같이 간명하게 요약했다. '크레데 에트 만두카스티'(Crede, et manducasti, "믿으라, 그러면 먹은 것이다", 요 26.1 설교). "나를 먹는 그 사람도 나로 말미암아 살리라"(57하절)라는 표현에서 우리는 그리스도를 우리 것으로 만드는 두 가지 길(먹기와 마시기)이 하나로("먹는다") 통합되고, 두 가지 자양분(살과 음료)도 하나로("나를"=그리스도) 통합되는 것을 본다. 예수 그리스도는 인간을 구성하는 영적 실체가 필요로 하는 것(양식과 음료)을 충분히 채워 주신다.

마지막으로, 주석가들은 50-58절에서 주의 만찬 관련 용어의 존재 혹은 범위를 두고 의견이 나뉜다. 51절 하반절("내가 줄 떡은 곧 세상의 생명을 위한 내 살이니라 하시니라")이 주의 만찬을 제정할 때 예수께서 하신 말씀(눅 22:19; 고전 11:24)을 요한 식으로 표현한 것이라고 생각하는 이들이 있지만 그렇게 믿을 만한 근거가 없다. 비록 이 네 번째 복음서에는 그 제도에 대한 기록이 담겨 있지 않은 게 사실이긴 하지만 말이다. 중요한 것은 53-54절에 "몸"이 아니라 "살"이라는 말이 쓰였다는 점이다. 아마도 예수께서 원래 유대인 청중에게 하신 말씀, 그리고 이들이 어쩌면 알아들을 수 있었을 말씀을 나중에 그리스도인들이 듣거나 읽으면서 이것을 주의 만찬 즉 그리스도를 믿는 신자들이 믿음으로써 마음속에서 그분을 먹는 제도를 암시하는 말씀으로(실제로 언급한 말씀이라기보다) 생각한 것이라고 말하는 게 안전할 것이다.

41. 정당한 분노 (요 11:33, 38)

복음서에는 예수께서 어떤 상황에 분노나 의분(義憤)을 보이신 경우가 다섯 번 있다.

첫 번째는 예루살렘 성전을 깨끗하게 하셨을 때이다. 이 일은 성전 이방인의 뜰에서 일어났는데(요 2:13-17), 공생애를 시작할 때뿐만 아니라 끝낼 때도(막 11:15-18) 예수께서는 시끄러운 장사꾼과 소란스러운 환전상들의 형태로 이방인들의 참된 예배를 방해하는 것들을 성전에서 깨끗이 쓸어 버리셨다. 성전의 신성함을 위한, 그리고 예배의 정결을 위한 강렬한 열망(젤로스zēlos, "열심", 요 2:17)으로 분노가 솟구친 예수께서는 성전에서 이 전문 장사꾼들을 단호히 쫓아내셨다. "내 아버지의 집으로 장사하는 집을 만들지 말라"(요 2:16).

두 번째는 마가복음 1:40-41에서 나병 환자를 고쳐 주셨을 때이다. 나병 환자는 누가 자신에게 다가오면 "부정하다! 부정하다!"라고 외치며 가까이 오지 못하게 해야 했지만, 예수께서 다가갔을 때 이 사람은 그렇게 외치기는커녕 오히려 예수께 나아가, 원하신다면 자기 병을 고쳐 달라고 절박하게 요청했다. 이에 "예수께서 분개하셔서"(41절, NIV), 혹은 "화가 나셔서"라고 했는데, 이는 그 나병 환자의 요청에 화를 내신 것이 아니라(예수께서는 그 환자를 만져서 깨끗하게 해 주심으로써 실제로 더럽힘을 당하셨다) 사탄의 활동의 증거인 이 질병의 참혹함에 분노하신 것이다(눅 13:16을 보라).

세 번째는 한 회당에서(아마도 가버나움에 있었을) 손 마른 사람을 고쳐 주실 때이다(막 3:5). 예수의 분노가 유발된 것은 대적들의 비뚤어진 속셈 때문이었다. 이들은 예수께서 그날 그 사람을 고쳐 주시는지 염탐한 뒤 예수가 안식일을 범했다고 고발하려고 했다. 하지만 예수의 이 분노는 곧 이들의 완악한 마음에 대한 비탄으로 변했다. 예수의 분노는 오래가지 않았다. "노하심으로 그들을 둘러보시고(페리블렙사메노스periblep-samenos, 일시적 부정과거)." 하지만 그분의 깊은 비탄(쉴뤼푸메노스syllypou-menos, 진행형 현재)은 오래갔다.

네 번째는 사람들이 어린아이들을 데려와 예수의 축복을 받으려고 하자 제자들이 이들을 꾸짖었을 때이다(막 10:13-16). 이번에 예수의 분노 혹은 의분을 불러일으킨 것은(14절) 제자들이었다. 예수께서 화가 나신 것은 제자들이 사람들의 이런 행동을 불필요한 방해로 여기고 이로부터 그릇되게 예수를 보호하려 했기 때문일 수 있고, 자기들의 선생께서 관심을 보이실 만한 사람이 누구인지는 자신들이 판단한다고 하면서 제자들이 권위를 주장하고 싶어 했기 때문일 수도 있으며, 제자들이 별로 중요해 보이지 않는 사회 구성원들을 배격했기 때문일 수도 있고, 혹은 이 세 가지 이유가 복합적으로 작용했기 때문일 수도 있다.

마지막으로, 요한복음 11:33, 38에서 나사로의 죽음 앞에서 예수께서 보이신 반응이 있다. 예수께서 "심령에 비통히 여기시"게 된 것은 정확히 마리아를 비롯해 여러 유대인들이 나사로의 죽음을 슬퍼하며 우는 것을 보셨을 때였다(33절). 어떤 역본은 이 구절을 "심령에 크게 동요하셨다"(NRSV), 혹은 "분노를 품으셨다"(REV)라고 번역한다. 여기 관련된 동사는 '엠브리마오마이'(embrimaomai)로서, 원래 "분노로 씩씩거리다"라는 뜻이며 짐승, 특히 말이 광포하게 숨을 몰아쉬는 것을 말할 때 쓰였다. 동일한 동사가 38절에서도 쓰이는데, 이 구절은 나사로의 무덤 앞에 이르렀을 때 예수의 감정 상태를 묘사한다. 각 경우마다 예수의 분노나 깊은 비탄은 사탄이 인간사를 지배하는 것과 밀접히 연관된 질병, 고통, 죽음, 슬픔을 아주 강하게 인식한 데서 생겨나는 것이 분명했다.

이로부터 우리가 내릴 수 있는 결론은, 분노가 반드시 죄가 되지는 않는다는 것이다. 에베소서 4:26 상반절에서 바울은 "분을 내어도 [그 분노 중에] 죄를 짓지 말"라고 말했다. 분노가 일어날 때는(바라기는, 정당한 이유로) 그 노여움이나 분노가 해 질 때까지 지속되지 않도록 함으로써 죄를 피해야 한다(26하절). 또한 무엇이 분노를 유발했는지 신속히 설명되어야 한다. 실로 하나님께서 "노하기를 더디하시"는(욘 4:2) 것처럼 신자들도 "성내기도 더디" 해야 하니(약 1:19), 사랑은 "[쉽게] 성내지 아니하"기(고전 13:5) 때문이다.

42. "예수께서 눈물을 흘리시더라" (요 11:35)

어떤 언어에서든 일부 동사는 특별한 존재 상태를 표현한다. 예를 들어 "내가 목마르다"라는 말은 목마른 상태를 표현한다. 목마른 상태가 되면 사람은 "목이 마르다"(I become thirsty)라고 말한다. 그리스어에서, 어떤 상태가 되는 것은 '기동상(起動相)의 부정과거'(ingressive aorist)라는 것으로 표현된다. 그래서 동사 '다크뤼오'(dakryō), 즉 "나는 눈물을 흘린다" 혹은 "나는 운다"는 부정과거 시제로 쓰이며, 그 뜻은 "나는 울기 시작했다" 혹은 "나는 눈물을 터뜨렸다"일 수 있다.

이 점을 염두에 두면 나사로의 병과 죽음 이야기가 진행됨에 따라 예수의 감정이 고통스럽게 깊어지는 것을 추적해 볼 수 있다(요 11:1-37).

첫째, 예수께서는 나사로가 아픈 것 때문에 고민이셨던 것이 틀림없다. 예수는 나사로를 절친한 친구로 사랑하셨으니 말이다(요 11:3, 5-6,

11). 구경꾼들까지도 나사로를 향한 예수의 진한 사랑을 목격했다(요 11:36). 예수께서 걱정에 잠긴 제자들에게 "이 병은 죽을 병이 아니라"(요 11:4)라고 안심시키신 것으로 봐서 나사로는 중병을 앓아 온 것이 분명하다.

이어서 예수께서는 마리아의 눈물과 예수를 맞으러 마리아와 함께 온 유대인들의 눈물을 보시고 "심령에 비통히 여기시고(어떤 역본에서는 "노여워하시고") 크게 흔들리셨다"(요 11:33). 즉, 예수께서는 사탄의 지배의 증거인 인간의 고통과 죽음이 초래한 슬픔을 목격하시고 깊이 동요하게 되었다.

마지막으로, 예수께서 실제로 나사로의 무덤 앞에 서자(요 11:34), 그 깊은 감정이 쏟아져 나왔다. 갑자기 "예수께서 눈물을 흘리"셨다(11:35). 예수는 우리 중 한 사람이요, 완전한 인간이셨다. 요한은 앞서의 에피소드에서 예수께서 "길 가시다가 피곤하여" 수가의 우물곁에 "그대로" 앉으셨다는 데 주목했다(요 4:6).

이 나사로 이야기는 시종 우리에게 다음과 같은 사실을 알려 준다.

- 죽음 앞에서는 슬픔을 피하기 어렵다. 마리아와 마르다의 친구들은 당연한 슬픔에 잠겨 있는 이 두 사람을 위로하러 왔다(요 11:19, 31).
- 죽음 앞에서는 눈물을 흘리는 게 타당하다. 눈물은 인간 감정의 자연스러운 표현이다(요 11:33, 35; 눅 19:41; 히 5:7을 비교해 보라).
- 죽음 앞에서는 필연적으로 질문이 있을 수밖에 없다. "주께서 여기 계셨더라면 내 오라버니가 죽지 아니하였겠나이다"(요 11:21, 32); "… 이 사람이 그 사람은 죽지 않게 할 수 없었더냐"(요 11:37).

43. 예수께서 내 친구? (요 15:15)

조지프 스크라이븐이 작사한 한 찬송가에서는 이렇게 선언한다.

죄 짐 맡은 우리 구주
어찌 좋은 친구인지

하지만 "예수는 내 친구"라는 말이 성경적으로 정당화될 수 있는가? 구약성경에서 아브라함은 하나님의 친구라 불린다(대하 20:7; 사 41:8). 하지만 이를 보고 야고보는 "하나님이 아브라함의 친구라 불렀다"는 게 아니라 아브라함이 "하나님의 벗이라 칭함을 받"은 것이라고 말한다(약 2:23). 모세도 넌지시 하나님의 친구라 불린다. "사람이 친구에게 이야기하는 것처럼 여호와께서 모세와 대면하여 말씀하시며"(출 33:11 NIV).

하지만 예수께서는 요한복음 15:14-15에서 "너희는 내가 명하는 대로 행하면 곧 나의 친구라 이제부터는 너희를 '노예'라 하지 아니하리니 노예는 주인이 하는 것을 알지 못함이라 너희를 '친구'라 하였노니 내가 내 아버지께 들은 것을 다 너희에게 알게 하였음이라"라고 말씀하신다. 이 말씀은 예수가 우리의 친구라고 주장할 수 있는 권한을 주는 게 분명하지 않은가?

우선 예수께서 모든 제자가 다 자신의 친구라고 포괄적 단언을 하신 게 아님을 주목해야 한다. "너희는 ~라면 곧 나의 친구라." 예수께 순종한다고 해서 곧 그분과 우정을 맺게 되지는 않지만, 순종은 그 우정의 증표이자 증거다. 예수의 말씀의 핵심은, 노예는 주인의 동기와 계획을 알지 못하는 상태에서 주인의 지시에 순종한다는 것이다. 노예는 주인의 목적을 긴밀히 알지 못한다. 그러므로 예수께서 아버지의 의도에 관해 알고 있는 것을 제자들에게 모두 밝히셨기에(요 1:18; 8:38), 제자들은 이제 더는 "노예"라 불릴 수 없었다. 이런 면에서 이들에게 적합한 유일한 호칭은 "친구"였다. 친구는 노예에게는 알려 주지 않는 것을 깊고 자세히 알 수 있는 특권이 있는 까닭이다. 예수의 제자들은 예수를 다른 사람들에게 소개하면서 그분을 친구라고 불렀을 것이 틀림없다. 그분께서 "우리 친구 나사로"(요 11:11)라고 하신 것처럼 말이다.

하지만 예수께서 이 땅에 계실 때 불가피했던 일(상호 간에 "친구"라는 표현을 쓴 것)과, 이제 하나님의 전권대사로서 하나님의 보좌를 공유하는 영화롭게 된 주님(계 22:3)에게 타당한 일 사이에는 근본적 차이점이 있다. 예수의 현재 호칭은 그분이 우리와 전혀 다른 분이시라는 사실과 그분의 비할 데 없는 위엄을 강조한다. 예를 들어 그분은 주 하나님과 마찬가지로(계 1:8; 21:6) 알파와 오메가이시고(계 22:13), 광명한 새벽별이시다(계 22:16). 그래서 우정이나 동무 개념을 그분께 적용하면 그분의 품격을 떨어뜨리는 것이 된다. 이는 하나님 아버지나 예수께서 우리에게 불친절하시다는 말이 아니라, 두 분이 저마다 여전히 우리가 경외하고 순종해야 할 지고(至高)의 주님이시라는 뜻이다.

내가 생각하기에, 예수를 우리의 형제라고 부를 수 있는가 하는 문제와 관련해서도 비슷한 상황이 적용된다. 이 땅에서 사시는 동안 예수께서는 제자들을 주저 없이 형제라고 부르셨다(마 28:10). 그리고 지금도 예수께서는 은혜롭게도 신자들을 형제자매라고 부르기를, 그리고 이들의 맏아들로 알려지기를(롬 8:29) "부끄러워하지 아니하"신다(히 2:11-12). 그러나 다른 한편, 이 사실이 우리에게 그분을 형이라고 부를 권리를 주지는 않으며, 성경에도 전혀 그런 예가 없다. 실제로 사도 요한은 예수를 '모노게네스'(monogenēs, 요 1:14, 18), 즉 형제자매가 없는 유일무이한 아들이라고 묘사한다. 예수는 하나님의 아들(휘오스huios)이시며(3:18), 신자는 하나님의 자녀들(테크나tekna)이다(1:12).

44. "여자여 보소서 아들이니이다" (요 19:26)

복음서에서 예수께서 자기 어머니에게 직접 말을 건 경우는 단 세 번뿐이다.

첫 번째 예(눅 2:49)를 보면, 요셉과 마리아, 예수가 유월절을 지키려고 예루살렘으로 갔다. 절기를 다 지키고 나사렛의 순례자 행렬이 집으로 돌아갈 때, 요셉과 마리아는 예수가 행렬 가운데 있을 것으로 잘못 짐작했고, 예수는 부모가 아직 예루살렘에 있을 것으로 잘못 짐작했다. 서로 오해를 한 것인데, 마리아는 신뢰를 저버린 것이나 자식으로서의 불순종에 대한 비난은 아니더라도, 불평하는 말로 예수를 꾸짖었다. "아이야 어찌하여 우리에게 이렇게 하였느냐 보라 네 아버지와 내가 근심하여 너를 찾았노라"(눅 2:48). 예수께서는 단지 마리아에게만이 아니라 부모 모두에게 두 가지의 면밀한 질문으로 답하셨으며, 이 질문에는 부모의 반응에 대한 놀라움이 반영되어 있다. "어찌하여 나를 찾으셨나이까 내가 내 아버지 집에 있어야 될 줄을 알지 못하셨나이까"(눅 2:49).

두 번째 예(요 2:4)는 가나의 혼인 잔치에서였는데, 마리아는 잔치에 쓸 포도주가 떨어졌다고 예수에게 알린다. 잔치 주최자들이 곤란한 상황을 당하지 않도록 예수가 기적적 능력을 발휘해 주기를 기대하고 바란 것이 분명하다. 이때 예수의 대답을 문자 그대로 옮기자면 "여자여,

(거기에서 벌어진) 일이 나에게, 그리고 (동시에) 당신에게 무엇입니까?" 이다. 즉, "어머니의 관심사와 내 관심사는 다릅니다", 혹은 "어머니의 이 염려가 나와 무슨 상관이 있습니까?"라는 뜻이다. 예수께서 아버지의 뜻에 따라 행동해야 할 시간이 아직 오지 않은 것이다.

세 번째 예(요 19:26)에서 예수께서는 홀로 된 어머니가 앞으로 맏아들 없이 외로이 지내게 될 것을 내다보시고 어머니 아들의 절친한 친구에게 어머니를 맡기며 끝까지 자상하게 돌봐드리기를 부탁하신다.

특별히 흥미로운 것은, 예수께서 마리아를 향해 이야기할 때 '어머니'라는 호칭을 쓸 법도 한데, 세 경우 어디에서도 마리아를 그렇게 부르지 않는다는 것이다. 어머니에게 말씀하면서 호칭을 써야 할 때 '귀나이'(gynai)라는 어형(語形)을 쓰신 경우가 두 번인데, 이 말이 호칭으로 쓰일 때는 '귀네'(gynē)로서, '여자'라는 뜻이다. 현대 영어 용법에서 "여자…"라는 호칭은 흔히 부정적인 의미를 지니지만, 유대 배경에서 이 그리스어 어형은 그저 예의를 갖춘 공식적 호칭이며, 절대 무례한 말이 아니다. 이 호칭은 '부인'이나 '아주머니', 혹은 '친절한 여인', '친애하는 여인'으로 옮기는 게 옳을 때도 있다. 더욱이, 예수께서 골라서 쓰신 이 단어 앞에는 마태복음 15:28에서 수로보니게 여인을 향해 "여자여(오 귀나이ō gynai) 네 믿음이 크도다"라고 하셨을 때처럼 감탄사가 쓰이지 않았다. "오"라는 감탄사가 없다는 것은 아무 감정도 없음을 보여 주는 게 아니라, 일정한 사무적 말투를 의미한다.

복음서에서 마리아가 관련된 네 가지 에피소드(눅 2:41-52; 요 2:1-10; 마 12:46-50과 병행 구절들; 요 19:26-27)를 검토해 보면, 예수께서 자신의 생애와 사역에서 여러 다양한 전기를 맞을 때마다 가족 및 어머니와의 유대 관계를 재조정하신 것을 볼 수 있다. 마리아는 예수 부활 후의 막

달라 마리아처럼(요 20:11-18), 예수와의 덧없는 지상적 관계를 벗어나 영구한 영적 관계 쪽으로 서서히 이끌려 가고 있었다. 예수와 어머니의 연결이 이렇게 느슨해지는 것은 예수께서 새로운 가정, 그리고 다른 모든 관계를 대체하는 새로운 관계를 구축한 데서 빚어진 결과였다(마 12:46-50).

45. 영원한 생수를 주시겠다는 분이 "내가 목마르다"? (요 19:28)

앞에서 말했다시피 세 시간 동안 흑암 속에서 겪은 극도의 고통이 끝나고 예수께서는 "모든 일이 이제 정해진 결말에 이르렀다"는 것을 깨달으셨다(에른스트 카시러). 이 "모든 일"은 다 하나님께서 예수에게 주사 행하게 하신 일이며, 일찍이 예수께서 자신의 양식(요 4:34)이요 음료(요 18:11)라고 하신 하나님의 뜻을 완전히 이행하셨음을 말한다. 이제 "성경을 응하게 하려 하사 이르시되 내가 목마르다"(요 19:28)라고 하셨다.

여기서 말하는 성경은 시편 22:15일 수도 있지만("내 힘이 말라 질그릇 조각 같고 내 혀가 입천장에 붙었나이다 주께서 또 나를 죽음의 진토 속에 두셨나이다"), 주 출처는 아마 시편 69:21일 가능성이 높다. "그들이 쓸개를 나의 음식물로 주며 목마를 때에는 초를 마시게 하였사오니." 왜냐하면 "목마르다"(딥사오dipsaō)라는 말과 "초/신 포도주"(옥소스oxos)라는 말 두 가지 모두를 칠십인역 성경의 이 시편에서 찾아볼 수 있고, '딥사오'가 한 번, '옥소스'가 세 번 등장하는 요한복음 19:28-30 전체 구절과 잘 연결되기 때문이다. 시편 기자는 친구 혹은 위로자로 생각했던 사람들에게 비열하게 배신당한 자신의 처지를 이 표현을 써서 암시하고 있다.

요한의 기록은 이렇게 이어진다. “거기 신 포도주가 가득히 담긴 그릇이 있는지라 사람들이 신 포도주를 적신 해면을 우슬초에 매어 예수의 입에 대니 예수께서 신 포도주를 받으신 후에 이르시되 다 이루었다 하시고”(요 19:29-30상). “신 포도주” 혹은 “식초 같은 포도주”(옥소스)는 물에 비해 갈증 해소 효과가 뛰어났고, 빈곤 계층 특히 군인들이 흔히 마시는 음료였다.

예수께서는 마지막 만찬 이후 약 열여덟 시간이 지나는 동안 물 한 모금 마시지 못했다. 십자가에 달린 사람이 사망하는 물리적 이유 한 가지는 탈수(脫水)였다. 시편 기자는 입과 목이 부서지기 쉬운 질그릇 조각처럼 마르고 혀가 부풀어 잇몸에 달라붙는다는 말로 이 탈수 증상을 예언적으로 표현했다. 예수께서 “내가 목마르다”라고 육체의 고통을 부르짖은 것은 그분의 인성의 증거이자(참조. 요 4:5-7), 그분의 겸손의 증거이기도 하다. 이는 맹위를 떨치는 이 갈증을 잠시나마 덜어 달라고 형 집행자나 주변 사람들에게 요청하는 말이었기 때문이다. 자신이 주는 생수를 마시는 사람은 절대 다시 목마르지 않을 것이라고 약속하신 분이(요 4:10, 13-14) 정작 자기 자신은 “내가 목마르다”라고 부르짖다니 이 얼마나 놀라운 반전인가!

앞서 십자가형을 집행할 무리가 골고다에 도착하고(마 27:33) 예수가 아직 십자가에 못 박히기 전(막 15:23-24), 예수에게 “몰약을 탄 포도주(오이노스oinos)”가 주어졌는데(막 15:23), 이는 아마 조잡하게 만든 마취제였던 것 같다(“약을 탄 포도주”, 막 15:23, REB). 하지만 이를 맛본 예수께서는 마시려고 하지 않았다(마 27:34하). 예수께서는 진정제로 감각을 둔화시키지 않고 십자가형의 고통을 견뎌 내기로 하셨다. 이는 나중에 신 포도주를 받아들이신 것과 동일한 이유에서였다. 즉, 의식을 예리하게 회복하고, 육체적 감각과 영적인 감각, 특히 생각이 무뎌지는 것을 피하기 위해서였다. 십자가에 달려 고통당하는 상태로 시간이 흐르다 보면 그렇게 의식이나 감각, 생각이 쉽게 무뎌졌기 때문이다. 이런 식으로 예수께서는 죽음으로 하나님 앞에 최종적으로 자기를 바치는 것이(눅 23:46) 완전한 의식이 있는 상태에서 하는 행위가 될 수 있게 하셨다.

"내가 목마르다"라는 고통스러운 외침의 궁극적 결과는 요한계시록 7:16-17에 묘사되어 있다. 이 구절을 보면, 헤아릴 수 없이 많은 사람들이 어린양의 피로 씻겨 희게 된 옷을 입고 하나님의 보좌와 어린양 앞에서 있다. 이 사람들에 대해서는 이렇게 기록되어 있다. "그들이 다시는 주리지도 아니하며 목마르지도 … 아니하리니 이는 보좌 가운데에 계신 어린양이 그들의 목자가 되사 생명수 샘으로 인도하…실 것임이라."

46. 십자가 형틀에서 울린 승리의 외침 (요 19:30)

앞 장에서 우리는 사람이 십자가에 달리면 입과 목이 참을 수 없게 건조해지고 혀가 엄청나게 부풀어 오르는 탈수 현상으로 고통 받는다는 것을 알게 되었다(시 22:15를 보라). 처음에 예수께서는 신 포도주를 받아 마셔서 고통을 줄이기를 거부하셨다(마 27:34). 그래야 모든 감각이 생생하게 살아서 고통을 느낄 수 있을 터였기 때문이다. 그러나 몇 시간 후, 견디기 어려운 십자가의 고통이 감각을 둔화시키기 시작하고 말을 하는 것도 거의 불가능해지자 예수께서는 조금 전에 거부했던 것을 받아들이셨다. "예수께서 신 포도주를 받으신 후에 이르시되 다 이루었다 하시고"(요 19:30).

이 외침은 그리스어로 단 한 마디, '테텔레스타이'(tetelestai)다. 완료시제로 쓰였고 과거 사건을 전제로 하지만 그 사건의 현재 결과에 초점을 맞추고 있어서, 이 말은 "완료 상태이다"(it stands complete), 혹은 "끝났다"(it is finished, "다 이루었다")로 번역할 수 있다. 이는 화가가 걸작이 될 만한 작품 한 점을 몇 주에 걸쳐 완성해 놓고 몇 걸음 뒤로 물러나 만족스러운 얼굴로 크게 안도하면서 조용히 읊조릴 만한 말이다. "테텔레스타이." 어쩌면 예수께서도 목수 시절 셉포리스의 고객을 위해 침대 곁에 둘 탁자나 쟁기를 다 만들어 놓고 그렇게 말씀하셨을 것이다. 요셉에게 달려가 "아버지, 아버지, 얼른 와 보세요!"라고 하면서 자신이 완성해 놓은 목공품을 양아버지에게 자랑스럽게 보여 주었을 것이다. "테텔레스타이!" 요셉은 "훌륭하구나, 예수야"라고 하면서 잘했다는 듯 예수의 어깨에 손을 올렸을 것이다. "테텔레스타이."

이 동사의 주어 "it"(그것)의 정체는 진술되지 않지만, 이 땅에서의 예수의 생애나 이 땅에서의 예수의 일, 혹은 두 가지 모두를 언급하는 말일 수 있다. 자신의 영혼을 아버지의 돌봄에 맡기고자 했을 때 예수께서는 자신의 죽음이 임박했음을, 어쩌면 겨우 몇 분밖에 남지 않았음을 알고 계셨다. "테텔레스타이"라고 외칠 때 예수께서는 대속하는 죽음의 그늘 아래서, 기대하는 마음으로 말씀하고 계신다. 이 땅에서의 삶을 돌아볼 때, 예수께서는 자신이 하나님의 뜻을 완전하고도 완벽하게 이루었음을 아셨다. 앞서 예수께서는 "나의 양식은 나를 보내신 이의 뜻을 행하며 그의 일을 온전히 이루는 이것이니라"(요 4:34)라고 하셨는데, 이제 예수께서는 "아버지께서 내게 하라고 주신 일을 내가 이루어 아버지를 이 세상에서 영화롭게 하였사오니"(요 17:4)라고 단언하실 수 있었다. 테텔레스타이! 이 "일"에는 하나님의 마음을 온전하고도 완벽히 드러내기(요 1:18), 그리고 하나님의 유월절 양이 되기(요 1:29)가 포함되었으니, 이는 인류에게 구원을 안겨 준 행동이었다. 이 관점에서 볼 때 “it”는 구원을 마련하는 것을 뜻한다.

예수께서는 다 이루었다는 이 말을 큰 소리로 외치셨다. 명백히 그렇다는 말은 아니지만, 복음서 기사를 보면 그렇게 추론하는 게 적절하다. 마태(27:48-50)와 마가(15:36-37) 두 사람 모두의 말에 따르면, 예수께서는 포도주가 주어진 후에야 다시 “큰 소리로” 외치셨으며, 그러고 나서 하나님께 영혼을 의탁하셨다. 테텔레스타이는 승리의 외침이었지 패배한 사람의 탄식이나 불평이 아니었다. 희생자가 승리자가 되었다. 의미 있는 것은, 이는 예수께서 누군가에게 한 말이 아니라 십자가에서의 외침일 뿐이지만, 큰 소리로 말했기 때문에 가까운 거리에 있는 사람이라면 누구나 이 의기양양한 외침을 들을 수 있었으리라는 점이다.

47. 의심은 언제나 죄인가? (요 20:27)

의심은 믿음에서 나오는 게 아니므로 죄 아닌가? 사실 바울도 “믿음을 따라 하지 아니하는 것은 다 죄”(롬 14:23)라고 말하지 않았는가?

로마서 14장에서 바울은 신자라면 모두 음식 기호와 절기 규정과 관련해 마음의 확신이 있어야 하며(롬 14:5), 남을 판단하지 말고 그 확신에 따라 행동해야 한다고 주장한다. 바울의 최종적 의견은(23절), 어떤 행동이든 주님으로서의 그리스도께 대한 헌신(=믿음)과 조화되지 않는 행동은 죄라는 것이다. 바울은 음식이나 규례 같은 부차적 문제에서 상위 개념의 확신과 조화되지 않는 행동은 하지 말라고 말하고 있다. 그런 위선적 행동 때문에 그 사람이 스스로를 정죄하는 입장이 되기 때문이다(안디옥에서 베드로가 그랬던 것처럼, 갈 2:11-14).

심리적 의미에서, 의심은 확신하지 못하는 자연스러운 감정으로서, 어떤 상황을 이해하지 못해 어쩔 줄 몰라 하는 것이다(요 13:22; 행 2:12; 10:17; 갈 4:20). 의심하는 사람은 그 이상의 정보가 없으면 어떻게 대응하거나 행동해야 할지 확신하지 못한다. 그런 머뭇거림은 자연스러운 것으로서, 죄가 아니다.

신앙적 의미에서, 의심은 신앙과 불신앙 사이에서 흔들리는 것으로서, 열한 제자 중 예수께 경배하면서 "아직도 의심하는 사람들이" 있었을 때처럼(마 28:17), 두 마음 품는 것을 말한다. 그래서 의심은 구체화되지 않은 불신앙일 수 있지만, 불신앙은 사실 구체화한 의심이다. 모든 믿음에는 의심이 약간 섞인 듯하다. 더러운 영 들린 아이의 아버지가 뭐라고 절규했는지 기억해 보라. "내가 믿나이다 나의 믿음 없는 것을 도와주소서"(막 9:24).

사도 도마의 경우는(요 20:24-29) 의심을 경유해 믿음에 이르는 여정을 극적으로 보여 준다. 도마의 경험은 불안정한 믿음이 어떻게 단호한 회의주의라는 모루 위에서 망치질을 당하듯 두드려 펴질 수 있는지를 보여 준다.

부활하시던 날 밤 예수께서 다른 열 제자 앞에 나타나셨을 때 도마는 그 자리에 없었다. 도마는 막달라 마리아의 증언(18절)이나 "우리가 주를 보았노라"(25절)라고 "자꾸 말하는"(반복을 뜻하는 미완료 시제) 다른 제자들의 확언을 믿는 게 내키지 않았다. 오히려 도마는 이들에게 이의를 제기했다. "내가 그의 손의 못 자국을 보며 내 손가락을 그 못 자국에 넣으며 내 손을 그 옆구리에 넣어 보지 않고는 믿지 아니하겠노라

(우 메ou mē + 직설법 미래)"(25절). 이 강경한 부인(否認)을 예수께서는 직접 책망하셨다. "믿음 없는 자가 되지 말고(명령법 현재 시제 + 메mē) 믿는 자가 되라"(27절). 도마는 이에 화답하여 "이르되 나의 주님이시요 나의 하나님이시니이다"(28절)라고 했다.

도마의 견해가 우울한 불신앙에서 황홀한 믿음으로 극적인 변화를 보인 것을 우리는 어떻게 설명해야 할까? 첫째, 도마는 예수께서 살아 계신 것을 보았다고 하는 막달라 마리아의 말과, 그리고 절친한 친구 열 명의 말을 일주일 동안(요 20:26을 보라) 생각해 볼 여유가 있었다. 이들은 모두 똑같은 환상을 체험한 것일까? 모두 작당을 해서 거짓말을 하기로 한 것일까? 둘째, 부활하여 변모하신 예수의 모습이(요 20:26-27) 도마에게는 "내가 … 보지 않고는 믿지 아니하겠노라"라고 얼마 전 조금은 건방지게 주장했던 말에 대한 인격적이고 은혜로운 답변으로 보였을 것이다. 셋째, 예수께서 도마를 친히 청하신 말씀("네 손가락을 이리 내밀어 내 손을 보고 네 손을 내밀어 내 옆구리에 넣어 보라")은 도마 자신이 얼마 전에 한 바로 그 말(25절)을 예수께서 초자연적으로 알고 계셨음을 암시하는 용어로 표현되었다. 마지막으로, 도마의 관점 변화와 놀랄 만한 신앙고백(28절) 이면에서 궁극적으로 이를 유발한 것은 성령의 역사였다(참조. 마 16:15-17; 고전 12:3).

도마는 예수의 권유를 받아들여 그분을 만져 보았는가? 본문은 이 문제에 대해서는 침묵하지만, 정말로 그랬을 가능성은 매우 적다. 보고 듣는 것만으로도 충분한 증거가 되었다. 도마는 예수를 알아보았고, 그분의 손이나 손목의 상처를 보았고, 그분의 음성을 알아들었다(얼마 전에 막달라 마리아가 그랬던 것처럼, 요 20:16). 게다가 29절에서 예수께서는 그저 이렇게 말씀하신다. "너는 나를 본 고로 믿느냐 보지 못하고 믿는 자들은 복되도다."

"[주님은] 나의 주님이시요 나의 하나님이시니이다"(28절)라는 도마의 고백에서 사도 요한은 자신이 기록하는 복음서의 절정이자 자신의 기독론의 정점에 이른다. 머리말이 시작과 똑같이 끝나는 것처럼(1:1, 18), 이 복음서 자체도 시작처럼 끝난다(1:1; 20:28). 예수 그리스도는 로고스이시며 성자시라고 그분의 신성을 단언함으로써 말이다. 이 점에 관해서는 다음 장에서 더 살펴보자.

48. 절정의 신앙고백: "나의 주님이시요 나의 하나님이시니이다" (요 20:28)

네 번째 복음서에는 예수를 일컫는 여러 가지 호칭이 여기저기 흩어져 있는 것을 볼 수 있다. 예를 들어 그분은 "하나님의 어린양"(요 1:29, 36), "메시아"(1:41), "하나님의 아들, 이스라엘의 임금"(1:49), "선생"(3:2), "선지자"(4:19; 7:40), "하나님의 거룩하신 자"(6:69), "인자"(9:35), "메시아, 하나님의 아들"(11:27), "유대인의 왕"(19:19)이시다. 하지만 이 모든 호칭의 절정을 이루는 것은 도마의 고백 "나의 주님이시요 나의 하나님!"이다. 요한은 영적 여정 중에 있는 독자들을 데려가고자 하는 지점으로서 이 고백을 자신의 복음서 마지막 부분에 배치한다. 즉, 부활하신 주님을 개인적으로 직접 시인하게 만드는 것이다.

예수의 부활 후 막달라 마리아는 "사람들이 내 주님을 옮겨"갔다고 말하는데(20:13), 여기서 "내 주님"은 정중하고 다정한 표현으로, 죽으신 예수를 가리킨다. 도마에게 이는 고귀한 호칭으로, 부활하신 예수를 가리키는 말이었다. 도마는 예수가 아버지이신 하나님의 권위, 역할, 권리를 공유하는 분으로서(5:17-18, 21-23, 26을 보라) 물질의 영역과 영적인 영역에서 지고(至高)의 존재라는 것을 인식했거나 혹은 인식하기 시작하는 중이었다.

예수를 "나의 하나님"으로 부를 때 도마는 (그리고 요한은) 어떤 의미로 그렇게 부르는 것일까? 일신론을 믿는 유대인이, 분명히 인간이 틀림없는 어떤 존재를 가리키는 말로 '하나님'이라는 호칭을 썼으므로, 이는 예수가 아버지와 하나인 분이며 신의 속성을 공유하는 분임을 가리킨다. 요한복음 20:28은 요한복음 1:1이 진전된 것으로, 1:1에서는 로고스로서의 예수가 태초의 '하나님'이었다. 그런데 여기 20:28에 함축된 의미는, 예수가 '하나님'이라는 것이다. 그리스도의 본질적 신성은 과거의 현실일 뿐만 아니라 현재의 현실이기도 하다.

요한은 도마가 예수를 경배했을 때 예수께서 도마를 꾸짖었다는 말을 전혀 기록하지 않는데, 이는 특별히 흥미로운 부분이다. 유대인들은 인간이 누군가에게 경배를 받으면서 이를 받아들이는 것을 신성모독으로 여겼다(행 14:8-18; 계 19:9-10을 보라). 예수께서는 도마를 꾸짖기는커녕 그의 고백을 즉시 다른 제자들에게 추천하신다. "보지 못하고 믿는 자들은 복되도다"(20:29).

요한복음 20장은 목적을 진술하는 말("이것을 기록함은 너희로 예수께서 하나님의 아들 그리스도이심을 믿게 하려 함이요")로 끝나므로, 21장은 에필로그로 보는 게 적절할 것이다. 그렇다면, 20:28은(이어지는 축복의 말과 함께) 이 복음서 전체의 절정을 이룬다. 예수를 가리키는 말은 "하나님"(1:1)에서 "독생하신 하나님"(1:18)으로, 거기서 다시 "나의 하나님"(20:28)으로 이동한다. 즉, 요한은 예수를 선재(先在)의 상태에서도, 성육신 상태에서도, 부활 후 상태에서도 '하나님'이라 불리기에 합당한 분으로 보고 있다. 앞 장을 참고하라.

49. 죄지은 지도자가 교회의 공적 직분에 다시 임명될 수 있는가? (요 21:15-17)

부활 후 예수께서는 갈릴리 호숫가에서 일곱 제자를 만나셨다. 아침 식사를 마치자 예수께서는 베드로의 마음속을 꿰뚫어 보는 듯한 질문을 하셨다. "요한의 아들 시몬아 네가 이 사람들보다 나를 더 사랑하느냐." 예수께서는 이 질문을 두 번 더 하시며, 그때마다 베드로의 새 이름 "게바"나 "베드로"(요 1:42)가 아니라 "요한의 아들 시몬아"라는 말로 질문을 시작하신다(15-17절). 예수께서 자신을 옛 이름으로 부르시는 것을 들으며 베드로는 그분이 전에 하신 말씀(눅 22:31)을 떠올렸을 것이다. "시몬아, 시몬아, 보라 사탄이 [그의 능력으로; 욥 1:6-12를 보라] 너희[모두]를 밀 까부르듯 하려고 요구하였으나[누가 시험에 드는지 보려고] 그러나 내가 너를 위하여 네 믿음이 떨어지지 않기를 기도하였노니 너는 [네 변절에서; 34절을 보라] 돌이킨 후에 네 형제를 굳게 하라."

"네가 이 사람들(투톤toutōn)보다 나를 더 사랑하느냐?" 여기서 "더"는 "더 많이"(to a greater degree)를 뜻하며, 비교의 대상이 단축형으로 뒤따른다. 복수형 '투톤'이 중성명사라면, "이것들보다" 즉 그물과 생선, 어부로서의 성공보다 (더 많이) 사랑하느냐는 것이다. '투톤'이 남성형이라면, "(너는) 이 사람들(=다른 제자들)보다 (더 많이 사랑하느냐)" 혹은 "이 사람들(이 나를 사랑하는 것보다 더 많이 사랑하느냐)"라는 뜻이다. 마지막 의견이 선호되는 해석인데, 왜냐하면 베드로가 전에 동료 제자들의 사랑보다 더 큰 자신의 충성스러운 사랑을 자랑했기 때문이다. "모두 주를 버릴지라도 나는 결코 버리지 않겠나이다"(마 26:33). "이 사람들보다"를 강조하신 예수께서는 "나를 사랑하느냐"라는 질문을 두 번 더 반복하실 때(16-17절)에는 그 문구를 생략하신다.

세 번에 걸친 예수의 질문은 예수께서 심문받을 때 베드로가 예수의 제자 중 한 사람임을, 혹은 예수를 안다는 것을 세 번 부인한 일(요 18:17, 25, 27)과 상응하며, 그 일로 촉발된 질문이었다. 세 번째로 부인할 때 베드로는 자기 자신에게 저주를 내리기까지 했고 자신의 말이 사실임을 맹세로써 보증하려고 했다(마 26:72, 74). 예수께서 질문을 반복하자 자연히 몹시 고통스러운 기억이 떠오를 수밖에 없었다. "베드로가 근심하여(혹은 크게 비탄에 잠겨[엘뤼페데elypēthē]"(요 21:17).

예수께서 질문하실 때마다 베드로는 "내가 주님을 사랑하는 줄 주님께서 아시나이다"(요 21:15-17)라고 대답했다. 이 세 절에서 "사랑"을 뜻하는 두 가지 동사(아가파오agapaō와 필레오phileō)가 쓰였다는 사실에는 별 중요성이 없다. (1) 이 동사들은 (예를 들어) 성부께서 성자를 사랑하신다고 할 때처럼(3:35와 5:20) 이 네 번째 복음서 다른 구절에서 서로 바뀌어 사용될 수 있으며 (2) 지금 이 구절에는 이것 말고도 문체상의 다른 변형들('양을 치다', '양', '알다'를 뜻하는 단어들)이 있으며, 이는 요한 문체의 특징이기 때문이다.

베드로가 매번 대답할 때마다 예수께서는 은혜롭게도 그에게 다시 사명을 주시는데, 이번에는 목자로서의 사명이다. "내 어린양을 먹이라 … 내 양을 치라 … 내 양을 먹이라." 여기서 두 가지 동사(보스코boskō, "돌보다", "먹이다"; 포이마이노poimainō, "돌보다", "[양을] 보살피다")가 쓰인 것을 보면 목자는 양을 먹이고, 인도하고, 보호한다는 사실을 떠올리게 된다. 앞서 베드로는 사람을 취하라는(to fish) 사명을 받았었다(눅 5:10).

이 복음 전도자는 이제 낚싯바늘(hook)에다 목자의 지팡이(crook)를 갖게 되었으며, 그래서 (사람들이 흔히 말하는 것처럼) "낚시와 지팡이로"(by hook and by crook, 오늘날 이 말은 "수단과 방법을 가리지 않고"라는 뜻의 관용어로 쓰인다. — 옮긴이) 이중의 역할을 이행했다.

베드로가 이렇게 은혜로써 다시 사명을 부여받았지만, 그렇다고 해서 그가 목자의 수장(首長)으로 지위가 올라갔다는 뜻은 아니다. 예수께서 여전히 "목자장"(벧전 5:4)으로 계시고, "함께 장로 된 자"는 여러 하급 목자(undershepherds) 중 한 사람이니 말이다(벧전 5:1-4).

마지막으로, 이 에피소드 전체는 "그리스도인에게든 다른 이들에게든 잘못을 저지른 것으로 널리 알려진 그리스도인 지도자가 과연 교회 안에서 공적인 섬김의 직분에 다시 임명될 수 있는가?"라는 문제를 설명하는 데 도움이 된다. 그 대답은 "다시 임명될 수 있다!"이다. 자신의 잘못을 직시하고 그 잘못이 기독교 신앙의 대의(大義)에 끼친 부정적 영향을 인정하며 진정으로 회개한다면 말이다. 이 회개는 다음과 같은 모습으로 드러나야 한다. (1) 가능한 한 관계 당사자 모두에게 충분히 보상이나 배상을 한다. (2) 일정한 관리 감독 아래 장기간의 영적 재활 시간을 갖기로 하며, 이 기간 동안 겸손을 보이고 그리스도인 동료들이 정해 준 어떤 형식의 특화된 섬김의 자리로 마침내 돌아가기를 바라는 마음을 나타내 보여야 한다.

50. 가장 중요한 일을 가장 먼저! (요 21:15-22)

그리스도인 일꾼들은 주님께 얼마나 많은 섬김을 바칠 것인지, 혹은 믿음에 관한 지식은 얼마나 가져야 충분한지 하는 문제에 위험할 정도로 골몰하기 쉽다. 하지만 요한복음 21장의 두 가지 질문과 두 가지 명령에 귀를 기울여 보면 우리가 몰두하는 일과 우선순위를 재조정하게 된다.

첫 번째 질문의 직접적 배경은 다음과 같다. 예수의 부활 후 얼마쯤 지난 어느 늦은 밤, 베드로와 여섯 제자가 갈릴리 해변을 천천히 걷고 있었다. 이들은 아마 예수께서 얼마 전에 주신 사명의 의미가 무엇인지에 관해 의견을 나누었을 것이다. "아버지께서 나를 보내신 것같이 나도 너희를 보내노라"(요 20:21). 호수를 덮어 가린 안개를 물끄러미 응시하던 베드로는 행복했던 옛일을 떠올리며 추억에 잠긴다. 성급하고 충동적인 성정에 어울리게 베드로는 대뜸 말한다. "나 물고기 잡으러 가야겠어! 누구 함께 갈 사람?" 그러자 "우리도 같이 갑시다"라는 대답이 돌아온다. 그러나 힘들게 애썼음에도 이들은 당혹스럽게 물고기 한 마리 잡지 못했다(요 21:1-3).

고기잡이 후 이들은 아침 식사를 위해 예수와 함께 해변에 모였다. 예수께서 준비한 아침을 모두 맛있게 먹은 뒤, 그분은 베드로에게 당연하고도 필연적인 질문을 하셨다. "네가 나를 이 사람들(너의 동료인 다른 제자들)보다 더 사랑하느냐?" 베드로에게는 슬픈 일이었지만 예수께서는 이 질문을 세 번 반복하셔서(요 21:9-17), 베드로가 예수를 세 번 부인한 것을 상기시키셨다(요 18:17, 25, 27; 앞 장을 보라). 베드로가 "내가 주님을 사랑하는 줄 주님께서 아시나이다"라고 대답하자 주께서는 베드로에게 "내 양을 먹이라"(요 21:17)라고 말씀하신다. 섬기라는 주님의 명령에 순종하기 전에 우리는 "나를 사랑하느냐?"라는 주님의 질문을 먼저 들어야 한다. 사랑은 주께서 받으실 만한 섬김을 바칠 수 있도록 영감을 준다. 섬김은 진심 어린 사랑의 표현이다.

두 번째 질문과 명령의 직접적 배경은 다음과 같다. 베드로에게 목양(牧羊)의 임무를 지우신 예수께서는 베드로가 순교할 것을, 그리고 어쩌면 십자가형으로 죽을 것까지 예언하신다(요 21:18-19). 이제 말 그대로의 순종으로 예수를 따르는 베드로는 고개를 돌려 요한이 따라오는 것을 보고(요한은 다시 사명을 부여받을 필요가 없었다!), 이 절친한 친구에 관해 궁금증을 참지 못하고 예수께 묻는다. 자연스럽기는 하지만 합당치는 않은 질문이었다. "주님, 이 사람은 어떻게 되겠습니까?" 이 질문에 예수께서는 이렇게 답변하신다. "내가 올 때까지 그를 머물게 하고자 할지라도 네게 무슨 상관이냐 너는 나를 따르라"(요 21:20-22).

예수께서는 정당한 궁금증을 저지하시는 게 아님이 분명하다. 호기심은 지식의 어머니다. 하지만 베드로가 하나님의 비밀에까지 깊이 파고들어 가려 하는 것은 분수를 넘어선 행동이었다. 다른 사람의 신실함 및 운명과 관련된 질문을 하는 것 말이다. 특히 그 사람이 단 한 번도 '따르기'를 중단한 적이 없을 때는 더욱 그러하다. 그 순간 베드로에게 필요한 것은 예수께서 사랑하시는 제자에게 어떤 미래가 준비되었는지 궁금히 여기는 것에 관심을 가질 게 아니라, 예수께서 방금 자신에게 맡긴 힘든 과제, 즉 양 떼를 먹이고 지킬 책임을 결연히 마주하는 것이었다.

가장 중요한 일을 가장 먼저! 사랑이 섬김보다 먼저다. "네가 나를 사랑하느냐?" "내 양을 돌보라!" 그리스도를 향한 인격적 사랑이 항상 그리스도인으로서의 섬김보다 우선해야 한다.

또한 순종이 앎보다 먼저다. "주님, 이 사람은 어떻게 되겠습니까?" "너는 나를 따르라!" 그리스도께 대한 인격적 순종이 앎을 얻는 것보다 항상 우선해야 한다.

사도행전

51. "경영자가 바뀌었습니다" (행 8:16)

미국의 경우, 가게 주인이 바뀌면 그 가게 창문에 "경영자가 바뀌었습니다"(Under New Management)라고 써 붙여 놓을 때가 있다. 이는 그리스도인이 "주 예수의 이름으로"(into the name of Jesus Christ) 세례를 받는 일(행 8:16)에 반영된 그리스도인의 회심의 본질을 완벽하게 보여 주는 그림이다.

사도행전에는 "예수 그리스도의 이름으로"(in the name of Jesus Christ) 세례를 주는 것이 두 번 기록되어 있는데(행 2:38; 10:48), 여기서 "~으로"(in, 그리스어로 엔en 또는 에피epi)는 세례 받는 사람이나 세례 베푸는 사람 혹은 두 사람 모두가 부르거나 고백하는 예수 그리스도의 이름으로 거행되는 예식을 가리킨다. 특별히 흥미로운 것은, 누군가의 "이름 안으로[into(에이스eis)]" 세례를 받는다고 한 신약성경 구절이 다섯 군데 있다는 것이다(마 28:19; 행 8:16; 19:5; 고전 1:13, 15). '에이스 토 오노마'(eis to onoma)라는 이 그리스어 표현은 상업 관련 용법에서 "~의 손에 들어간다"는 뜻이며, 소속 관계가 확정되고 그리하여 소유권이 이전되는 것을 나타낸다. 계산서에 이름이 쓰여 있는 사람의 계정으로 돈이 지불되었을 때, 혹은 은행 거래나 상거래에서 누군가의 이름 앞으로 돈이 입금되었을 때 이 표현을 쓴다.

이런 의미를 배경으로 할 때, 세례 받는 사람은 삼위 하나님(마 28:19)이나 주 예수(행 8:16; 9:15)의 소유로 넘어가며, 새로운 관리 감독과 특별한 보호 아래 있게 된다. 이 해석을 지지하는 구절은 고린도전서 1장에 있는데, 여기서 바울은 그분의 이름으로(에이스 토 오노마) 세례 받는 것은 그분께 속하는 것과 같다고 여긴다. "너희가 각각 이르되 나는 바울에게 … 속한 자라 한다는 것이니 … 바울의 이름으로 너희가 세례를 받았느냐 나는 그리스보와 가이오 외에는 너희 중 아무에게도 내가 세례를 베풀지 아니한 것을 감사하노니 이는 아무도 나의 이름으로 세례를 받았다 말하지 못하게 하려 함이라"(고전 1:12-15).

상업적 용법에서 누군가의 이름'으로'(into) 돈을 지불하면 돈이 그 사람의 계정으로 넘어갔음을 나타내는 것처럼, 세례에도 신자가 전능하신 삼위일체의 영원한 소유와 보호하심으로 옮겨 간다는 의미가 함축되어 있다. 세례 받은 사람은 "새로운 경영진의 관리 아래" 있다. 세례 때 하나님께서는 신자에게 이렇게 말씀하신다. "너는 내 것이다. 너는 영원히 나의 양자요 양녀이다." 그리고 이에 대한 화답으로 신자는 하나님께 이렇게 말한다. "저는 하나님 것입니다. 영원토록 하나님의 자발적인 노예가 되겠습니다." 신자들은, 세례를 통해 상호 동의로써 그리스도께 영원히 매이게 된다는 의미에서 그리스도의 약정 노예다. 히브리 노예들이 귓불을 송곳으로 뚫어 자신이 주인을 사랑하며 평생 주인의 노예이기를 바란다는 뜻을 나타내는 것처럼(출 21:5-6; 신 15:16-17), 예수의 제자들은 새로운 주인을 사랑하며 살아 있는 한 전심으로 그분을 섬기기로 서약한다는 표시로서 세례를 받는다.

신약성경에 삼위일체의 이름으로("아버지와 아들과 성령의 이름으로", 마 28:19) 세례 받은 경우에 대한 기록은 전혀 없고 오직 "주 예수의 이름으로"(행 8:16; 19:5), 혹은 "예수 그리스도의 이름으로"(행 2:38; 10:48) 받는 세례만 기록되어 있다는 것은 주목할 만한 사실이다. 이 명백한 변칙은, 누가의 공식이 마태의 공식의 축약형일 수 있다는 점을 관찰함으로써 설명할 수 있을 것이며, 이 공식은 그리스도인이 세례 받을 때 쓰이는 정확한 표현(실제로는 삼위일체를 쓰는 형식)이 아니라, 세례를 통한 '소유권 이전'으로 한 사람이 그리스도의 소유이자 그분의 노예가 되어(참조. 롬 1:1; 고전 6:19하-20; 7:22-23) 세례 받을 때 그분의 이름에 의지한다는 사실을 강조한다. 이 책 2부 26장을 보라.

52. 첨예한 논쟁 — 그리고 그 너머 (행 15:37-39)

바울과 그의 가까운 친구인 바나바는 남부 갈라디아에서의 아주 유익했던 선교 여정을 마치고 돌아와 안디옥의 본 교회와 예루살렘 모교회에 보고했다(행 14:26-27; 15:12). 이어서 바울은 최근에 복음을 전한 성읍에 다시 가서 자신들이 회심시킨 사람들을 돌아보자고 제안했다. 바나바는 바울의 생각에 동의하면서 전에 그랬던 것처럼 자기 누이의 아들인 요한 마가(골 4:10)를 데려가자고 했다.

그런데 요한 마가는 첫 번째 전도 여행 때 밤빌리아에서 어려운 형편에 처한 바울과 바나바를 저버린 적이 있었다. 강도가 들끓고 위험한 강이 흐르기로 유명한 산지(山地)를 통해 내륙으로 들어가기 직전 두 사람을 버리고 떠나, 안전한 곳 예루살렘으로 돌아간 것이다(행 13:13). 이 때문에 바울은 전에 그렇게 자신들을 실망시켰고 또 그렇게 할 수도 있는 사람을 내내 데리고 다니는(쉼파랄람바네인symparalambanein, 현재형 부정사) 위험을 무릅써서는 안 된다는 의견이었다. 바나바는 누이의 아들에게 기회를 한 번 더 주어 그냥 그를 데려가고(쉼파랄라베인symparalabein, 부정과거형 부정사) 싶었던 것 같다. 두 사람이 의견을 교환하는 광경은 대단히 흥미롭고 격렬했을 것이다.

하지만 누가는 이어지는 논쟁이 '파록쉬스모스'(paroxysmos), 즉 두 친구 간의 날카롭고도 신랄한 말다툼으로 변질되었다고 말한다. 이 원색적 그리스어는 '파록시즘'(paroxysm)이라는 영어의 어원인데, 질병이나 분노 혹은 웃음이 발작적으로 격발한다는 뜻의 이 단어에는 보통 노여움과 심지어 격노의 의미가 담겨 있다. 신약성경에는 이 단어가 이곳 말고 한 번 더 등장하며(히 10:24), "불러일으키다", "유발하다"라는 뜻으로 쓰였다. 하지만 사도행전 이 본문에서는 날카롭고 거칠어진 말다툼이나 의견 불일치를 가리킨다. 이 두 사람이 비록 초대교회의 충실한 구성원들이기는 하지만 이렇게 불미스러운 언쟁을 벌인 것에 대해서는 둘 중 누구도 비난을 면할 수 없을 것이다.

그래서 결과는 어떻게 되었는가? 두 친구는 각자 갈 길을 갔다. 바나바는 요한 마가를 데리고 배편으로 구브로로 향했고, 바울은 실라를 택하여 수리아와 길리기아를 두루 다니며 교회들을 굳건히 했다(행 15:39-40). 하나님의 섭리로, 원래 계획되어 있던 단일 원정대가 두 선교 원정대로 대체되었다.

그리스도인들 사이에서 하나님 나라와 교회 관련 문제에 관해서는 늘 의견차가 있기 마련이며, 성숙한 신자나 지도자급이라고 해도 예외는 아니다. 그러나 이런 의견 불일치가 모질거나 매서운 말다툼으로 변질되어서는 안 된다. 하지만 그런 일이 생길 때도 하나님께서 궁극적으로 다스리시며 인간의 악함이나 외고집 혹은 죄에서 선한 결과를 이뤄내실 수 있다.

53. 부부 사이의 상호 헌신 (행 18:2-3)

누가가 소개하는 아굴라는 유대인들을 로마에서 전면 추방한다는 글라우디오 황제의 칙령에 따라 아내 브리스길라와 함께 로마를 떠나 얼마 전에 고린도에 도착한 유대인 난민이요 천막 만드는 사람이다(행 18:2-3). 누가는 아굴라의 아내를 세 번 언급하면서(행 18:2, 18, 26) 브리스길라라는 이름을 쓰는데, 이 이름은 브리스가의 애칭으로, 바울은 이 여성을 언급할 때 늘 정식 이름인 브리스가를 쓴다(롬 16:3; 고전 16:19; 딤후 4:19). 이 여성은 로마의 명문가인 프리스카 집안과 어떤 식으로든 연관이 있을 것이다. 이 이름을 감안할 때 이 여인은 아마 태생이 자유민일 것이며, 사도행전 18:2의 단어 배치를 볼 때 이 여인은 유대인이 아니었을 것으로 짐작할 수 있다. 민족이 다른 두 사람의 결혼이었지만, 이들은 모두 신자였다(행 18:26; 롬 16:3-5).

브리스길라와 아굴라는 이상적인 그리스도인 부부를 이루었다. 이들의 삶에는 '완전한 상호 헌신'이라는 글을 새겨 넣을 수 있었다. 두 사람이 서로에게 전심으로 헌신했음을 보여 주는 세 가지 사실이 있다.

첫째, 글라우디오의 칙령(주후 49년)으로 유대인들이 로마에서 추방당할 때 로마인인 브리스가는 유대인 남편과 동행해 로마를 강제로 떠나야 할 이유가 없었다.

둘째, 누가는 "[바울이] 생업이 같으므로 [그들과] 함께 살며 일을 하니 [그들의] 그 생업은 천막을 만드는 것이더라"라고 하는데, 여기서 복수형 "그들과", "그들의" 모두 아굴라와 브리스길라를 가리킨다. 브리스길라가 날 때부터 신분이 높은 사람이든 아니든, 남편과 동일한 생업에 종사하며 고생했다는 사실은 이들 부부가 서로 화합하며 협조했다는 것을 보여 준다. 증명할 수는 없지만, 특히 이 여인이 결혼 후 남편에게 기술을 배웠다면 말이다.

셋째, 아굴라와 브리스길라는 신약성경에서 여섯 번 언급되는데, 세 번은 누가가 사도행전에서 언급하고(18:2, 18, 26) 세 번은 바울이 그의 서신서에서 언급한다(롬 16:3; 고전 16:19; 딤후 4:19). 두 사람은 늘 함께 언급되지, 절대 따로따로 언급되지 않는다. 이는 두 사람이 무엇으로도 더럽혀지지 않은 연합을 이루며 살았음을 반영한다. 로마-고린도-에베소-로마-에베소로 이어지는 이들의 이동 경로를 추적해 보면, 두 사람은 언제나 서로의 곁에 있었으며, 언제나 한마음으로 힘써 천막을 만들고, 새로운 상황에 적응해 가며, 새로운 친구 집단을 만들어 가는 것을 볼 수 있다. 두 사람에게는 부부로서의 신의뿐만 아니라 상호 사랑과 존중이 그리스도의 노예로 사는 삶의 당연한 결론이었다.

브리스길라의 이름이 남편보다 먼저 언급되는 경우가 네 번인데, 두 번은 누가가(행 18:18, 26), 두 번은 바울이(롬 16:3; 딤후 4:19) 그렇게 한다. 1세기 사회에서는 아내가 남편 다음으로 언급되는 게 통례였다. 그렇다면 브리스길라의 이름이 아굴라보다 먼저 언급되는 이 특이한 현상의 이유는 무엇인가? 브리스길라는 타고난 재능을 좀 더 공적인 영역에서 발휘했기 때문에 남편에 비해 더 잘 눈에 띄었고, 그래서 교회에서 더 잘 알려졌거나 더 두드러졌을 것이다. 하지만 남편에 비해 눈에 띄게 재능이 많았다 해도, 두 사람이 늘 연합해서 공동으로 섬김의 일을 했다는 사실은 두 사람의 관계가 긴장되어 있기보다는 매우 조화로웠음을 암시한다.

54. 기독교 교리에 헌신하다 (행 18:24-26)

바울이 고린도를 떠나 에베소로 갔을 때 브리스길라와 아굴라가 바울과 동행했는데(행 18:18-19), 아마도 천막 제작 사업 지점도 세우고 바울이 에베소에서 개척 전도를 할 수 있도록 지원도 하기 위해서였을 것이다. 실제로 그곳에 있는 이들 부부의 집에서 초기 단계 교회가 모였다(고전 16:19). 이들이 아볼로를 만난 곳은 바로 그곳 에베소였다.

사도행전 18:24는 아볼로에 대해 네 가지로 묘사한다. 아볼로는 유대인이었고, 알렉산드리아 태생이었으며, 학식 있는 사람이었고, 성경을 통달하여 아는 사람이었다. 예수와 예수 운동에 대한 아볼로의 지식은 비록 불완전하기는 했지만(행 18:25), 자신의 고향 알렉산드리아에서 얻었을 수도 있고, 아니면 세례 요한의 제자들에게서 얻었을 가능성도 있다. 아볼로는 "열심으로" 예수에 관해 정확히 말하고 가르치곤(습관을 나타내는 미완료시제) 했다. 나중에 아볼로는 공개 토론에서 성경을 근거로 예수가 메시아이심을 입증하여 고린도의 유대인들을 철저히 논박했다(행 18:28).

브리스길라와 아굴라는 이 학식 있는 선생이 에베소 회당에서 유대인들과 능숙하게 토론하는 것을 듣고(행 18:26) 복음 해설자요 옹호자로서의 그의 능력에 깊이 감명받았던 게 분명하다. 하지만 아볼로는 요한의 세례만 알 뿐이었다. 브리스길라와 아굴라는 아볼로가 알고 있는 기독교 교리에 결함이 있다고 비판하거나 자신들의 친구인 바울과 비교하는 바람직하지 못한 행동을 하지 않았으며, 그보다는 이 문제를 함께 의논한 뒤 아볼로를 자신들의 집으로 청하기로 했다. 그리하여 세 사람이 마침내 "하나님의 도"(26절)에 관해 이야기할 수 있도록 말이다. 누가는 복합 동사 '프로슬람바노'(proslambanō, "[한쪽으로] 데려가다")를 써서 이 그리스도인 부부의 세심함과 친절함을 강조한다. 아볼로가 예수에 관해 갖고 있는 정확한 지식을 이 부부가 보완해 준 것은 사람들이 모여 있는 자리에서가 아니었다. 그랬다가는 아볼로가 창피를 당했을지도 모른다. 두 사람은 그를 "따로" 혹은 "다른 이들의 눈을 피해" 불렀다. 게다가 이 탁월한 유대인 출신 그리스도인 학자가 한 여인과 그 남편에게 기꺼이 배우고자 했다는 것은 이 사람의 겸손을 입증하는 증거다.

이 그리스도인 부부는 정통 교리를 전해 주고, 사도들이 맡긴 것을 수호하고 전달하는 일에 매진했다(참조. 딤후 1:14; 2:2). 이들 자신이 (구약)성경과 기독교 전승에 매우 정통했기에 이들은 우선 아볼로의 지식에 결함이 있다고 판정할 수 있었고 그런 다음 자신들의 가르침, 특히 기독교의 세례와 그 의미에 관한 진리를 아볼로에게 납득시켜서 그 결함을 교정해 줄 수 있었다. 누가의 다음 에피소드(행 19:1-7)는 바울이 에베소 제자들(아마 에베소 교회의 핵심 구성원들)을 만나 이들의 생각을 예루살렘 교회가 주장하는 표준 기독교와 일치시키려 하는 모습을 보여 주는데, 마찬가지로 사도행전 18:24-26은 브리스길라와 아굴라가 한 남자를 보고 그가 걸출한 신앙 변증가임을 알아보고는 그 사람이 확실하게 정통 교리를 지닐 수 있도록 해 준 일을 설명한다.

이 에피소드에서 우리는 브리스길라와 아굴라가 식견 높은 신자요 팀을 이룬 친절한 선생들이었으며 정통 교리의 수호자였음을 알 수 있다. 예루살렘의 초기 그리스도인들에 관해 한 말은 에베소의 이 부부에게도 그대로 해당되었다. "그들은 사도의 가르침[에]… 헌신했다"(행 2:42). 앞 장도 참고하라.

55. 삼위일체 하나님의 계획에 참여하는 장로들 (행 20:28)

사도행전 20:3-21:6에서는 바울이 "예루살렘 성도 중 가난한 자들을"(롬 15:26) 위해 모은 연보를 전달할 목적으로, 이방 교회의 대표들과 함께(행 20:4; 참조. 고전 16:3) 유대 지역으로 향하는 여정을 이야기한다. 에베소에서 약 50킬로미터 거리인 밀레도 항에 며칠 기항(寄港)하는 동안 바울은 에베소 교회 장로들을 불러(행 20:17) 고별 연설을 했다. 누가는 사도행전 20:18-35에 이를 요약해서 기록하는데, 사도행전에서 바울이 그리스도인 청중을 대상으로 한 연설은 이것이 유일하다. 25-31절에서 바울은 양 떼를 지키는 자로서의 책임을 빈틈없이 이행해야 한다고 에베소 장로들에게 과제를 안긴다. 바울은 하나님께서 이들을 거룩한 피로써 얻은 교회를 보살필 사람들로 임명하셨음을(28절) 상기시킴으로써 이 힘든 과제의 의미를 역설한다. 28절은 신약성경 연구와 관련된 두 가지 쟁점의 복잡성을 잘 예시해 준다.

첫 번째는 본문 관련 문제다. "교회의 목자가 되라"라는 바울의 지시에서 어떤 말이 이 교회를 수식하는지에 관해 아홉 가지가 넘는 다양한 견해가 있는데, 그중 사본상 비중 있는 지지를 받는 것은 두 가지뿐이다. 바로 "주님의 (교회의 목자가 되라)"와 "하나님의 (교회의 목자가 되라)"이다.

이른바 ‘사본상의 개연성’(transcriptional probabilities)과 ‘내재적 가능성’(intrinsic probabilities)을 고려해서, 대다수 본문 비평가들은 “하나님의(교회)”가 원본이었을 것으로 보는 쪽을 선호한다. 또 한 가지 본문 관련 문제는 “자기 피로 사신”이라는 표현에서 “자기”(이디오스idios)라는 말이다. 여기서 이 말은 형용사로서 “자기 피(로 사신 하나님의 교회)”라는 뜻인가, 아니면 명목상의 명사로서 “자기 (아들의 피로)”라는 뜻인가? 사본의 증거는 후자를 강력히 지지한다.

두 번째는 번역 문제다. 대다수 본문 비평가, 주석가, 그리고 영역본은 “하나님의”를 선호하지만, 그래도 이 문장 마지막 부분의 번역 문제가 남는다. 다음과 같이 몇 가지 가능성이 있다.

1. “자기 피로 사신 하나님(성부)의 교회를 보살피라.” ‘하나님의 피’와 ‘하나님의 고난’은 주후 2세기와 3세기에는 일반적으로 받아들이는 개념이 되었지만, 1세기에서는 이와 유사한 표현을 전혀 찾아볼 수 없었다. 예를 들어 신약성경 어디에서도 ‘하나님의 십자가’라든가, 골고다에서 “그들이 하나님을 십자가에 못 박았다”라든가, “하나님이 죽었다가 다시 사셨다”라는 말은 전혀 찾아볼 수 없다. 또한 그리스도께서 흘리신 피가 사실상 그분의 아버지의 피였다든가 아버지의 생명이었다고 말하는 것도 적절치 않다.

2. “자기 피로 사신 하나님(=예수)의 교회를 보살피라.” 이것이 우리가 옹호할 수 있는 일반적 해석이다. 왜냐하면 바울도 때로 예수에 대해 ‘하나님’이라는 호칭을 쓰는 경우가 있고(롬 9:5; 딛 2:13), 예수를 자신의 죽음을 통해 교회를 사신 분으로 묘사하기 때문이다(딛 2:14).

3. “그(그리스도)가 자기 피로 사신 하나님(성부)의 교회를 보살피라.” 어떤 이들은 이 문장에 생각의 ‘미끄러짐’이 있다고 말한다. 아버지의 행동은 아들의 행동과 아주 밀접하게 연관되어 있기에 이 문장을 읽는 사람은 아무런 변화의 표시가 없어도 한 분에게서 다른 한 분에게로 넘어갈 수 있다. 하지만 주어가 명백히 바뀐 것은 아니며, 아버지가 교회를 “사셨다”고 말할 수도 있다는 사실은 여전하다(엡 1:4-6 또는 벧전 2:9-10을 보라).

4. “자기 아들의 피로 사신 하나님(성부)의 교회를 보살피라.” 이 의견에서 “하나님”은 신약성경 전체에서 통상적으로 그렇듯 성부를 가리키며, ‘호 이디오스’(ho idios)는 그리스도의 호칭이거나(“자기” 또는 “자기의 것”), “자기 아들”의 축약형이라고 하는 것이 더 나을 수도 있다(NJB, NRSV에서처럼; 참조. 롬 8:32). 하나님께서 원래 피로 확증된 언약을 통해 한 백성을 자기 소유로 얻으신 것처럼(출 19:5-6; 24:3-8), 이제 그분은 끔찍이 사랑하는 자기 아들이 흘린 피를 수단으로, 다른 민족과 구별되는 자기 백성을 자기를 위해 교회로 획득하셨다.

이 마지막 해석이 최선이다. 에베소 장로들을 향해 하는 말에서 이렇게 바울은 목양 직분의 고귀한 특권과 매우 부담되는 책임을 강조한다. “여러분 자신과 온 양 떼를 지키라 성령이 그들 가운데 여러분을 감독자로 삼고 하나님이 자기 아들의 피로 사신 하나님의 교회를 보살피게 하셨느니라”(NRSV). 하나님, 그리스도, 성령, 이 모두가 일치하여 행동하고 있다. 장로 역할을 한다는 것은 필연적으로 삼위일체의 이 엄청난 계획에 참여하는 것이다.

56. 갈 것인가, 말 것인가? (행 21:4)

사도행전 19장과 20장에서 우리는 성령께서 바울에게 예루살렘으로 가라고 지시하시되(19:21) 다가올 역경에 대해 경고하시는 것을 본다(20:22-23). 여기까지는 모든 게 명쾌하다. 하지만 이제 사도행전 21:4에서 우리는 이런 말씀을 본다. "[두로에 있는] 제자들이 성령의 감동으로 바울더러 예루살렘에 들어가지 말라 하더라." "성령의 감동으로!" 이 명백한 모순을 우리는 어떻게 설명해야 할까?

어떤 이들은 바울이 이제 성령의 지시에 불순종하고 자기 계획에 따라 예루살렘으로 가려고 했을 뿐이라고 말한다. 하지만 이는 우리가 바울에 대해 알고 있는 사실과 어울리지 않는다. 바울은 "성령을 소멸하지 말라"라고 말한 사람이다(살전 5:19).

또 어떤 이들은 두로의 이 제자들이 정말로 성령의 지시를 받아 말하는 것인지 바울이 의심했다는 의견을 낸다. 이 의심 때문에 바울은 더더욱 성령께서 전에 명쾌히 인도해 주신 대로 따르고자 했다는 것이다(참조. 행 21:12-14).

또한 A.T. 로버트슨의 의견에 따르자면, 의무와 경고를 구별할 수도 있을 것이다. "이 경고(21:4하)에도 불구하고 바울은 전처럼(20:22) 계속 길을 가는 것이 자신의 의무라고 여겼다. 두로의 제자들은 성령의 행하심을 금지(禁止)라는 형식으로 이해했지만 바울은 그 행하심을 정보와 경고로 해석했다. 바울에게는 경고보다 의무의 목소리가 더 크게 들렸다. 비록 경고와 의무 두 가지 모두 하나님의 부르심이었지만 말이다" (*Word Pictures* 3:360).

마지막으로, 대개 "성령을 통해"라고 번역되는 '디아 투 프뉴마토스'(dia tou pneumatos)에서 전치사 '디아'는 부대(附帶) 상황을 가리킬 수 있다. 즉, "성령의 영감 아래 있는 동안"이라는 뜻일 수 있다. 두로의 신자들에게는 바울이 예루살렘에서 고난당할 것에 관해 예언이 주어진 게 분명하다. 그게 아니면 왜 가지 말라고 권고했겠는가? 그리고 이 예언은 나중에 가이사랴의 아가보에게도 그랬다시피(21:11) 성령의 지시에 따라 주어졌다. 성령의 이 예언에 두로의 제자들은 그 즉시 바울에게 예루살렘으로 가기를 고집하지 말라고 절박하게 간청했다("바울에게 자꾸 말했다", 반복을 뜻하는 미완료 시제).

누가는 이 간결한 진술에서 예언은 언급하지 않고 그 예언에 근거한 권고에 대해서만 말한다. 오래지 않아 가이사랴에서도 비슷한 예언과 비슷한 권고가 모두 언급된다(행 21:11-12). 짐작건대 두로에서와 똑같은 내용으로 가이사랴에서도 예루살렘으로 가지 말라는 권고를 들었을 때 바울의 대답은 "여러분이 어찌하여 울어 내 마음을 상하게 하느냐 나는 주 예수의 이름을 위하여 결박당할 뿐 아니라 예루살렘에서 죽을 것도 각오하였노라"(행 21:13)였다.

57. "너의 죄를 씻으라" (행 22:16)

사도행전에는 다소의 사울이 회심한 일과 관련해 다음 세 가지 기사가 있다. 즉 9:1-19(누가의 기사), 22:1-21, 그리고 26:1-23(바울 자신의 말)이다. 사도행전 22장에서 바울은 예루살렘에 있는 안토니아 요새 주둔군 사령관인 글라우디오 루시아의(행 23:26을 보라) 허가 아래, 소요를 일으킨 예루살렘 군중에게 연설한다. 22:12-16에서 바울은 그 지역에서 크게 존경받는 유대인 아나니아가 개입하여 자신의 시력을 회복할 수 있게 해 주고 자신이 신적 사명을 부여받았음을 알려 준 일에 대해 상세히 이야기한다. 그때 아나니아는 바울에게 이렇게 말했다. "이제는 왜 주저하느냐 일어나 그의(주의) 이름을 불러 세례를 받고 너의 죄를 씻으라"(행 22:16). 아나니아는 바울에게 스스로 세례를 베풀라거나 혹은 바울 자신의 공로를 통해 죄를 씻으라고 말하는 것일까?

고대 그리스어에는 능동태(x가 y를 본다), 수동태(x가 y에게 보인다), 그리고 중간태(x는 스스로 이것을 본다)라는 세 가지 태(態, 주어가 행동과 관계하는 방식)가 있다. 중간태는 서술되는 행동이 그 행동의 주체에게 직접적으로든 간접적으로든 어떤 특별한 방식으로 영향을 끼치는 것을 가리킨다. 이른바 이태(異態) 동사로 쓰이는 것과 별개로, 중간태는 신약성경 그리스어에 일반적이지 않으며, 그래서 신약성경에 중간태가 보일 경우 거기에는 대개 어떤 특별한 이유가 있다.

사도행전 22장 16절에는 의미 있는 중간태가 두 개 있다. 하나는 '밥티사이'(baptisai)로, 많은 역본에서 "세례 받다"라고 번역하며, 다른 하나는 '아폴루사이'(apolousai)로, 흔히 "씻어 버리다"로 번역한다. 하지만 중간태는 아마 "너 자신을 세례 받게 하라", "(너의 죄가) 씻겨 없어지게 하라"로 번역하는 게 최선일 것이다.

아나니아가 바울에게 이런 일들을 스스로 하라고 지시하고 있었다는 것은 사실이 아니다. 그보다 이는 세례 받을 준비를 하라는(추측하건대, 다메섹에 있는 그리스도인 지도자들의 도움을 통해), 그리고 죄 사함 받는 데 필요한 일을 하라는(즉, 죄를 고백하고 회개하라는) 지시였다. 세례 받는 것과 죄 사함을 얻는 것, 이 두 가지 행동 모두 주 예수의 이름을 부르기가 요구된다. 그래서 분사 '에피칼레사메노스'(epikalesamenos, "~에게 호소하면서/기원하면서")는 아마 부대 상황을 가리키는 말로, "주 예수의 이름에 호소하면서"일 것이다. 오순절에 베드로가 청중에게 "너희가 회개하여 각각 예수 그리스도의 이름으로 세례를 받고 죄 사함을 받으라"(행 2:38)라고 했을 때도 같은 예를 볼 수 있다. 또한 로마서 10:13에서도(욜 2:32를 인용해) "누구든지 주의 이름을 부르는 자는 구원을 받으리라"라고 한 것을 보라(행 9:14, 21도 보라).

2부

서신서와 요한계시록

로마서

1. 노예가 되는 것이 가장 귀한 특권 (롬 1:1)

어순(語順)은 종종 의미심장할 수 있다. 특히 깜짝 놀랄 만한 어순일 경우에는 더욱 그렇다. 예를 들어 바울이 로마 신자들에게 보낸 편지를 보자. 이 편지는 바울 함대의 기함(旗艦)이다. 이 사도는 부활하신 그리스도께서 다메섹 도성 밖에서 자신에게 직접 나타나심으로써 자신을 사도로 부르신 그 특별한 부르심을 매우 소중히 여겼다. 그래서 우리는 바울이 로마서 서두에서 자기 자신을 "그리스도 예수의 사도로 부름받은" 사람으로 소개하리라 기대했을지 모른다. 그러나 아니었다! 바울은 자기 자신을 이렇게 묘사하기로 했다. "예수 그리스도의 노예(둘로스doulos) 바울은 사도로 부르심을 받아"(롬 1:1). 비슷한 예로 베드로도 자신의 두 번째 편지를 "예수 그리스도의 노예(둘로스)이며 사도인 시몬 베드로"라고 시작하지 "예수 그리스도의 사도이며 노예"라고 하지 않는다.

'둘로스'는 '노예'(slave)를 뜻하는 독특한 그리스어다. 유감스럽게도 여러 현대 영어 역본들은 둘로스를 '노예'로 번역하기를 피하고, 독특성이 덜한 '종'(servant)이라는 표현을 택한다. 실제로 신약성경에는 '종'으로 번역할 수 있는 그리스어 단어가 여섯 가지 정도 있지만, '노예'를 뜻하는 특별한 단어는 단 하나뿐이다. 초대교회의 대단히 뛰어난 이 두 인물이 '종'보다 '노예'라는 표현을 더 좋아했다는 사실로 볼 때, 이 두 사람이 그리스도의 사도보다는 그분의 노예가 되는 것을 더 고귀한 부르심으로 여겼다고 추론하는 게 합당하지 않은가?

예수의 형제(막 6:3을 보라) 중 두 사람이 처음 자신들을 설명하는 말에서도 비슷한 추론을 할 수 있다. 이들은 저마다 자기 자신을 '예수의 형제'라 부르고 싶은 마음이 들 만도 하건만, 유다는 스스로를 일컬어 "예수 그리스도의 노예(둘로스)요 야고보의 형제"(유 1절)라고 했고, 야고보는 "하나님과 주 예수 그리스도의 노예(둘로스) 야고보"(약 1:1)라는 말로 자신의 편지를 시작한다. 유다와 야고보는 그리스도의 노예인 것이 그분의 형제인 것보다 더 고귀한 특권이라고 믿은 것 아닐까?

하지만 노예(둘로스)란 무엇인가? 노예는 그 존재와 섬김이 전적으로 타인의 소유인 사람이다. 바울, 베드로, 유다, 야고보(모두 그리스도인이다)에게 그 타인은 바로 우리를 구속하려고 가장 비싼 값을 치르신 주 그리스도이시며, 그분께서 그런 값을 치르신 결과 우리는 이제 우리 자신의 주인이 아니다(고전 6:19-20). 그리스도께서 값 주고 사신 소유물로서 신자는 주인이신 그분의 독점적 재산이다. "사나 죽으나 우리가 주의 것이로다"(롬 14:8). 그리고 이 주인은 그 자신이 우주의 주님이시기에(행 10:36), 그분의 노예가 된다는 것은 더할 나위 없는 특권이요 기쁨이지, 우리를 쇠약하게 하는 고된 일이 아니다(2부 34장을 보라).

사도 요한은 하나님의 도성, 곧 하나님과 어린양의 보좌가 있는 곳에서 신자의 최종 상태가 어떠한지 묘사하면서, 주 하나님의 노예들(둘로이douloi)이 예배로 영원히 그분을 섬기며 그분의 얼굴을 볼 것이라고 말한다(계 22:3-4).

2. “믿음으로 믿음에” (롬 1:17)

바울은 읽는 사람이 다른 방식으로 이해할 수도 있는 압축된 표현을 잘 쓰는 달인이다. 유명하고도 중요한 사례는 로마서 1:17의 “에크 피스테오스 에이스 피스틴”(ek pisteōs eis pistin)으로, 문자적으로는 “믿음으로써 믿음에”(by faith to faith)라고 번역될 수 있다.

우리는 로마서 1:16에 로마서의 주제가 명쾌히 드러난 것을 볼 수 있다. 하나님의 의를 나타내는 하나님의 능력 있는 복음이 유대인과 이방인 할 것 없이 그리스도를 믿는 믿음을 가진 모든 이들에게 마련된다는 것이다. ‘하나님의 의’는 하나님께 속한(소유물을 나타내는 속격) 거룩한 성품과 의로운 행동을 가리킬 수도 있지만, 여기서 “하나님의”라는 소유격 표현은 빌립보서 3:9(“하나님께로부터[에크ek] 난 의”)에서처럼 의의 근원, ‘하나님에게서 나는 의’를 나타낸다. 이는 하나님께서 친히 마련해 주시는, 하나님 앞에서의 올바른 상태다. 복음의 메시지에서 이 ‘의’는 만인에게 나타나서 만인에게 적용 가능하게 되며(17상절), “믿음으로 믿음에” 이르게 하는 의다. 이 주장을 뒷받침하려고 바울은 하박국 2:4 하반절에 호소한다.

하박국 2:4-20에는 무자비한 바벨론 사람들에 관한 하나님의 고발, 하박국 선지자에게 주어진 “묵시”가 담겨 있다(2-3절). 4절 하반절은 삽입구로서, 교만한 바벨론 사람들의 뒤틀린 욕망(4상절)을, 하나님을 신뢰하고 그분의 길을 고수함으로써 인생이 번영하게 될 사람의 올곧음과 대조한다. “의인은 그의 믿음으로 말미암아 살리라.” 그리스어 구약성경(LXX)은 “믿음으로 말미암아”라는 표현을 “나(=하나님)의 신실함으로써” 또는 “나(=하나님)를 믿음으로써”라고 옮긴다. 중요한 것은, 바울이 하박국 2:4 하반절을 인용하면서, 히브리어의 "그의", 그리고 칠십인역 성경의 "나의" 또는 "나를" 같은 인칭 대명사를 빠뜨렸다는 것이다. 이는 그리스어를 쓰는 독자가 "의인" 및 "살리라"라는 말과 함께 쓰인 "믿음으로"라는 말을 의도적 이중 의미로 해석하기를 바울이 바라고 있음을 암시한다.

영어 번역에서는 "믿음으로"라는 말을 해석하는 두 가지 방식을 동시에 취할 수가 없다. 그래서 이 부분을 NAB는 "믿음으로 의로운 자는 살리라"라고 번역했고, NRSV는 "의로운 자는 믿음으로 살리라"라고 번역했다(NIV도 비슷하다). 전자의 번역은 로마서 3:22, 갈라디아서 2:16, 빌립보서 3:9에서 보는 것처럼 하나님 앞에서의 올바른 상태는 인간의 믿음으로써 임한다는 바울의 주장과 확실히 일치한다. 각 경우마다 '디아 피스테오스'(dia pisteōs)는 '에크 피스테오스', 즉 "믿음으로써"와 똑같은 의미를 지닌다. 후자로 번역하는 것은 신자의 여정은 "믿음의 영역을 통과하는" 여정이라는 바울의 생각(고후 5:7) 및 "내가 육체 가운데 사는 것은 … 하나님의 아들을 믿는 믿음 안에서 사는 것이라"(갈 2:20하)라는 바울의 고백과 잘 맞아떨어진다.

바울이 하박국의 이 구절을 이중의 의미로 이해했음을 가장 확실히 보여 주는 것은, "믿음으로 믿음에"라는 표현이다. 바울이 만약 수사학적 강조를 위해서나 혹은 배타성을 표현하려고 "믿음"(피스티스)이라는 말을 되풀이하고 있는 거라면, '에크 피스테오스 에이스 피스틴'을 "처음부터 마지막까지 믿음에 의한 (의)"(NIV), 혹은 "시작부터 끝까지 믿음을 통한"(GNB), 혹은 "출발부터 마무리까지 믿음으로써"(NLT), 혹은 그저 "전체적으로 믿음을 통해"라고 바꿔 말해도 될 것이다. 하지만 "믿음"이라는 말이 두 번 쓰이는 것을 그대로 유지해서 "믿음에 근거해 믿음에 이른다"라고 표현하는 게 더 바람직하다.

즉, 그리스도를 믿는 믿음이 초기의 믿음, 기도, 증언, 소망 같은 모든 세부 사항에서 그리스도인의 삶을 특징짓는다.

3. 성경에서 가장 중요한 구절과 단어는? (롬 3:25)

성경에서 구약성경이 더 중요한가, 아니면 신약성경이 더 중요한가 하는 (매우 부당한) 질문을 받을 경우, 신약 편을 들 수도 있다. 그런데 질문은 다음과 같이 계속 이어질 수도 있다.

"신약성경에서 가장 중요한 성경 기자는?" 바울.
"바울 서신 중 가장 중요한 서신은?" 로마서.
"로마서에서 가장 중요한 부분은?" 로마서 1-8장.
"로마서 1-8장에서 가장 중요한 장은?" 3장.
"3장에서 가장 중요한 단락은?" 21-26절.
"21-26절에서 가장 중요한 구절은?" 25절.
"25절에서 가장 중요한 단어는?" 힐라스테리온(Hilastērion).

간략히 말해, 로마서 3:21-26의 주제는 "그리스도 예수에 의해 임한 속량"(24상절), 혹은 "율법 외에 하나님으로부터 오는, 하나님 앞에서의 의"(21상절)다. 25절 상반절에서 만나는 난제는, 어떻게 다음 세 가지 표현을 잘 번역하느냐는 것이다.

첫 번째는 '프로에데토'(proetheto)다. "(하나님이) 자기 자신 앞에 섰다"

혹은 "(자기 자신을) 내놓았다"라고 문자 그대로 번역하면, 마치 하나님이 단순히 개인의 드라마에 종사하고 계시기라도 한 양 그 행동이 너무 개인적인 행동이 된다. 이 동사는 모든 사람이 볼 수 있게 공개적으로 전시하는 광경을 묘사하며, 그래서 NASB처럼 "공개적으로 진열되었다"라고 옮기는 게 적절하다. 이 구절과 갈라디아서 3:1("예수 그리스도께서 십자가에 못 박히신 것이 너희 눈앞에 밝히 보이거늘") 두 구절 모두 그리스도께서 십자가에 못 박히신 것 혹은 속죄의 희생을 복음의 핵심으로 명쾌하고도 생생한 표현으로 그리는 데 강조점이 있다.

두 번째는 '힐라스테리온'이다. 그리스인들과 로마인들의 용법에서 이 말은 신(神)의 호의를 다시 얻기 위한 방도로 신에게 바친 화해의 선물이나 봉헌물을 가리킨다. 신약성경에서 특유의 요소는, 화해를 가로막는 장애물, 즉 인간의 죄를 제거하는 일을 하나님께서 친히 주도하신다는 사실이다.

그리스어 성경에서 '힐라스테리온'이 처음 쓰일 때(출 25:17), 이 말은 지성소에 있는 언약궤의 순금 덮개를, '죄를 속하는' 것으로 묘사한다. 이 덮개는 '속죄소', 즉 일 년에 한 번 있는 대속죄일(욤 키푸르Yom Kippur)에 대제사장이 백성의 죄를 속하려 피를 뿌리는 곳이다(레 16:13-16). 이는 KJV가 (틴들Tyndale의 번역과 루터의 번역어 '그나덴슈툴Gnadenstuhl'을 따라서) 로마서 3:25와 히브리서 9:5에서 '힐라스테리온'을 '시은소'(mercy seat)로 번역한 이유를 설명해 준다(신약성경에서 이 단어는 이 두 구절에서만 쓰였다).

문법의 관점에서 볼 때, 로마서 3:25의 '힐라스테리온'은 '뒤마'(thyma, "제물")를 붙여서 이해해야 할 형용사("속죄의", "화해의")로 볼 수 있고, 그래서 이 단어는 의미상 "속죄 제물"이 된다(NIV와 NRSV). 히브리서

9:5에서처럼 이 단어가 중성 명사일 경우, 뜻은 "속죄의 수단"(means of expiation)이나 "화해의 자리"(place of propitiation)(가장 널리 쓰이는 신약성경 그리스어 사전에서 이렇게 번역하며, 롬 3:25에서는 첫 번째 번역을 택한다), 혹은 "화목 제물"(propitiatory sacrifice, 가장 중요한 두 권짜리 그리스어 로마서 본문 주석에서처럼)이 될 것이다.

영어의 "propitiate"는 "화해시키다"라는 뜻이고, "expiate"는 "~에 대한 보상을 하다, 속죄하다"라는 뜻이다. propitiation이라는 단어의 이면에는 하나님의 진노라는 신약성경의 개념이 있다. 속죄(expiation)는 희생 제사를 통해 죄를 없애기를 필요로 한다. 하나님과의 화해가 이뤄지고(propitiated) 죄는 값이 치러진다(expiated). 화해는 속죄를 통해 이뤄진다. 달리 말해, 죄에 대한 하나님의 진노는 하나님께서 예수 그리스도를 화해의 제물로 마련해 주사 죄를 없애 주실 때 피할 수 있었다. 실로 '힐라스테리온'은 성경에서 가장 중요한 단어 아닌가? 굳이 골라야 한다면 말이다.

세 번째는 '엔 토 아우투 하이마티'(en tō autou haimati), 즉 "그 자신의 피로써"(in/by his own blood)다. 그리스어 어순상 이 어구는 "믿음으로 말미암는" 바로 뒤에 이어진다. 어떤 역본은 다음과 같이 순서를 바꾸어 두 어구 모두 '힐라스테리온'에 의존하게 만든다. "믿음으로 말미암는 그의 피의 화목 제물"(a propitiation in His blood through faith, NASB), "믿음으로 말미암아 유효한, 그의 피의 속죄 제물"(a sacrifice of atonement by his blood, effective through faith, NRSV). KJV와 NIV에서처럼 "그의 피로써 믿음으로 말미암는"(through faith in his blood)이라는 그리스어 어순을 그대로 유지하는 게 바람직하다. 바울의 글에서 "믿음"(피스티스)이라는 단어 뒤에는 전치사가 아니라(여기서는 "in") 22절과 26절에서처럼 어떤 사람과 소유격이 이어지는 게 보통이다. 하지만 이 두 문구에서 바울이 간략하게 서술하는 방법을 썼다는 것을 알아차리면 25절 해석의 어려움이 줄어든다. "그의(그리스도의) 피를 흘림으로써 성취되고 (예수 그리스도를 믿는 자의[22, 26절]) 믿음으로 말미암아 유효한 화목 제물."

25절 하반절에서 바울은 하나님께서 그리스도를 화목 제물로 마련해 주신 목적은 변론이 필요한 그분의 공의 혹은 의로운 성품을 보여 주시기 위해서였다고 계속해서 말한다. 왜냐하면 하나님께서 오래 참으사(무관심하셨던 게 아니라), 십자가 전 시대에 저질러진 죄악 행위에 대해 충분하고도 정당하게 엄벌을 시행하기를 삼가 오셨기 때문이다.

4. "아브라함이 하나님을 믿으매" (롬 4:3)

신약성경 세 군데(롬 4:3; 갈 3:6; 약 2:23)에서 창세기 15:6이 그리스어 구약성경의 형식으로 인용된다. "아브람이 여호와를 믿으니 여호와께서 이를(아브람의 믿음을) 그의 의로 여기시고." 아브라함은 네 가지 영역에서 하나님을 믿었다.

- 우르를 떠날 때(창 13:1; 히 11:8)
- 사라가 아들을 낳으리라고 했을 때(이 약속이 주어질 때 자식이 없었고 아버지가 될 수 있는 나이가 지났으며, 사라도 어머니가 될 수 있는 나이가 지났음에도; 롬 4:18-19)
- 후손이 헤아릴 수 없이 많아지리라고 했을 때(창 15:5)
- 이삭을 바칠 때(창 22:1-18; 히 11:17-19)

결정적 문구 '에이스 디카이오쉬넨'(eis dikaiosynēn, 문자적 의미로는 "의로"[to/for/as righteousness])에서 전치사 '에이스'는 "의와 동등한 것으로", "(율법에 근거해) 의의 대체물로", "의의 자격을 주는 것으로", "의를 초래하는 것으로"(=하나님 앞에서의 올바른 상태)와 같이 이론적으로 다양하게 부연 설명될 수 있다.

바울은 로마서 4:3에서 창세기 15:6을 인용하면서 구약성경 아브라함의 경우를 "율법의 행위와 별개로 믿음이라는 근거에서 의롭다 여김 받는" 원리(롬 3:28; 4:6도 보라)의 선례로 규정한다. 바울은 아브라함이 (1) 행위와 별개로(롬 4:4-8) (2) 상황과 별개로(9-12절) (3) 율법과 별개로(13-17절) 의롭다 여김 받았다고 주장한다. 바울이 "아브라함에게는 그 믿음이 의로 여겨졌다"(4:9; 참조. 4:3, 5, 22)고, 그리고 믿음이라는 근거에서 의가 아브라함의 것으로 간주되었다고 말할 수 있는 것은, 믿음과 의를 상호 관계에 있는 것으로 보았기 때문이다. 18-19절은 아브라함의 믿음이 어떤 모습으로 드러났는지를 보여 주며, 이는 아브라함의 모든 영적 자손이 본받아야 할 모범이다(23-25절).

갈라디아서 3:6에서 바울은 구약성경의 이 구절에 호소해, (1) 2절과 5절에서 제기한 질문, 요컨대 "너희가 성령을 받은 것이 너희가 율법을 지켰기 때문이냐, 혹은 복음을 믿었기 때문이냐?"라는 질문에 함축된 답변의 정당성을 확인하고, (2) 믿는 사람은 아브라함의 자손이며(7절) "의인은 믿음으로 살"고(11절) 약속된 성령을 받으리라(14절)는 6-14절의 논증의 서두를 연다.

야고보서 2:14-26에서 야고보는 믿음과 행위가 불가분의 관계임을 확고히 하고자 한다. 아브라함의 예(약 2:23)는 믿음과 행위가 서로 보완적임을 보여 준다(22절). 아브라함은 바울이 "믿음으로 고무된 순종"이라 일컫는 것(롬 16:26)으로 "아들 이삭을 제단에 바"쳤으니 말이다(21절; 참조. 창 22:1-18). 아브라함은 하나님의 부름에 순종하여 우르를 떠나 가나안으로 간 것에서 이미 믿음을 바탕으로 행동했다(창 12:1-3; 13:1). 2부 56장도 보라.

5. 대조적인 삶의 방식 두 가지 (롬 8:4-5)

바울의 글에서 '육신'(사르크스sarx)이라는 말은 때로 중립적 의미로서, "우리가 육신으로 행한다"(=우리가 인간으로서/몸을 입고/세상에서 산다)라고 말할 때처럼(고후 10:3상) 이 땅에서의 인간의 삶을 가리킬 수 있다. 마찬가지로 '영'(프뉴마pneuma)이라는 말도 중립적 의미로서("악한 영"이라는 말과 반대되는), "육과 영을 오염시키는 온갖 것"을 말할 때처럼(고후 7:1) 인간의 영, 인간의 비물질적인 부분을 가리킬 때가 있다.

하지만 이 두 단어가 근접하여 쓰여서 서로 대조될 때는 뚜렷한 반대 개념을 나타내며, '육신'은 인간의 죄짓는 본성을 가리키고 '영'은 하나님의 성령을 가리킨다. 로마서 8:4-5가 바로 그런 경우로, 이 구절은 문자적으로 다음과 같이 해석할 수 있다.

> 육신을 따라(카타 사르카kata sarka) 행하지 않고 영을 따라(카타 프뉴마kata pneuma) 행하는 우리에게 율법의 요구가 이루어지게 하려 하심이니라 육신을 따르는(카타 사르카) 자는 육신의 일에(타 테스 사르코스ta tēs sarkos) 마음을 두고, 영을 따르는(카타 프뉴마) 자는 영의 일(타 투 프뉴마토스ta tou pneumatos)을 생각하나니

바울의 서신에서 "행하다"(페리파테오peripateō)라는 동사는 보통 "삶을 영위하다" 혹은 "습관적으로 처신하고 생각하다"를 뜻하는 은유다. "~에 마음을 두다"(프로네오phroneō)는 "~을 세심히 고려하다", "~에 전념하다", "철저히 마음이 기울어져 있다"라는 뜻이며, 한편 여기서 두 번 언급된 "일"이라는 말은 육신/성령의 바람이나 목표나 명령이다.

그러므로 여기서 대조되는 것은 행동과 생각의 두 가지 정반대 패턴이다. 거듭나지 않은 본성의 제어 아래 살면서 이 본성이 원하는 모든 것을 추구하고 그 욕망을 충족시키는 데 몰두하는 삶이 있고, 다른 한편으로 성령의 지배 아래 살면서 성령이 원하시는 모든 것을 추구하고 그 바람을 충족시키는 데 몰두하는 삶이 있다. 세상에 이보다 상이한 삶의 패턴은 있을 수 없을 것이다. 그래서 바울은 "너희는 성령을 따라 행하라 그리하면 육체의 욕심을 이루지 아니하리라"(갈 5:16)라고 권고한다.

이와 동일한 대조가 갈라디아서 6:8에서는 다르게 표현된다. 여기서는 씨를 뿌린다는 개념이 행함이나 삶의 개념을 대신한다. "자기의 죄짓는 본성을 위하여(에이스 텐 사르카eis tēn sarka) 심는 자"가 "성령을 위하여(에이스 토 프뉴마eis to pneuma) 심는 자"와 대조된다. 또한 이 대조는 결과와 관련해서 표현될 수도 있다. 즉, "죄짓는 본성에 의해(타 에르가 테스 사르코스ta erga tēs sarkos) 촉발된 행동"(갈 5:19)이 "성령에 의해(호 카르포스 투 프뉴마토스ho karpos tou pneumatos) 생산된 열매"(갈 5:22)와 대조된다.

그래서 로마서 8:4-5는 다음과 같이 읽을 수 있다.

> 인간의 본성에 지배되지 않고(참조. 13상절) 성령에 지배되는 삶을 사는 우리에게 율법의 요구가 이루어지게 하려 하심이다. 사고방식과 행위가 죄짓는 본성의 명령을 받는 자는 그 본성이 바라는 것에 초점을 맞추지만, 사고

방식과 행위가 성령의 명령을 받는 자는 성령께서 바라시는 것에 초점을 맞춘다.

6. "세세에 찬양을 받으실 하나님"으로서의 그리스도 (롬 9:5)

구두법과 관련해 로마서 9:5만큼 강도 높고 정밀한 연구의 대상이 된 문장은 신약성경에 또 없는 게 확실하고 다른 모든 문헌에도 아마 없을 것이다. 마침표와 쉼표의 중요성을 믿지 않는 사람은 이 구절을 보고 멈칫할 것이다(!). 쟁점은 이것이다. 이 구절은 '하나님'(데오스theos)이라는 호칭을 예수 그리스도에게 적용하고 있는가, 아니면 '하나님'이라는 말은 송영의 한 부분인가? 즉, 그리스어 문장에서 카타 사르카(kata sarka, "육신으로 하면") 다음에 마침표를 찍어야 하는가, 쉼표를 찍어야 하는가?

유명한 영어 번역의 역사를 보면, 이 문장에 구두점 문제가 걸려 있다는 것을 알 수 있다. 또한 이 문장 번역에 의미 있는 변화가 있다는 것도 알 수 있다. RSV 1946년 판과 1971년 판 모두 "육신을 따라서는 그들[이스라엘 사람들]에게서 메시아가 나신다. 만물 위에 계신 하나님은 세세에 찬양 받으소서"라고 번역한다. 이와 대조적으로 NRSV(1989년 판)는 "육신을 따라서는 그들에게서 메시아가 나시니, 그는 만물 위에 계셔서 세세에 찬양을 받으실 하나님이시니라"라고 번역한다.

이 구절이 하나님 아버지께 드리는 송영(RSV처럼)이 아니라 그리스도의 신성을 단언하는 말(NRSV처럼)로 끝날 수도 있는 이유가 무엇인가? 첫째, 분사구("그는 … 계셔서", 호 온ho ōn)가 주격이어서 직전에 있는 주격, "메시아/그리스도"(호 크리스토스ho christos)를 가리키는 것으로 보는 게 아주 자연스럽다. 주어가 갑작스레 바뀌는 것은 있을 법하지 않은 일이다. 둘째, "찬양을 받으실 하나님"(God blessed, 데오스 율로게토스 theos eulogētos)이라는 어순(語順)으로 볼 때 송영으로 이 문장이 끝난다는 것은 그다지 있을 법하지 않은 일이다. 왜냐하면 선행하는 내용과 명시적으로 연결되지 않은 송영의 통상적인 어순은 "하나님이 찬양 받으소서"(Blessed be God)이기 때문이다. 셋째, 이 문장에 송영이 있다면, 분사 '온'(ōn)이 불필요하다. 그리스어로 "만물 위에 계신 하나님"은 분사 없이 그냥 '호 에피 판톤 데오스'(ho epi pantōn theos)다. 마지막으로, "육신으로 하면", 혹은 "인간 조상과 관련해서는"(토 카타 사르카)이라는 어구는 둘 다 그리스도와 관련해 제한적 조건을 나타내며 "하나님"이라는 보완적이고 대조적인 단어가 나올 것을 미리 고려한 표현이다.

흥미롭게 주목할 점은, 내가 (1995년까지) 참조한 주요 유럽어권(라틴어를 포함해)의 중요한 로마서 주석가들 56명 중 13명은 이 문장이 성부 하나님을 가리킨다는 해석을 지지했고, 36명은 그리스도를 가리킨다는 해석을 지지했으며, 7명은 결정을 내리지 못하는 입장이었다. 신학적 신념이 서로 광범위하게 다른 주석가들에게서 발견되는 이 지배적 견해는 이제 네슬 알란트의 『노붐 테스타멘툼 그라이케』(Novum Testamentum Graece, 26판과 27판)와 연합성서공회에서 발간한 『그리스어 신약성경』(Greek New Testament, 3판과 4판)의 본문 편집자들과 함께 NRSV 번역자들(앞의 내용을 보라)의 지지를 받는다고 주장할 수 있다. 이 모든 것은 앞서의 입장들에 대한 의미 있는 반전이다.

바울 서신의 고기독론을 감안할 때(이에 따라 예수는 하나님의 이름["주", 롬 10:13]과 신성[빌 2:6]을 공유하고, 하나님의 역할을 이행하며[예를 들어, 골 1:16; 3:13], 인간의 신앙[롬 10:8-13]과 찬미[빌 2:9-11]의 대상이요 간구 기도를 들으시는 분[고전 1:2; 16:22]이시다), 여기 로마서 9:5과 디도서 2:13에서처럼 바울이 이따금 예수를 '하나님'이라는 포괄적 호칭으로 부른다고 해도 놀랄 일이 아니다. 바울에게 예수는 본질적으로 신성을 공유하는 분이다. "조상들도 그들[이스라엘 사람들]의 것이요 인간 혈통으로 따지자면 그리스도가 그들에게서 나셨으니 그는 만물 위에 계셔서 세세에 찬양을 받으실 하나님이시니라 아멘."

7. 그리스도, 율법의 마침? (롬 10:4)

"그리스도는 모든 믿는 자에게 의를 이루기 위하여 율법의 마침이 되시니라"(ESV, CSB). 문자 그대로의 이 단순한 번역은 부연 설명이 있어야 뜻이 명료해진다.

따지고 보면, 예수께서는 "진실로 너희에게 이르노니 천지가 없어지기 전에는 율법의 '이오타'(iota) 하나도, 점 하나도 결코 없어지지 아니하고 다 이루리라"(마 5:18)라고 말씀하시지 않았는가? '이오타'(ι)는 히브리어/아람어 알파벳의 가장 작은 철자 '요드'(yod, י)에 상응하는 그리스어 철자다. '점'(문자 그대로의 의미로는 '뿔horn')은 예를 들어 영어 알파벳의 O와 Q처럼 비슷한 철자를 구별하기 위해 한 철자에 찍는 아주 작은 표식이다.

그리고 바울도 "율법은 거룩하고 계명도 거룩하고 의로우며 선하도다"(롬 7:12)라고 단언하지 않았는가? 바울에게 '노모스'(nomos)라는 단어는 모세 율법 전체나 심지어 구약성경을 가리킬 뿐만 아니라 어떤 특정한 모세 율법(롬 7:2)을 가리키는 말일 수 있지만, 설령 그렇다 해도

"의를 이루기 위한 율법"(the law for righteousness)이라는 말의 모호성은 사라지지 않는다. 여기서 관심의 초점은 자연히 그리스어 '텔로스'(telos)로 옮겨 가는데, 이 말은 '종료'라는 의미에서의 '끝', 혹은 '기대 중인 결말'이나 '절정'이라는 의미에서의 '목표'를 뜻할 수 있다.

율법의 목적이 의를 낳는 것이라면 그리스도가 율법의 목표라는 말을 확실히 변호할 수 있다(갈 3:22). 그리스도께서 친히 율법을 성취하셨고(마 5:17) 그렇게 해서 신자들의 의가 되셨으니 말이다(고전 1:30). 율법이 의도하는 일, 그러나 인간의 약함과 죄성을 감안할 때 결과적으로는 할 수 없는 일을 그리스도께서 타자를 위해 성취하는 데 성공하셨다. 그런 의미에서, 예수께서는 율법의 목표를 이루셨다. NLT의 번역은 바로 이러한 이해를 반영한다. "그리스도께서 율법이 주어진 목적을 이미 이루셨다. 그 결과(결과를 가리키는 그리스어 '에이스eis'), 그분을 믿는 모든 사람은 하나님 앞에 의롭게 되었다."

그러나 직접적 문맥은 구원과 관련해 그리스도께서 의를 제공해 주심으로써, 의를 산출해 낸다는 율법의 가상 능력에 마침표를 찍었다/종결시켰다는 의미를 아마도 지지할 것이다. 로마서 9:30-32에서는 의를 추구하지 않았으나 이를 획득한 이방인과, 의에 이르는 길로서 율법을 추구했으나 그것이 행위로써 이뤄지는 일인 양 추구했기 때문에 목표에 이르지 못한 이스라엘 백성이 뚜렷이 대조되는 것을 볼 수 있다. 이어서 10:3에서 바울은 이스라엘 백성이 하나님의 의를 알지 못하면서, 혹은 그 의에 순복하지 않으면서 스스로의 의를 확립하고자 했다고 말한다. 율법을 지킴으로써 말이다(9:32; 10:5).

그래서 10:4는 "모든 믿는 자의 경우에서 그리스도는 율법과 의의 관계 면에서 율법을 종결시켰다"라고 번역할 수 있으며, 여기서 '에이스'(eis)는 참조할 내용을 가리키는 말로, "~과의 관계 면에서", "~과 관련하여"라는 뜻이다. 즉, 그리스도의 일은 의를 얻는 길로 여겨진 율법 준수에 마침표를 찍는다는 것이다.

이 견해를 근거로 하면, 마태복음 5:18의 "다 이루리라"라는 말은 그리스도 자신의 성취를 내다보는 말일 수 있다. 모든 믿는 사람을 위해 그리스도께서 하나님 앞에서의 올바른 상태(=의)를 마련하신다는 것이다.

8. "예수는 주님이시다" (롬 10:9)

처음 보기에 로마서 10:9은 구원을 얻기 위한 단순하고 직접적인 요구 조건 두 가지를 말하는 것으로 보인다. 하나는 구두(口頭) 선언이고 다른 하나는 내적인 믿음으로, 두 가지 모두 개인적이고 사적인 요구 조건이다. "네가 만일 네 입으로 예수를 주로 시인하며 또 하나님께서 그를 죽은 자 가운데서 살리신 것을 네 마음에 믿으면 구원을 받으리라."

하지만 이 구절을 바울의 이 서신과 신약성경 전체의 맥락에 비춰 보면(당연히 그래야 한다), 단순하고 까다로워 보이지 않을 수도 있는 이 요구 조건이 심오하고도 도전적인 요구가 된다. '입'과 '마음'이 언급되는 것은 다소 낯선데, 이는 바울이 방금 인용한 신명기 30:11-14에서 나온 것으로, 바울은 구원 얻기가 대단한 노력을 요하는 일이 아니라 믿음으로 받는 하나님의 선물로서 즉시 손에 넣을 수 있다는 사실을 설명하려고 이 구절을 인용한다. "말씀이 네게 가까워 네 입에 있으며 네 마음에 있다 하였으니 곧 우리가 전파하는 믿음의 말씀이라 네가 만일 네 입으로…"(롬 10:8-9). 이어서, 사람들이 이 말씀을 읽고 입으로 하는 선언이 마음으로 믿는 믿음보다 더 중요하다고 생각하는 일이 없도록 바울은 "입—마음" 순서를 바꿔서 이렇게 설명한다. "사람이 마음으로 믿어 의에 이르고 입으로 시인하여 구원에 이르느니라"(롬 10:10). 구원에 이르는 믿음은 사람의 마음과 입만큼 가까이에 있다.

이 두 가지 요구 조건은 서로 밀접히 연관되어 있어서 동전의 양면이라고 할 수 있는데, 여기서 동전은 예수의 부활에 대한 인식을 말한다. 빌립보서 2:9-11에서는 성부 하나님께서 예수를 죽음에서 일으키시고 높이셨을 때 예수에게 '주'(Lord)라는 비할 데 없는 이름을 주셨다는 점을 분명히 한다. 즉, 예수께서 가장 높은 주님이시라는 인식은 그분의 부활에서부터 시작되며, 그래서 부활의 결과로서 예수의 지상권(supremacy)을 선언할 때 신자는 그저 하나님께서 먼저 하신 행동에 동의할 뿐이다. 예수는 신자가 도마를 좇아 "나의 주님이시요 나의 하나님이시니이다"(요 20:28)라고 선언할 때 주님이 되시는 게 아니다. 예수의 주님되심은 그 사실에 대한 어떤 개인의 인식과 별개이자 그 인식에 선행(先行)하는 보편적 사실이다. 신자가 이렇게 예수가 주님이심을 선언하는 것은 사적인 행위가 아니라 공적인 고백으로서, 대개는 증인들 앞에서 세례 받을 때 이뤄진다(이 전통은 사도행전 8:37의 2차 사본 자료에 드러나 있다. — KJV를 보라).

가장 초기의 기독론적 고백 두 가지는 "예수는 그리스도/메시아시다"(행 18:5, 28; 참조. 2:36; 9:22; 17:3)와 "예수는 주님이시다"(롬 10:9; 고전 12:3; 참조. 빌 2:11)이다. 이 두 가지가 골로새서 2:6에서 결합하여 "너희가 그리스도 예수를 주로 받았으니"라는 말씀이 된다.

성령께서 깨우쳐 주신 결과로 신자가 회심 때나 세례 때 "예수는 주님"이시라고 선언하면(고전 12:3), 이는

- 그리스도의 신성을 인정하는 것이고(요 20:28; 빌 2:6, 9-11),
- 부활하신 예수는 우주(골 1:15-16)와 교회에서(엡 1:22), 유대인과 이방인 모두에게(행 10:36; 롬 10:12), 그리고 개별 신자들에게(롬 14:8) 절대적으로 지존하신 분이라 선언하는 것이며,
- 만인이 주님께 자기 행동을 설명할 책임이 있음을 단언하는 것이고(고전 4:5; 딤후 4:1, 8),
- 주인의 노예로서 기꺼이 섬기겠다고 맹세하는 것이다(고전 7:22; 고후 4:5; 약 1:1). 2부 1장을 보라.

9. 영적 빚 갚기 (롬 15:26-27)

동료 신자에게 진 영적 빚은 어떻게 갚을 수 있을까? 그 사람이 내가 믿음을 가질 수 있게 하려고 하나님께서 쓰신 사람이든, 나를 격려해 주는 성경공부 반 교사이든, 영적 멘토이든, 목사나 사제이든 말이다.

주후 52-57년부터 바울은 상당한 시간과 힘을 쏟아서 예루살렘의 특별한 필요를 위해 이방인 교회들에게서 연보를 모았다. 로마서 15:26에서 바울은 이 선물을 받게 될 사람들을 가리켜 "예루살렘 성도 중 가난한 자들"이라고 한다. 예루살렘 신자들이 스스로 "(심령이) 가난한 사람"이라고 했을 가능성이 있으며(마 5:3; 참조. 갈 2:10), 26절은 "가난한 자들, 즉 예루살렘의 성도들", 규정하는 소유격(defining genitive)인 '톤 하기온'(tōn hagiōn, "성도")을 의미할 수도 있다. 그러나 좀 더 가능성이 높은 해석은, 이 소유격이 부분을 나타내는 소유격으로서, 전체의 일부를 구체적으로 명시한다는 것, 즉 "예루살렘 성도 중 가난한 자들"이라는

것이다(그래서 대다수 영어 성경이 이 해석을 따른다). “가난한 자들”은 단순히 사회학적 용어로, 재정적으로 가난하거나 경제 형편이 안 좋아진 사람들을 가리킨다.

이들의 빈곤이 지속된 데에는 몇 가지 요인이 있다. 첫째, 예루살렘의 유대인들 중 기독교로 회심한 뒤 사회적으로나 경제적으로 따돌림당한 이들이 많았을 것이다. 둘째, 인구과잉 때문에 팔레스타인 지역은 줄곧 식량 부족에 시달렸고, 이는 글라우디오 황제 시대인 주후 46년 기근에서 절정을 이루었다(행 11:27-30). 셋째, 기독교 세계의 모(母) 교회로서 예루살렘 교회는 그에 걸맞게 수가 많았던 교사들의 생계를 지원해야 했고 이 거룩한 도성을 찾아오는 그리스도인 방문객들을 따뜻이 대접할 의무도 있었을 것이다. 마지막으로, 팔레스타인의 유대인들은 (유대인으로서) 종교세도 내야 하고 (로마에) 공민으로서의 세금도 내야 해서 감당할 수 없을 만큼 이중 과세에 시달렸다. 아마 전체 수입의 30-40퍼센트를 세금으로 냈을 것이다. 하지만 교회 안의 가난한 예루살렘 사람들뿐만 아니라 유대 지역의 다른 곤궁한 신자들까지 징세(徵稅) 대상이었을 것이다(고후 9:13의 “모든 사람을”이라는 말에 주목하라).

바울이 연보를 모을 때 어떤 사람들이 돈을 냈는가? 사도행전 20:4을 보면, 모금한 돈을 전달하려고 바울이 마지막으로 예루살렘에 갈 때 몇몇 이방 교회 대표들이 동행한 것을 알 수 있다. 이들은 로마 속주 마게도냐, 갈라디아, 아시아(그리고 아가야, 롬 15:26)의 대표들이다.

바울이 여러 곳을 돌아다니며 그토록 많은 시간을 들여 이렇게 체계적으로 연보를 모으는 데 힘쓰게 된 이유가 있다. 첫째, 바울은 헌금을 형제 사랑 행위로 보았고(롬 12:13; 13:8; 갈 6:10), 그리스도의 몸의 지체들이 상호 의존하는 관계가 이런 헌금으로 눈에 보이게 표현된다고 보았으며(고전 12:25-26), 이것이 그리스도께 영광이 되고(고후 8:19) 생활에 필요한 것을 균등하게 소유하도록 하는 데 도움이 된다고 보았다(고후 8:13-15). 둘째, 연보 모으기는 그리스도 안에서 유대인과 이방인이 이루는 연합(엡 2:11-22)을 효과적으로 상징했고, 어쩌면 바울의 이방인 선교를 여전히 의혹의 시선으로 바라보는 유대인 그리스도인들(행 11:2-3을 보라)의 마음을 얻기 위한 것이었을 수도 있다. 셋째, 이 연보는 이방인 신자들이 예루살렘 교회에 영적 빚을 지고 있다는 점(롬 15:19, 27; 참조. 고전 9:11)을 물질적 관점에서 극화(劇化)해서 보여 주었다. 넷째, 이 연보는 가난한 자들을 계속 기억하겠다고 바울이 예루살렘 교회의 "기둥들"인 야고보와 게바와 요한에게 한 약속(갈 2:9-10)이 이행되었음을 보여 주는 가시적 증표였고, 어쩌면 바울이 예루살렘 성도들을 박해하는 데 집착했던 과거(행 8:3; 9:1; 26:10-11; 고전 15:9; 갈 1:13; 딤전 1:13)를 부분적으로나마 보상하는 길이었을 수도 있다. 마지막으로, 바울은 로마 방문 후 서쪽으로 방향을 돌릴 계획이었으므로(롬 15:24, 28) 이 연보 모으기는 지중해 동부 지역에 딱 어울리는 바울 사역의 절정이었다.

연보 모으기는 성공이었는가? 바울은 이 기획의 결과에 관해 좀 염려가 있었다. "유대의 불신자들로부터 내가 안전할 수 있기를, 그리고 내가 예루살렘으로 가지고 가는 기부금을 그곳에 있는 주의 백성들이 호의적으로 받아들일 수 있기를 위해서 기도해 달라"라고 바울이 로마의 그리스도인들에게 요청한 것(롬 15:31)을 보면 알 수 있다. 바울의 염려는, 만약 이번 방문 중에 유대인 불신자들에게 자신의 목숨이 위협당할 경우 예루살렘의 그리스도인들이 어쩔 수 없이 연보 받기를 거절할지도 모른다는 것이었다. 그 돈을 받았다가는 또다시 박해의 물결이 일어날 수도 있고 동료 유대인들을 그리스도께로 인도하려는 그간의 노력이 위태로워질 수도 있었기 때문이다. 하지만 사도행전 21:17에서는 연보를 가지고 예루살렘으로 간 대표단이 따뜻이 환영받았으며 연보 자체도 감사히 받아들여졌음을 암시한다. "예루살렘에 이르니 형제들이 우리를 기꺼이 영접하거늘." 실제로 바울은 자신의 사역을 통해 하나님께서 이방인들 사이에서 어떤 일을 하셨는지 상세히 보고했고, 이 보고에는 연보와 관련된 "섬기는 일"(롬 15:31)도 언급되었을 것이며, 이 이야기를 듣고 나서 야고보를 비롯해 모든 장로들은 "하나님께 영광을 돌"렸다(행 21:18-20상).

바울이 "가난한 자들을 위해 연보를 모았다"는 것은 우리의 처음 질문에 대한 답변을 암시한다. 동료 신자에게 진 영적 빚은 어떻게 갚을 수 있을까? 도움을 받아야 할 사람들이 특별히 어떤 실제적 곤궁을 지속적으로 겪고 있는지 판단하고, 이어서 그 곤궁함을 채워 줄 계획을 창의성 있게, 열의를 가지고, 끈질기게 세우되, 도움을 베푸는 일에 주변 사람들도 가능하면 참여시키라.

고린도전서

10. 주 안에서 자랑하기 (고전 1:31; 고후 10:17)

이 두 구절에서 바울은 칠십인역 성경의 예레미야 9:23(영어 성경으로는 9:24)에 바탕을 둔 한 문구를 인용한다. "그러나 그보다, 자랑하는 사람은 이것에 대해 자랑하게 할지니, 내가 이 땅에 자비, 심판, 의를 행하는 여호와(Lord)임을 깨닫고 아는 것이라, 내 기쁨이 이런 일에 있도다, 여호와의 말씀이니."

바울은 칠십인역 성경의 이 본문을 각색하면서 22절(영어 성경 23절)을 염두에 둔 "그러나 그보다"(But rather)라는 말을 생략했다. "여호와께서 이와 같이 말씀하시되 지혜로운 자는 그의 지혜를 자랑하지 말라 용사는 그의 용맹을 자랑하지 말라 부자는 그의 부함을 자랑하지 말라"(22절). 또한 "이것에 대해" 대신 "주 안에서"라는 말을 써 넣었으며, 이는 여호와의 성품("나 여호와는 … 기뻐하노라")과 행위("사랑과 정의와 공의를 … 행하는 자")에 관해 23절(영어 성경 24절)에서 이어지는 내용을 적절히 요약한다.

그래서 "자랑하는 자는 주 안에서 자랑하라"(고전 1:31; 고후 10:17)라는 바울의 말 이면에서는 부적절한 자랑과 적절한 자랑이 대조되고 있다. 사람의 자질이나 성취 혹은 우월함이 마치 자기 자신에게서 생겨나는 양 자랑한다면 이는 하나님의 영광을 찬탈하는 것이요 하나님께 의지하기를 거부하는 것이다. 하지만 하나님이 어떤 분이시며, 그분이 어떤 일을 하시는지 혹은 하셨는지 자랑하는 것은 전적으로 적절하다. "하나님을 자랑으로 여기기"는 구약성경과 신약성경의 신앙의 핵심에 있다. 그래서 바울이 말한 "주 안에서"를 구약성경을 배경으로 이해하면, 이 표현은 여호와(Lord)의 성품과 행위를 간략하게 기록한 것이라 생각할 수 있다. 문법적인 면에서 "안에서"(in)라는 전치사는 자랑의 대상을 구체적으로 명시한다. "자랑하는 자는 여호와를 자랑의 대상으로 삼으라"라는 것이다.

고린도전서 1:31에서 "자랑하는 자는 주 안에서 자랑하라"라는 말은 인간의 지혜, 권력, 집안, 힘을 교만하게 자랑하는 행위(고전 1:26-29)를 하지 못하게 하는 역할을 한다. 이에 비해 고린도후서 10:17에서 "자랑하는 자는 주 안에서 자랑할지니라"라는 말의 역할은, 하나님께서 정하신 다른 누군가의 활동 영역에서 다른 사람이 성공적으로 사역을 이행한 것에 관해 부적절하게 자랑하지 못하게 하는 것이다(고후 10:12-18).

그런데 바울이 수정 인용하는 말에서 "주"(Lord)는 누구인가? 하나님인가, 그리스도인가? 여기서 "주"가 그리스도를 가리킨다고 믿지 않을 수 없는 이유가 몇 가지 있다.

1. '그리스도 안에서 자랑하기'라는 개념은 바울의 다른 글에서도 찾아볼 수 있다. "그리스도 예수로 자랑하…는 우리가 곧 할례파라"(빌 3:3); "내가 그리스도 예수 안에서 하나님의 일에 대하여 자랑하는 것이 있거니와 … 그리스도께서 … 나를 통하여 역사하신 것"(롬 15:17-18); "내게

는 우리 주 예수 그리스도의 십자가 외에 결코 자랑할 것이 없으니"(갈 6:14); "내가 다시 너희와 같이 있음으로 그리스도 예수 안에서 너희 자랑이 나로 말미암아 풍성하게 하려 함이라"(빌 1:26).

2. 고린도전서 1:31에서, '주 안에서 자랑하기'는 신자들의 참된 지혜로서 그리스도께서 성취하신 "의로움과 거룩함과 구원함"이라는 구원의 일을 자랑한다(고전 1:30).

3. 바울 서신에서 "주 안에서"(엔 퀴리오en kyriō)라는 전치사구는 보통 그리스도를 가리킨다(약 28회).

4. 바울은 때로 여호와를 가리키는 구약성경의 구절을 그리스도에게 적용한다(예를 들어, 사 28:16이 롬 9:33; 10:11에 적용되고, 사 45:23이 빌 2:10-11에 적용되며, 욜 2:32이 롬 10:12-13에, 시 68:18이 엡 4:8에 적용된다).

이렇게 바울이 보기에 어떤 자랑이 합당한 자랑이려면 주님이 누구신지, 혹은 그분이 어떤 일을 이루셨는지에 관한 자랑이어야 한다. 자기 과시나 자화자찬은 "주님에 관한 자랑"과 반대되는 것으로서, 이런 자랑을 하는 사람은 하나님의 인정을 받을 자격이 없다. "옳다 인정함을 받는 자는 자기를 칭찬하는 자가 아니요 오직 주께서 칭찬하시는 자니라"(고후 10:18). 살아 있는 동안은 물론 죽은 후 그리스도의 법정에서 인정을 받는 것이 바울의 목표였다(고후 5:9). 2부 25장을 보라.

11. 본받음으로써 이루는 성화 (고전 4:16)

1897년, 찰스 셸던(Charles Sheldon)은 베스트셀러 『예수라면 어떻게 하실까』(*In His Steps*)를 펴냈다. 이 책은 교인들이 목사의 권면을 좇아 무엇이든 중요한 결정을 내릴 때마다 먼저 "예수라면 어떻게 하실까?"라고 물음으로써 교회를 개혁한 이야기다. 그런데 어떤 특정한 상황에서 하나님의 인도를 분별하고자 할 때 "예수라면 어떻게 하실까?"라고 묻는 게 과연 적절할까? 예수께서 처하셨던 상황과 우리의 상황이 크게 다르고 그분이 가졌던 자원과 우리의 자원도 다른데 말이다.

바울이 말하다시피, 하나님께서 사랑하시는 자들의 궁극적 운명은 그 아들의 형상을 본받는 것이다(롬 8:29). 요한의 표현을 빌리자면, 우리는 그리스도와 "같을" 것이다. 우리가 "그의 참모습 그대로 볼 것이기 때문"이다(요일 3:2). 우리가 그리스도를 보면 그리스도를 닮은 모습이 생겨난다. 이렇게 그리스도의 형상을 닮는 것, 이렇게 그리스도처럼 되는 것을 가리켜 우리는 '그리스도화하기'(Christification)라고 말할 수 있다. 현재 신자들은 "늘 커져 가는 영광으로" 그리스도의 형상으로 변화되어 가고 있으며(고후 3:18), 그래서 이 '그리스도화'는 진행 중인 과정이기도 하고 궁극적 완성이기도 하다. 그렇다면, 장차 있을 신자의 몸의 부활은 '그리스도화'가 가속화하여 완료되는 것으로 볼 수 있고, 성화는 점진적 '그리스도화'로 볼 수 있다.

'그리스도를 본받기'는 '그리스도처럼 되기'가 발생하는 한 가지 방식이다. 때로 이 본받기는 직접적이어서, 부당한 고난을 참을성 있게 견디시고, 보복하기를 거부하시며, 자기 자신과 자신의 뜻을 하나님께 맡기신 그리스도의 모범을 따르라는 부름이 수반된다(벧전 2:21-23).

바울의 편지에서는 이 본받기가 대개 간접적이다. "내가 그리스도를 본받는 자가 된 것같이 너희는 나를 본받는 자가 되라"(고전 11:1), 혹은 "내가 그리스도의 모범을 따르므로 (너희는) 내 모범을 따르라." 신약성경에서 세 구절(히 6:12; 13:7; 요삼 11절)을 제외하면, "본받는 자이다, 혹은 본받는 자가 되다"(미메테스 기네스다이mimētēs ginesthai)라는 표현이나 "본받다"(미메이스다이mimeisthai)라는 동사가 모두 바울 서신에서 쓰인다. 바울은 '제자'(마데테스mathētēs)라는 명사나 '따르다'(아콜루데인akolouthein)라는 동사를 한 번도 쓰지 않는데, 이 두 가지 말 모두 복음서에서는 "그리스도처럼 되는" 과정을 나타내는 말로 흔히 쓰인다.

바울은 자신이 그리스도를 본받는 모습이 비록 불완전하기는 해도, 자신이 회심시킨 사람들로서는 예수의 역사적 삶에 다가가는 것보다 바울 자신을 본받는 게 좀 더 수월하다는 것을 깨달았다(지금 우리에게는 사복음서가 있지만 이들에게는 없었다!). 그래서 이 회심자들의 본받기는 중간에서 매개된 본받기였고, 그래서 제한적이었다. "내가 그리스도를 본받는 자가 된 것같이 너희는 나를 본받는 자가 되라"라는 말에는 "내가 그리스도를 본받는 만큼"이라는 의미가 함축되어 있다. 그리스도를 본받기에서의 이런 간접성은 바울이 자신을 모형으로 제시하며 따르라고 하는 데서 찾아볼 수 있으며(고전 11:1; 빌 3:17; 4:9; 살전 1:6), 바울이 이렇게 할 수 있는 것은 그 자신이 그리스도를 모범으로 해서 살기 때문이다. "그리스도 안에서 일만 스승이 있으되 아버지는 많지 아니하니 그리스도 예수 안에서 내가 복음으로써 너희를 낳았음이라 그러므로 내가 너희에게 권하노니 너희는 나를 본받는 자가 되라"(고전 4:15-16).

그리스도를 본받으라는, 혹은 그리스도를 따르는 자로서의 바울을 본받으라는 부름에 더하여, 그리스도인의 특정 덕목을 본받으라는 명령이 주어질 때가 있다. 특히 다른 신자들에게서 그 덕목이 소중히 여겨지고 있는 경우에 말이다. 그래서 히브리서 수신인들은 "믿음과 오래 참음으로 말미암아 약속들을 기업으로 받는 자들을 본받"으라는 권면을 받고(히 6:12), "하나님의 말씀을 너희에게 일러 주고 너희를 인도하던 자들을 생각하며 그들의 행실의 결말을 주의하여 보고 그들의 믿음을 본받으라"(히 13:7)라는 조언을 받는다. 좀 더 평범하게 말하자면, 요한삼서의 수신인 가이오는 "악한 것을 본받지 말고 선한 것을 본받으라"(요삼 11절)라는 가르침을 받으며, 바울은 빌립보 교인들에게 "너희는 내게 배우고 받고 듣고 본 바를 행하라"(빌 4:9; 참조. 딤후 3:10-11)라고 훈계할 수 있었다. 또한 바울은 재정적으로 남에게 의지하지 않으려고 자신이 밤낮 애써 일한 것을 근거로 데살로니가 교인들에게 자신을 본받으라고 말할 수 있었다(살후 3:7-9).

바울은 수신인들과 친분이 없을 때만 직접적으로 하나님을 본받으라고 권면했다. "그러므로 사랑을 받는 자녀같이 너희는 하나님을 본받는 자가 되고 그리스도께서 너희를 사랑하신 것같이 너희도 사랑 가운데서 행하라 그는 우리를 위하여 자신을 버리사 향기로운 제물과 희생제물로 하나님께 드리셨느니라"(엡 5:1). 에베소서는 아마 회람용 서신으로서, 에베소 교회에서 보낸 사본이 바울이 한 번도 방문하지 않은 오지(奧地)의 여러 교회들에 전달되었을 것이다.

신약성경의 증거를 보면, 직접적으로든 아니면 몇몇 그리스도인 지도자들을 통해 간접적으로든, 그리스도를 본받는 것이 성령의 다스림을 받으며 살고(롬 8:4; 갈 5:16), 주 예수 그리스도로 옷 입고(롬 13:14), 그리스도의 메시지가 마음에 거하게 만들기(골 3:16)와 같은 다른 측면들과 함께 그리스도인의 삶을 살아가는 데 중요한 요소라고 결론 내리게 된다.

12. 성적인 죄는 특별한가? (고전 6:18)

성적인 죄는 여느 죄와 다를 게 없고, 그래서 예를 들어 도둑질이나 거짓말보다 더 심각하지 않다고 하는 말을 이따금 듣게 된다. 죄는 모두 하나님을 거스르는 것이고 모든 죄는 다 심각하며, 그래서 어떤 특정한 죄를 다른 죄와 구별해서는 안 된다(는 것이다).

하지만 사도 바울은 이에 동의하지 않는다.

고린도전서 6:12-20에서 바울은 매춘부를 찾아다녀도 된다고 믿는 듯한 고린도의 일부 자유사상가들에게 반대 의견을 펼친다. 이들의 주장인즉 사람의 몸은 원래 성적 쾌락을 즐기게 되어 있으며, "내가 내 몸을 가지고 무엇을 원하든 나는 그 행동을 할 권리가 있다"라는 것이다(12절을 보라). 이런 주장에 대한 바울의 주된 답변은 "성적 부도덕을 피하는 습관을 들이라"는 것(18상절), 그리고 "너희 몸으로 하나님께 영광을 돌리라"는 것(20하절)이다.

사도 바울은 성적 부도덕이라면 그게 어떤 유형이든 단호히 거절해야 할 이유 몇 가지를 제시한다.

- 그리스도인의 몸은 그리스도의 지체들(=팔다리와 기관器官)이다(15절).
- 매춘부와 하나가 되는 것은 주님과 한 몸이 되는 것과 어울리지 않는다(16-17절).
- 성적 부도덕은 자기 몸에 저지르는 죄이다(18절).
- 그리스도인의 몸은 성령께서 거하시는 성소다(19상절).
- 그리스도인은 엄청난 값을 주고 산 사람들이며, 따라서 그리스도인은 스스로의 주인이 아니다(19하-20상절).

- 결론적으로, 그리스도인은 자기 몸을 쓰는 방식으로 자신의 새 주인이신 하나님께 영광을 돌릴 의무가 있다(20하절).

그런데 성적인 죄는 어떤 면에서 다른 모든 죄와 구별되는가? 다른 모든 죄는 "몸 밖에" 있다(고전 6:18). 다른 모든 죄는 사람의 몸과 영혼, 즉 전인(全人)과 연관되지 않는 반면 성적인 죄는 독특하게 전인이 관련된다.

술 취함, 탐식, 약물 남용 같은 죄는 확실히 몸 안팎에 영향을 끼친다. 하지만 성적인 죄가 사람의 전인격에 남기는 얼룩은 깊고도 영원하다. 이 죄는 성적인 관계에 대한 하나님의 의도를 거부하는 것이기 때문이다. 즉, 성적인 죄는 다른 모든 범죄에 비해 사람의 성품에 더 직접적이고 심각하게 해로운 영향을 끼치며, 이 죄가 남기는 결과는 돌이킬 수 없을 만큼 피해가 크다. 바울은 성적인 죄(그리고 결혼)를 신체 기관만 관계되는 외적인 몸의 만남 그 이상으로 보았다. 이는 몸과 영혼 모두가 연관되는 안팎의 결합이자 하나 됨이요, 두 사람이 육체적인 차원과 영적인 차원 모두에서 나누는 상호 의사소통이다. 매춘부와 결합하는 것은 단순히 매춘부와 "한 몸" 혹은 "한 육체"가 되는 것(16절)이 아니라, 어떤 실제적 의미에서 그 여인과 "한 영혼"이 되는 것이다(17절을 보라).

배우자 아닌 다른 사람과의 성적인 결합은(엡 5:22-23을 보라) "자기 몸에 죄를 범하"는 것이다(18하절). 이는 앞에서 언급한 자기 파괴적 결과 때문이기도 하고, 이 죄가 앞서 신자가 주님과 영으로 맺은 연합을 범하는 것이라는 의미에서도 그렇다(17절). 성적인 죄는 결국 그리스도의 몸을 이루는 부분들(15절) 혹은 그리스도의 소유(19하절)를 그리스도에게서 앗아 가고 그 몸에 불법적이고 부도덕한 경쟁자(15절)를 주는 것이다. "성적인 죄는 꿈도 꾸지 말라!"라고 바울은 말한다.

13. 이혼과 재혼 (고전 7:15)

이혼과 재혼이라는 이 유쾌하지 못한 주제를 어떤 식으로든 논의하기 위한 적절한 출발점은, 결혼이란 하나님께서 제정하신 제도로서, 육체적 교통으로 인(印)을 찍는, 한 남자와 한 여자 사이의 평생 배타적이고 상호적인 헌신이 수반된다고 보는 기독교의 결혼관이다.

신약성경에는 이 주제와 관련된 주요 구절이 세 군데 있다.

첫 번째는 마태복음 5:32로서, 이 구절의 주된 요점은 "성적 부도덕"(포르네이아porneia, 여기서는 "간음")으로 인한 이혼은 허용된다는 게 아니라 다른 어떤 이유로는 이혼이 허용될 수 없다는 것이다. "나는 너희에게 이르노니 누구든지 성적 부도덕 행위 없이 아내와 이혼하면 이는 아내로 간음하게 함이요"(이 여인이 재혼할 경우를 말한다. 허용될 수 없는 이유로 이혼당한 것일 테니 말이다). 여기서 남편의 재혼 문제는 제기되지 않는다.

두 번째는 마태복음 19:9로서, 여기서 그리스도께서는 "성적 부도덕"(포르네이아, "간음")으로 인한 이혼은 정당하다고 인정하시지만 그렇다고 해서 이혼을 강제하시지는 않는다. 이혼은 "너희 마음의 완악함" 때문에 용인된다(8절). 진정한 회개의 증거를 보인다는 조건으로, 용서하고 부부 사이를 회복하는 편을 택하는 게 더 좋다(1부 13장을 보라). "내가 너희에게 말하노니 누구든지 성적 부도덕 행위 없이 아내와 이혼하고 다른 여자와 결혼하는 자는 간음함이니라." 이 말씀에서 우리가 정당한 추론을 해 낼 수 있다는 데에 대다수 사람들이 동의한다. 즉, 간음을 이유로 아내와 이혼하는 남자는 재혼해도 간음을 범하는 게 아니라고 말이다.

이 '예외 조항'을 마태복음에서만 볼 수 있고 마가복음(10:2-12)과 누가복음(16:18)에서는 볼 수 없는 이유는 다음과 같다. (1) 마가와 누가는 예수의 가르침의 본질(즉, 결혼의 신성함 및 예수께서 이혼은 권장하지 않으신다는 점)에 초점을 맞추고 있다. (2) 간음은 로마, 그리스, 유대 세계에서 이혼의 합법적 이유로 여겨졌다.

여기까지 생각하다 보면 고린도전서 7:15을 떠올리게 된다. 고린도전서 7:12-16에서 바울은 "나머지 사람들"의 결혼 상태를 말하고 있는데(12절), 이들은 결혼한 뒤 혼자 믿음을 갖게 된 결과 '신자와 불신자의 결혼' 상태에 있게 된 신자들을 말한다. 바울은 이 특수한 상황(참조. 10상절, 12상절)에 관해 그리스도께서 어떤 명확한 말씀을 주시지 않았다는 것을 알고 있으며, 그래서 성령의 인도를 받는 사람으로서 자기 나름으로 판단해서 말한다(40절). 믿지 않는 배우자가 믿는 배우자와 같이 살고 싶어 할 경우, 믿는 배우자 쪽에서 이혼을 주도해서는 안 된다(12-14절). 반면, 비그리스도인 배우자가 앞장서서 헤어지고자 할 경우(아마도 신앙적으로 서로 맞지 않는다는 이유로), 그리스도인 배우자는 "이런 일에 구애될 것이 없다(우 데둘로타이ou dedoulōtai). 하나님은 우리를 화평하게 살라고 부르셨기 때문이다. 아내 된 자여, 네가 남편을 구원할는지 어떻게 알겠는가? 남편 된 자여, 네가 네 아내를 구원할는지 어떻게 알겠는가?"(15-16절).

어떤 주석가들은 "구애될 것이 없다"라는 말 앞에 "그리스도께서 이혼을 금지하신 것에", 혹은 "재혼을 삼가기 위해"라는 말을 보충했으며, '바울식의 허용', 즉 바울이 이혼과 그 뒤에 이어지는 재혼의 추가적 근거로서 안 믿는 배우자에게 버림받는 경우를 제시하는 것에 대해 말한다. 하지만 본문의 직접적 맥락으로 보면, "지속적으로 화해를 모색하기 위해" 같은 문구를 "구애될 것이 없다"라는 말 앞에 추가해서 이해하는 게 좋다. 앞 문장에서는 믿지 않는 배우자의 선택에 묵묵히 동의

할 것을 권하고("믿지 않는 배우자가 떠나가면, 떠나가게 하라"), 이어지는 문장에서는 이 상황에서 신자가 왜 계속 화해하려 애쓸 의무감을 가질 필요가 없는지 그 이유를 제시하기 때문이다. 즉, "하나님은 우리를 화평하게 살라고 부르셨"지 말다툼하라고 부르시지는 않았다.

실제로, 고린도전서 7장에서 재혼 문제가 명시적으로 제기되는 곳은 재혼을 금지한다는 11절("만일 갈라섰으면 그대로 지내든지 다시 그 남편과 화합하든지 하라")과, 재혼을 허용한다는 39절("아내는 … 남편이 죽으면 자유로워 자기 뜻대로 시집 갈 것이나 주 안에서만 할 것이니라")뿐이다.

14. 기독교화된 쉐마 (고전 8:6)

고린도전서 7-16장에는 아마도 고린도 교회의 세 대표 스데바나, 브드나도, 아가이고(고전 16:17)가 전달했을 편지에서 고린도 교인들이 제기한 의문에 대한 바울의 답변이 담겨 있다. 각 답변은 "~에 관하여는"(페리 데peri de, 7:1, 25; 8:1; 12:1; 16:1, 12)이라는 말로 시작한다.

"우상에게 제물로 바쳤던 음식"을 먹는 게 합당한지에 관한 고린도 교인들의 질문을 다루면서(8:1) 바울은 8:4-6에서 우상의 비실제성 및 이른바 신들과 주(主)들의 복수성(數多性)을 하나님과 예수 그리스도의 실제성 및 단일성과 대조하는데, 이는 우상에게 제물로 바쳤던 음식이 비록 더럽혀지지는 않았더라도(참조. 고전 10:25-26) 그 음식을 먹는 게 그리스도인 형제자매의 연약한 양심에 상처를 입힌다면 먹지 말아야 함을 알려 주려는 생각에서였다(8:7-13). 유대인들의 기본 신앙고백인 쉐마 첫 부분을 보면 "이스라엘아 들으라 우리 하나님 여호와는 오직 유일한 여호와이시니"(LXX, 퀴리오스 호 테오스 헤몬 퀴리오스 헤이스 에스틴 kyrios ho theos hēmōn kyrios heis estin, 신 6:4)라고 되어 있다. 바울은 고린도 교인들의 편지에서 한 구절을 인용하면서 이 기본적인 확언에서 이들의 생각에 동의한다. "우리가 … 하나님은 한 분밖에 없는 줄 아노라."

바울은 계속해서 고린도전서 8:6에서는 이위일체(binitarian) 형식으로 "한 하나님 곧 아버지 … 한 주 예수 그리스도"를 두드러지게 함으로써 쉐마를 재진술한다.

> 한 하나님 곧 아버지가 계시니
> 만물이 그에게서 났고
> 우리도 그를 위하여 있고 또한
> 한 주 예수 그리스도께서 계시니
> 만물이 그로 말미암고
> 우리도 그로 말미암아 있느니라

이는 바울이 생각하기에 "아버지"+"예수 그리스도"="한 하나님"임을 나타낸다. 즉, 바울은 "한 주"(one Lord)를 쉐마에 덧붙여진 존재가 아니라 기독교화된 쉐마를 구성하는 한 부분으로 여겼다. 그래서 바울이 '그리스도 사건'으로 제기된 신학적 문제에 제시하는 해법은, "한 하나님"이라는 표현을 아버지에게만 쓰고(참조. 엡 4:6, "하나님도 한 분이시니 곧 만유의 아버지시라") 예수에게는 절대 쓰지 않는 것인 듯하다. '하나님'(데오스theos)은 이따금 예수에 대해서도 쓰일 수 있지만(롬 9:5; 딛 2:13), '주'가 아버지에게도 흔히 적용되는 데 비해(예를 들어, 롬 11:34) "한 주"라는 표현은 예수에게만 독점적으로 쓰일 뿐(엡 4:5) 아버지에게는 절대 쓰이지 않는다.

1. 존재의 단수성	한 하나님	한 주
2. 누구로 서술되는가 (~와 동격인가)	아버지	예수 그리스도
3. "만물"과의 관계	"그에게서"	"그로 말미암고"
4. "우리"와의 관계	"그를 위하여"	"그로 말미암아"

서너 가지 범주와 관련해 말하자면, 창조와 구속, 자연과 은혜, 우주론과 구원론 영역에서 하나님과 그리스도 두 위격 모두 일하시지만, 이 영역들에서 이 위격들의 역할은 구별된다. 성부는 창조의 기원, 근원, 또는 원천이시고("그에게서"), 그리스도인의 존재의 목적이자 목표이시며("그를 위하여", 에이스 아우톤eis auton), 그래서 그리스도인은 성부를 섬기기 위해 산다/존재한다. 반면 성자는 창조 세상에서 성부 하나님의 매개자이며("그로 말미암고", 디 후di' hou), 그리스도인이 존재를 유지하는 일에서 하나님의 대리자다("그로 말미암아", 디 아우투di' autou). 전치사 '디아'(dia)가 각각 그리스도와 관련해 쓰이는 것은 그분께서 성부 하나님을 위해 중간 대리자로 행동하심을 가리킨다. 더 나아가서, 그리스도께서 "만물"과 관련해 대리자로 행동하신다는 것은 그분이 창조보다 전에 존재하셨음을, 따라서 시간이 존재하기 전부터 계셨음을 암시한다(참조. 롬 8:3; 고후 8:9; 갈 4:4; 빌 2:6).

15. 살아나사 — 다시 죽지 않으심 (고전 15:4)

동사형 '에게게르타이'(egēgertai)가 대단히 흥미로운 이유는, 이 표현이 신약성경에서 아홉 번 쓰였는데 그중 일곱 번이 고린도전서 15장 단 한 장에 등장하기 때문이다. 형식 면에서 이 단어는 "되살리다"라는 뜻의 동사 '에게이로'(egeirō)의 완료형 수동태이며, 그래서 "그[예수]가 되살려져 왔다"(he[Jesus] has been raised)라는 뜻이 된다. 완료 시제이기 때문에 이는 과거의 행위("그가 살아났다" 혹은 "그가 되살려졌다he was raised")를 가리키지만, 현재 및 그 과거 행위가 낳은 지속적 결과, 즉 "그가 살아나셨다"는 사실에 우리의 관심을 집중시킨다.

신약성경에서 '에게게르타이'는 고린도전서 아닌 다른 곳에 두 번 쓰였는데, 그중 한 구절에서 예수께서는 "여자가 낳은 자 중에 세례 요한보다 큰 이가 일어남이 없도다(우크 에게게르타이ouk egēgertai)"(마 11:11)라고 엄숙히 단언하신다. 나머지 한 구절은 마가복음 6:14인데, 이 구절에서는 기적을 행하는 예수의 능력을 설명하기 위해 일부 사람들이 "세례 요한이 죽은 자 가운데서 살아났도다(에게게르타이)"라고 한다고 기록한다.

하지만 신약성경에서 대다수의 '에게게르타이'를 찾아볼 수 있는 곳은 바울의 '부활 장'(고전 15장)이다. 바울은 그리스도께서 죽음에서 일어나셨다는 과거의 사실을 전적으로 확신했으며(무엇보다, 부활하신 예수께서 바울에게 직접 나타나셨다. — 고전 15:8), 또한 그는 이렇게 완료 시제를 써서 이 역사적 사건이 영속적 결과를 낳았다는 것을 강조하려고 한다. 예수는 죽으셨지만, 이제 더는 죽은 상태가 아니다. 그분은 장사되셨지만, 이제 더는 무덤에 계시지 않다. 그분은 살아 계시며, 언제까지나 여전히 살아 계실 것이다. 바울이 다른 곳에서 말하다시피, 우리는 "그리스도께서 죽은 자 가운데서 살아나셨으매 다시 죽지 아니하시고 사망이 다시 그를 주장하지 못할 줄을" 알고 있다(롬 6:9). 나사로도 죽음에서 살아났다고 말할 수 있지만, 이는 그가 살아나서 다시 죽지 않았다는 뜻이 아니다. 실제로 요한복음 12:10은 예수께서 나사로를 소생시키신 직후 "대제사장들이 나사로까지 죽이려고 모의"했다고 기록한다.

바울이 고린도전서 15장에서 '에게게르타이'를 처음 쓸 때 "사흘 만에"(4절)라는 말을 덧붙인다는 점에서 흥미로운 번역 문제가 발생한다. 영어로는 "그가 세 번째 날에 다시 살아나 있었다"(he has been raised on the third day), 혹은 "그가 세 번째 날에 다시 살아난다"(he is risen on the third day)라고 말할 수 없고, 다만 "그가 세 번째 날에 다시 살아났다"(he was raised on the third day)라고만 할 수 있다(그래서 대다수 영어 성경이 그렇게 번역한다). 여기서 완료 시제의 의미를 제대로 전달하고자 한다면, "그가 세 번째 날에 다시 살아났고 — 여전히 살아 있는 상태이다"라는 식으로 바꿔서 설명하는 수밖에 다른 도리가 없다. 결국 "[나는] 곧 살아 있는 자라 내가 전에 죽었었노라 볼지어다 이제 세세토록 살아 있어 사망과 음부의 열쇠를 가졌노니"(계 1:18)라고 말씀하신 분은 부활하신 예수 자신이었다.

이미 예수께 참인 사실은 그분의 백성에게도 적용될 것이다. 신자들은 "썩지 아니할 것으로 다시 살아나"게 정해져 있다(고전 15:52). 즉, 죽음에서 다시 살아날 때 이들은 하나님의 영원한 생명을 함께 나누게 될 것이기에 부패와 사망의 참화에서 영원히 자유로울 것이다. 2부 20장을 보라.

16. "첫 열매"로서의 그리스도 (고전 15:20, 23)

구약성경에서 첫 열매는 매년 생산되는 곡물 · 포도주 · 기름 · 양모의 만물로서, 하나님이 들판과 가축에서 얻는 모든 생산품의 주인이심을 인정하고 그렇게 후히 공급해 주시는 것에 감사하기 위해 하나님께 바치는 것을 말한다.

그래서 어떤 물품이나 사람을 가리켜 첫 열매라고 할 때, 농업을 배경으로 하는 이 비유가 암시하는 쌍둥이 개념들이 있는데, 그것은 바로 일치와 구별, 유사성과 차이점이다. 첫 열매는 수확의 일부이지만(일치), 수확물 전체는 아니다(구별).

1. **일치**. 수확의 첫 부분으로서 첫 열매는 전체 수확물의 대표였다. 즉, 전체 수확물이 첫 열매를 통해 대표적으로, 잠재적으로 드려졌다. 그리스도의 부활을 단언한다는 것은 "그리스도께 속한 사람들"의 부활을 단언하는 것이다(고전 15:12, 20, 23). 이들의 부활을 부인하는 것은 그분의 부활을 부인하는 것이다(고전 15:13, 15-16). 바울은 첫 열매 없는 완전한 수확은 있을 수 없고, 마찬가지로 완전한 수확 없는 첫 열매는 있을 수 없다고 생각한다. "무릇 하늘에 속한 자들은 저 하늘에 속한 이와 같으니 우리가 … 하늘에 속한 이의 형상을 입으리라"(고전 15:48-49).

그리스도의 부활과 신자의 부활 사이에는 근본적 유사성도 있다. 두 부활 모두 단일한 원인이 있다. 바로 하나님의 창조적 권능이다(그리스도의 부활에 관해서는 고전 6:14; 신자의 부활에 관해서는 고후 4:14). 두 경우 모두, 부활에는 소생(막 16:6; 요 5:28-29), 변화(행 1:3; 고전 15:42-43), 높아짐(행 2:32-33; 딤후 2:12)이 수반된다. 각 경우마다 부활은 영화된 몸을 소유하고(빌 3:21) 천국에 거할 곳을 갖게 되는 결과로 이어진다(엡 1:20; 고후 5:8).

2. **구별**. "첫 열매"라는 말 자체가 시간상 앞선다는 의미를 나타낸다. 첫 열매는 나머지 수확물이 여물거나 익기 전에 모아들여졌다. 혹은 모아들여졌었다. 바울은 군대 관련 비유를 써서, 연속과 관련된 두 가지 '서

열'(orders) 혹은 '순위'(ranks)을 거론한다. "각각 자기 차례(rank)대로 되리니 먼저는 첫 열매인 그리스도요 다음에는 그가 강림하실 때에 그리스도에게 속한 자요"(고전 15:23). 그리스도께서는 "사흘 만에" 되살려졌지만, 그분의 백성은 마지막 날에 자신의 부활을 경험한다. 바울이 헤롯 아그립바 2세 앞에서 연설할 때 말했다시피, 그리스도는 "죽은 자 가운데서 먼저 다시 살아나"셔서(행 26:23), 절대 다시 죽지 않으셨다(롬 6:9).

신자들은 자신들의 부활을 통해 처음 불멸을 얻지만(고전 15:53-54), 그리스도께서는 무덤에서 일어나셨을 때 자신이 "죽기까지 복종하셨"을 때 내놓으셨던(빌 2:8) 불멸을 되찾으셨다. 더 나아가서, 예수께서 "죽은 자들 가운데에서 먼저 나시고"(계 1:5)와 "죽은 자들 가운데서 먼저 나신 이"(골 1:18)로 묘사될 때 이 표현의 의도는, 한 가지 연속되는 일에서 첫 번째이자 가장 중요한 부분으로서 그분이 최고의 지위, 우선적 순서를 향유하신다는 것이다. 부활이 우주의 주(主)요 재판관으로 임명됨을 의미했다는 것은 오직 그리스도의 부활에만 해당하는 일이다(행 17:31; 롬 14:9; 엡 1:20-21). 그래서 부활이 일어난 시간, 성격, 그리고 중요성 면에서 이 두 부활은 서로 다르다.

17. 그리스도인은 죽음을 어떻게 보아야 하는가? (고전 15:26, 54-55; 고후 5:8)

어떤 이들에게 죽음은 무시무시한 전망이다. 엄청난 미지의 세계로 들어가는 입구인 것이다. 또 어떤 이들에게 죽음은 가차 없는 고통을 종식시켜 주는 엄청난 안식일 것이다.

신약성경에는 '죽음'에 관해 말하는 방식이 적어도 네 가지가 있다.

1. **육체의 죽음**은 일반적으로 몸의 기능이 돌이킬 수 없게 정지되었음을 가리키지만(히 9:27), 육체의 능력이 점차 약화되는 것을 말할 때도 있다(고후 4:12, 16).

2. **영적 죽음**이란 우리가 자연스레 하나님에게서 멀어지는 것, 하나님께 감응하는 태도가 결핍된 것, 혹은 하나님께 대한 적대를 나타내며, 이는 모두 죄 때문이다(롬 6:23; 엡 2:1).

3. "**둘째 사망**"은 하나님에게서 영구히 분리되는 것을 가리키며 이는 불의한 자들의 운명이다(계 20:6, 14).

4. **죄에 대하여 죽는다**는 것은 죄와의 모든 관계가 중지되는 것을 포함하며, 이는 그리스도와 함께 죽었다가 삶으로 말미암아 하나님께 대하여 살아 있는 자가 되는 데서 빚어지는 결과다(롬 6:4, 6, 11).

이 네 가지 죽음 중 여기서 우리가 집중적으로 살펴볼 것은 첫 번째 죽음이다. 그리스도인이 죽음 때문에 괴로워하지 말아야 할 세 가지 이유가 있다. 첫째, 육체의 죽음은 그리스도인이 두려워해야 할 것이 아니기 때문이다. 왜냐하면 그리스도의 첫 강림으로 죽음은 그 능력을 빼앗겼고(계 1:18), 그래서 신자들은 결국 죄와 사망으로 귀결되는 율법에서 해방되는 까닭이다(롬 8:2). 신자들은 죽음에 대한 두려움이 초래한 속박에서 자유로워졌다(히 2:15).

둘째, 육체의 죽음을 무서워하지 말아야 할 이유는, 그리스도의 재림 때 죽음은 왕 노릇 하시는 그리스도에게 진압되어야 할 마지막 원수로서 마침내 궤멸될 것이기 때문이다(고전 15:23-26). 죽음이 쏘는 것은, 죽음이 삼켜지고 승리할 때 잡아 뽑힐 것이다(고전 15:54-55).

셋째, 죽음에 대한 두려움이 잘못인 이유는, 죽음은 신자와 그리스도의 교제가 깊어지도록 즉각 안내하기 때문이다(고후 5:8; 빌 1:23). 죽은 신자는 "그리스도 안에" 남아 있을 뿐만 아니라 곧 "그리스도와 함께" 있게 될 것이다. 죽음으로 신자는 잠시 주님과 따로 있는 것을 종료하고 믿음의 순례를 끝낸다(고후 5:6-8).

반면, 죽음을 친구로 반갑게 끌어안아서도 안 된다. 생물학적으로 불가피한 일인 육체의 죽음은 인간의 죄에 대해 하나님께서 내리신 저주의 한 증거이기 때문이다(롬 5:12; 6:23). 우리가 죽음을 환영해서는 안 되는 또 한 가지 이유는, 죽음이 파괴적이기 때문이다. 하나님은 인간에게 구체적 모습을 주셨는데 죽음은 인간에게서 이 모습을 빼앗아 가고 인류에 속해 있다는 소속감을 앗아 간다. 죽음으로 인간은 이 땅에서 사는 삶이 주는 안전에서 철저히 쫓겨난다.

이렇게 그리스도인이 죽음을 대하는 태도는 양가적(兩價的)이다. 우리는 육체의 죽음을 두려워해서도 안 되고 환영해서도 안 된다. 하지만 죽음이 안겨 주는 것, 즉 영화롭게 되신 그리스도의 직접적 임재 안에서 그분과 누리는 풍성한 교통은 열렬히 환영해야 한다. 1부 28장과 2부 60장을 보라.

18. 죽은 자를 위해 받는 세례 (고전 15:29)

고린도전서 15:1-34은 부활의 내용(that, 호티hoti, 4, 12절)을 다루고,

35-58절은 부활의 방식(how, 포스pōs, 35절)을 다룬다. 바울은 먼저 반대자들과 공유하는 전제, 즉 그리스도의 부활을 선언하고(1-11절), 그런 다음 이 전제에서 한 가지 결론을 이끌어 낸다. 즉, 그리스도 안에서 죽은 자들이 살아난다는 것이다(12-32절). 이 두 번째 단락 끝부분에서 바울은 이 결론을 뒷받침하는 두 가지의 대인(ad hominem, "특정인을 결부시켜 이야기하는") 논증을 펼친다. 하나는 죽은 자를 위한 세례에 관한 논증이고(29절) 다른 하나는 사도들이 겪는 모험과 위험에 관한 논증이다(30-32절). 그러고 나서 바울은 나쁜 동무와 나쁜 행실을 피하라는 경고를 덧붙인다(33-34절).

29절에서 바울은 "그렇지 않으면(즉, 죽은 그리스도인들의 부활이 없으면) 죽은 자들을 위하여 세례를 받는 자들이 무엇을 하겠느냐. 죽은 자들이 살아나지 않는다면 왜 그들을 위하여 세례를 받느냐"라고 말한다. 이 말은 무슨 뜻인가?

만족할 만한 답변이 나오려면, "죽은 자들을 위하여"라는 말과 "그들을 위하여"라는 결정적 문구에 대해 어떤 해석이 주어지든 두 가지 요구조건에 부합해야 한다. (a) 전치사 '휘페르'(hyper, "위하여")에 그리스어 성경에서 유례가 없는 의미가 부여되어서는 안 된다(이 전치사는 통상적 의미로 해석해야, 비록 낯설기는 해도 이 맥락에 어울리는 뜻이 되기 때문이다). (b) 그렇게 해서 도출되는 이 구절의 결과적 의미가 이 장에서 바울이 펼치는 논증에 이바지해야 한다. 예를 들어, '휘페르'가 "~를 추모하여", "~에게 경의를 표하여"라는 의미라든가, 혹은 "(죽은 자들의 무덤) 위에"라는 장소적 의미라든가, 혹은 "세례를 받는 자들"은 "(죽은) 자들 대신" 세례를 받고 있다는, 그렇게 해서 그리스도인 순교자들 때문에 비워진 자리를 새 회심자들이 채우고 있음을 뜻한다는 것은 거의 가능성이 없는 해석이다.

또한 우리는 이 문구에서 어떤 목적이나 의도의 의미를 찾으려 해서도 안 된다. 기독교로 회심한 사람들이 세상을 떠난 친척 및 친구들과 부활 때 "(재회하기) 위해" 세례를 받고 있었다는 식으로 말이다.

'휘페르'를 "~ 대신에"라는 아주 일반적인 의미로 해석하면 다음과 같이 기이한 시나리오에 이르게 된다. 세례에 관해 반(半)마법적 견해를 지닌 일부 세례 받은 그리스도인들이, 죽음이 엄습하기 전에 세례를 받지 못한 탓에 불이익을 받을 것으로 여겨지는 어떤 그리스도인 사자(死者)를 "위하여" 혹은 "대신하여" 다시 세례를 받고 있다는 것이다. 바울이 "우리"나 심지어 "너희"가 아니라 "그들이/그 사람들이 무엇을 하겠느냐"라고 말한다는 점에 주목하라. 이 경우가 아니면, 이는 1세기 기독교에서는 우리에게 낯선 관행이다. 이 해석에 관해 말하자면, 바울은 이미 확립된 결론(즉, 그리스도 안에서 죽은 자가 살아난다는)을 뒷받침하려고 대인(ad hominem) 논증을 활용하고 있다. 물론 바울은 그런 논증에 찬동하지는 않는다. 바울이 양보적 기반에서 이따금 이런 식의 논증을 펼치기도 한다는 사실은 고린도전서 8:10을 보면 알 수 있다(참조. 10:20-21).

또 한 가지 해석은 여기서 이 전치사를 "~ 때문에"라는 흔치 않은 인과적 의미를 지닌 것으로 보는 해석인데, 예를 들어 로마서 15:9에서 "그 긍휼하심으로 말미암아"(for[hyper] his mercy)는 "그 긍휼하심 때문에"라는 뜻이다. 이 경우 바울의 말은, 신자가 된 어떤 사람들이 있는데, 이들이 "죽은 사람들 때문에", 즉 지금은 살아 있지 않은 그리스도인들이 일찍이 말로나 삶으로 남긴 증언 때문에 세례를 받는다는 뜻이다. 많은 논쟁을 불러일으키는 이 구절을 이런 식으로 이해하는 게 차라리 더 낫다면, 이는 그리스도인의 증언이 어떤 위력을 지니는지를 아주 바람직하게 일깨워 주는 역할을 한다고 할 수 있다. 심지어 그 증인들이 죽은 후에도 말이다.

19. "신령한 몸"이란 무엇인가? (고전 15:42-44)

최고의 선은 어떤 형태든 구현체(具現体)에서 해방되는 것이라고 믿는 사람들이 늘 있다. 이 같은 믿음은 그리스의 기이한 금언 '소마 세마'(sōma sēma), 즉 "몸은 무덤이다"라는 말에 잘 요약되어 있다. 자, 몸이 없는 상태에서의 의식적 현존이 가능한 게 사실이지만(하나님 자신은 순수한 영으로 존재하신다), 그리스도인의 목표는 몸에서 자유로워지는 게 아니라 개선된 형태의 새로운 구현체, 즉 "신령한 몸"(고전 15:44)을 얻는 것이다.

바울 특유의 표현인 "신령한 몸"(spiritual body, 소마 프뉴마티콘sōma pneumatikon)은 용어상 모순처럼 들릴지도 모른다. '영'과 '몸'은 반대 아닌가? 바울에게는 그렇지 않다. "-ikos"(여기서는 중성형인 -ikon)로 끝나는 그리스어 형용사는 물질적 관계가 아니라 윤리적이거나 동적인(dynamic) 관계를 나타내므로, '소마 프뉴마티콘'은 '영으로 구성된 몸'이 아니라 '영에 의해 활성화된 몸' 또는 '영의 통제를 받는 몸'을 뜻한다. 이 '영'은 성령을 의미하든지, 아니면 성령에 의해 변화된 인간의 영을 의미하든지 둘 중 하나다. 후자라면, 부활 상태에서 신자는 속량된 영으로 활기를 얻어 그 영에 감응하는 몸을 갖게 될 것이며, 이어서 하나님의 영의 권능과 인도하심에 완전하고도 영원히 순종할 수 있게 된다고 말할 수 있다.

그러하기에 "신령한 몸"은 죄로 기울어지는 성향에서 자유로울 것이다. 육체와 성령 사이의 갈등(갈 5:17을 보라)은 영원히 사라질 것이다. 육체의 본능이 없어서, 음식을 먹거나 잠을 잘 필요가 없을 것이다. "혈과 육은 하나님 나라를 이어 받을 수 없"으니 말이다(고전 15:50).

그래서 바울은 부활에 관한 유물론적 견해도 거부하고(부활은 **영적인**

몸이다) 불멸에 관한 유심론적 견해도 거부한다(불멸이란 영적인 몸이다). 하나님이 설계자이시고 건축자이신 부활체(고전 15:38; 고후 5:1-2)에는 다른 특성이 있다.

- 부활체는 불멸의 성격이 있어서(고전 15:42, 53-54), 모든 형태의 부패나 병에서 자유롭다.
- 부활체는 영화로워서(고전 15:43상), 육체적 모욕("욕된 것")에서 자유로우며 형태와 모습이 아름답다.
- 부활체는 강해서(고전 15:43하), 활력이 무제한이고 완벽하게 건강하다.
- 부활체는 천사 같으며(눅 20:35-36), 이는 부활체가 무성(無性)이기 때문이 아니라(성적 정체성은 인격의 본질적 요소로서, 부활에서도 그대로 유지된다) 불후의 성격이 있고(눅 20:35-36) 성적 열정과 생식력이 없기 때문이다(마 22:30; 막 12:25).

이 확실한 운명은 모든 그리스도인에게 비할 바 없는 격려가 되지만, 특히 육체의 능력이 줄어들고 있는 노령의 신자들과, 제한된 수단으로 힘든 일상에 대처해 나가야 하는 장애인 신자들에게 특히 힘이 된다.

20. 인간은 불멸의 존재인가? (고전 15:52)

대다수 그리스도인이 바울보다 오히려 플라톤을 따르는 한 가지 사상 영역이 있다. 인간이 태생적으로 불멸의 존재냐고 물으면 대다수 그리스도인은 "그렇다!"라고 대답할 것이다. 이렇게 대답할 때 이들은 어쩌면 자기도 모르는 사이에 플라톤의 견해를 따르고 있다. 플라톤은 이성적 형태 면에서나 기능 면에서 영혼은 영원히 선재(先在)하며 불멸한다고 가르쳤다. 사람이 구제불능일 정도로 죄 많은 존재임을 스스로 입증하고 그래서 갱생의 희망 없이 바닥 모를 지옥 구렁에 빠지는 영원한 형벌을 받을 때에도 영혼은 멸절되지 않으니, 영혼은 그 타고난 불멸성을 절대 잃지 않기 때문이라고 말이다.

반면 바울은 "오직 그[하나님]에게만 죽지 아니함이 있다(immortal)"라고(딤전 6:15-16), 신자는 "썩지 아니할(immortal) 것으로 다시 살아나"리라고(고전 15:52), 즉 신자는 "이미 그런 것처럼 불멸의 존재로 다시 살아나는" 게 아니라 "다시 살아나서 불멸하게 되리라"고 가르쳤다.

확실히 이 문제는 '불멸의, 죽지 않는'(immortal)과 '죽지 아니함'(immortality)을 어떻게 정의하느냐에 달려 있다. "인간은 불멸한다"라는 말을 "인간은 영원히 살 것이다"라는 뜻으로 받아들일 경우, 플라톤과 바울 모두 이 진술에 동의할 것이다. 하지만 '죽지 않는'이라는 말이 하나님의 생명에 참여한 결과 부패와 죽음에서 자유로워지는 것을 가리킨다면, 죽지 아니함은 미래에 얻게 되는 것으로서 그리스도를 믿는 신자들을 위해 마련된 특권이다.

바울은 이 표현들을 어떻게 사용하는가? '아프다르시아'(aphtharsia, 일곱 번 쓰임)는 파생적으로 '부패하지 않는 성질'(non-decaying-ness)이라는 뜻이며, 그래서 '썩지 않음'(incorruptibility)이나 '불후'(imperishability)로 번역하는 게 좋을 것이다. '아다나시아'(athanasia, 세 번 쓰임)는 파생적으로 '죽지 않는 성질'(non-dying-ness)이라는 뜻이며, 그래서 '불사'(deathlessness)로 번역하는 게 좋을 것이다. 형용사 '아프다르토스'(aphthartos)는 '썩지 않는', '불후의'라는 뜻으로, 바울 서신에 네 번, 베드로전서에 세 번 등장한다. 바울은 위의 표현들을 고린도전서 15장에서만 일곱 차례 썼는데, 여기서는 불멸의 미래적 성격이 두드러진다. 즉, 이런 표현들은 언제나 죽음 후에 시작되는 상태를 가리킨다.

> 죽은 자들이 썩지 아니할 것으로 다시 살아나고 우리도 변화되리라 이 썩을 것이 반드시 썩지 아니할 것을 입겠고 이 죽을 것이 죽지 아니함을 입으리로다 이 썩을 것이 썩지 아니함을 입고 이 죽을 것이 죽지 아니함을 입을 때에는 사망을 삼키고 이기리라고 기록된 말씀이 이루어지리라(고전 15:52-54)

"죽지 아니함"이라는 말이 하나님께 적용되든(딤전 6:16) 인간에게 적용되든, 이는 영원한 신적 생명을 소유하든지(하나님의 경우처럼) 그 생명에 참여하든지(인간의 경우처럼) 해서 그 결과로 부패와 사망을 면하게 되는 것을 가리킨다. 2부 59장을 보라.

그래서 바울의 말에 따르면, 인간이 아담에게 물려받는 것은 죽음이나 죽음의 성향이지 "죽지 아니함"이 아니다(롬 5:12; 고전 15:22). 또한 그리스도께서 오실 때 "죽지 아니함"을 낳는 부활의 변화에 의해 살아나게 될 사람은 "그리스도에게 속한 자"들이지 아담 안에 있는 모든 사람이 아니다(고전 15:22-23, 42, 52-54). 죽지 아니함은 첫 아담이 모든 사람에게 물려준 선물이 아니라 둘째 아담께서 의인을 위해 획득한 유업이다. 죽지 아니함을 소유할 수 있느냐의 여부는 우리와 둘째 아담과의 관계에 달려 있지, 첫째 아담과의 관계에 달려 있지 않다.

21. 형편에 맞게 꾸준히 드리는 연보 (고전 16:2)

곧 있을 고린도 방문을 준비하는 바울은(고전 4:18-19; 15:5-6) "예루살렘 성도 중 가난한 자들을 위"한 연보에 관해(롬 15:26; 2부 9장을 보라) 고린도 교인들에게 지침을 준다. 바울은 갈라디아 교회들에는 이미 이런 지침을 주었고(참조. 행 18:23), 이렇게 해서 자신이 도착한 뒤에 고린도에서 특별한 모금 활동을 할 필요가 없도록 했다(고전 16:1-2). "매주 첫날에 너희 각 사람이 어떤 일로 번창하든지 그에 따라 모아 두어서"(고전 16:2상).

이러한 지침을 바탕으로 우리는 바울이 적어도 자신이 세운 교회들 중 한 곳과 관련해서 베풂에 대해 어떤 개념을 가졌는지 추론해 볼 수 있다. 그리스도인의 베풂에는 다음과 같은 특징이 있어야 한다.

그리스도인의 베풂은 **꾸준해야** 한다. "매주 첫날에"="매 주일/일요일마다." "그 주 첫날"(요 20:1, 19; 행 20:7), "주의 날"(계 1:10)은 그리스도께서 부활하신 날이기에 그리스도인들에게 거룩한 날이 되었거나 되어 가고 있었다. 동사 '티데토'(tithetō, "따로 챙겨 두다")는 "이것이 너의 습관이 되게 하라"라는 뜻이 함축된 현재 시제 명령형이다.

그리스도인의 베풂은 **개별적**이어야 한다. 바울이 도착하기 전의 연보 모으기는 공개적으로 행해졌을 수도 있지만, '따로 챙겨 두기'는 개별적인 행위다.

그리스도인의 베풂은 **자발적**이어야 한다. 삼인칭 명령형인 이 동사 '티데토'는 권면이지("너희 각 사람이…") 공식 명령이 아니다. 베풂이란 강제할 수 없다. 이것이 이 동일한 모금과 관련해 바울이 나중에 내린 다음 지침들과도 조화된다. "내가 명령으로 하는 말이 아니요"(고후 8:8), "이 일에 관하여 나의 뜻을 알리노니"(고후 8:10).

그리스도인의 베풂은 **금전적**이어야 한다. '로게이아'(logeia, "연보", 고전 16:1)라는 표현과 동사 '티데토'("따로 챙겨 두다")는 모두 돈과 관련된 표현이다.

그리스도인의 베풂은 **은밀해야** 한다. 정해지지 않은 금액을 꾸준히 "집에"(파르 헤아우토par' heautō) 따로 챙겨 두면 경쟁심을 피할 수 있고 프라이버시가 보장된다.

마지막으로, 그리스도인의 베풂은 **균형 잡혀** 있어야 한다. "수입에 따라"라는 이 부분은 문자적으로 "어떤 일로 번창하든지 그에 따라"이다. "번창하고 있다"는 동사는 이득("수익에 비례하여", NEB)이나 수입("벌이에 비례하여", GNT)을 가리키지 않는다. 이득이나 수입 모두, 고린도 교회에 노예들이 존재했다는 사실을 감안하면 시대착오적인 개념이다. 또한 이 동사는 여윳돈을 말하지도 않으며("얼마가 되었든 여유가 있는 대로", REB; "최대한 여유가 되는 대로", NJB), 다만 매주 금전적으로 벌어들이는 대체적 이익을 말한다. "~에 따라"는 비율을 말하는 게 아니라 어떤 수준이든 그 사람이 누리는 번영에 합당하게 하라는 뜻이다. 바울은 고린도후서 8장에서도 이와 비슷한 정서를 표현한다. 베풂은 "마음에 원하던 것"(고후 8:11)만큼, 혹은 "있는 대로"(고후 8:12) 해야 한다.

고린도후서

22. 같은 고난을 당해 본 사람만이 위로할 자격이 있는가? (고후 1:4)

똑같은 시련을 겪어 보지 않았다면, 시련을 겪는 누군가에게 진심 어린 공감과 격려를 전해 줄 수 없다는 말을 가끔 듣는다. 예를 들어, 아주 어린 자녀를 잃은 경험이 있는 사람만 미숙아로 태어난 아기를 잃은 사람을 진짜로 위로할 수 있다고 말이다.

하지만 고린도후서 1:4에서 바울이 하는 말은 그런 정서가 틀렸음을 보여 준다.

사소한 그리스어 형용사 '파스'(pas)는 신약성경에서 흔히 볼 수 있다. 이 형용사가 그리스어 정관사(영어의 'the')와 함께 단수로 쓰이면 "전부", 혹은 "~의 전체"를 뜻한다. 하지만 단수 명사와 함께 단독으로 쓰이면, "생각할 수 있는 모든 것" 또는 "특정하고자 하는 모든 것"이라는 의미에서의 "모든"을 뜻한다. 첫 번째 용법은 전체성을 가리키고, 두 번째 용법은 포괄성을 가리킨다.

'파스'의 이 두 가지 용법이 고린도후서 1:4에서 "환난"과 관련해 나란히 등장한다. 바울은 먼저 주 예수 그리스도의 아버지를 "자비로운 아버지요 언제나 위로를 주시는 하나님"으로 묘사한다. 고린도후서 전체를 통해 "위로하다"(파라칼레오parakaleō)라는 동사는 어떤 무력한 동정을 나타낸다기보다 강하게 하기, 위안, 격려, 심지어 그 상황에 개입해서 구해 주는 것을 의미한다(사 51:9, 12를 보라). 이어서 바울은 하나님께서 "우리의 모든 환난(전체로 간주되는)"(에피 파세 테 드립세이 헤몬epi pasē tē thlipsei hēmōn) 중에서 위로하시고 격려하신다고 말한다. 그런데 하나님께서 위로를 베푸실 때는 특별한 신적 목적이 있었다. 그래서 바울은 "어떤 종류의 환난이든 환난" 중에(엔 파세 드립세이en pasē thlipsei) 있는 사람들에게 언제나 위로와 격려를 전할 수 있었다. 바울 자신의 환난은 바울에게 특정된 것이었지만, 신적 위로를 경험했기에 그는 상상 가능한 그 어떤, 그리고 그 모든 종류의 괴로운 상황에 있는 사람들에게 하나님의 위로를 전달할 수 있는 능력을 갖추게 되었고 또한 그럴 의무를 지게 되었다.

그래서 결정적 쟁점은 하나님의 위로를 다른 사람들에게 전달해 줄 자격과 의무를 갖추게 해 주는 신적 위로를 우리가 순순히 경험하고자 하느냐는 것이다. 성경을 오래 묵상하는 시간을 통해서 하나님의 위로를 경험할 때도 있고 자신을 성찰하는 기도를 통해 하나님의 위로를 경험할 때도 있다. 어쩌면 그 위로는 직접적인 신적 개입을 통해서 우리에게 오기도 한다. 예를 들어 하나님께서는 바울이 사도로서 부당히 고난당할 때(고후 6:4-10; 11:23-27) 그를 강하게 하고 격려하기 위해 그를 세 번째 하늘과 낙원으로 데려가셨다(고후 12:2, 4; 2부 30장을 보라).

중요한 점은, 하나님의 위로가 동료 신자들의 말과 행동을 통해 우리에게 찾아올 때가 아주 많다는 것이다. 고린도후서 7:6에서 바울은 "낙심한 자들을 위로하시는 하나님이 디도가 옴으로 우리를 위로하셨"다고 감사한 마음으로 회상한다. 디도가 고린도에 있는 교회의 영적 상태에 관해 반가운 소식을 가져온 것이다. 바울 자신은 고린도 교인들의 영적 복락 문제와 관련해 의기소침해 있었는데(이는 분명히 암시된 사실이다), 디도가 무사히 도착해 바울이 회심시킨 사람들에 관해 위안이 되는 소식을 전하자 바울의 낙심은 제어할 수 없는 기쁨으로 변했다(고후 7:7). 2부 28장을 보라.

23. 사탄의 전략을 좌절시키기 (고후 2:11)

그리스도인이 사탄의 전략을 방어하는 한 가지 방법은 사탄의 공격 목적과 방식을 사전에 인식하는 것이다. 고린도후서 2:5-11에서 우리는 마귀가 신자의 허를 찌르고 속이는 계략 몇 가지를 보게 되는데, 이는 11절에 기록된 바울의 말에서 정점에 이른다. "이는 우리로 사탄에게 속지 않게 하려 함이라 우리는 그 계책을 알지 못하는 바가 아니로라"(고후 2:11).

바울과 바울이 고린도에서 회심시킨 사람들과의 관계에서 있었던 이 에피소드의 배경은 다음과 같다. 바울이 최근 고린도를 방문한 뒤, 고린도 교회 교인 한 사람이 바울 혹은 바울의 대리자 한 사람을 두고 심히 모욕적인 말을 했다(5, 10절). 그 교인은 아마 바울이 고린도에 있었을 때 그를 대적하는 움직임을 주도한 사람이었을 것이다. 이에 "많은 사람"이 "문제의 그 사람"에게 모종의 징계를 내렸는데(6절, 아마 교인으로서의 특권을 일시 정지하는 징계였을 것이다), 이제 바울은 그 권징을 끝내고 잘못을 뉘우치는 그 사람을 엄청난 근심에서 건져 내라고, 그 사람을 용서하고 힘을 북돋아 주며 그 사람에 대한 교회의 사랑을 공개적으로 확언함으로써 그 사람에 대한 교정(教正)을 마무리하라고 교회에 권고한다(6-8절). 여기 암시된 소수파 고린도 교인들은 아마 친(親)바울 파, '극단적 바울주의자들'(ultra-Paulinists)일 텐데, 이들은 이 징벌이 불충분하다고 여겼다.

이런 상황에서 우리는 사탄의 계획 혹은 전략에 관해 무엇을 추론할 수 있을까? 첫째, 사탄은 교회와 의견을 달리하는 소수와 교회 전체 사이에든, 혹은 자기 잘못을 회개한 사람과 동료 그리스도인들 사이에든, 고린도 교회 안에 불화를 초래하여 교회를 무너뜨리는 데 열중하고 있었다. 이에 대응해서는, 바울이 성경 다른 곳에서 신자들에게 권면하는 것처럼 "평안의 매는 줄로 성령이 하나 되게 하신 것을 힘써 지"켜야 한다(엡 4:3).

둘째, 잘못을 저지른 사람이 회개했음에도 불구하고 마귀는 적어도 고린도 교회 소수파 사이에 용서하지 못하는 마음을 조장했다. 이에 대해 예수께서 주신 지침은 다음과 같다. "만일 네 형제가 죄를 범하거든 경고하고 회개하거든 용서하라"(눅 17:3).

셋째, 마귀는 인간의 징벌이 보복으로 계속되기를, 그래서 "그가 너무 많은 근심에 잠"기기를 바랐다(참조. 고후 2:7). 이 같은 상황을 방지하기 위해, 사랑으로 시행되는 그리스도인의 권징은 단순히 징벌이나 응보의 성격만 있지 않고 치료나 교정의 성격도 있다(고전 5:5; 11:32; 고후 7:9-10; 13:10). 그리스도인의 권징은 회개 후에 용서와 화해를 통해 본래의 자리를 회복하는 것을 목표로 한다.

넷째, 사탄은 늘 선(인간의 회개)을 악(인간이 자신의 잘못된 행동에 대한 과도한 슬픔으로 무너지는 것)으로 만들려고 한다. 그러나 하나님은 악을 선으로 바꾸는 일에 전문이시다(창 50:20).

사탄의 기술을 사전에 인지하는 것은 하나님의 전신갑주의 한 부분으로, 이것이 있으면 신자는 마귀의 전술에 단호히 맞설 수 있다(참조. 엡 6:11).

24. 하나님의 개선 행진에 포로로 참여하기 (고후 2:14)

고린도후서 2장에서 바울은 "중요한 여담"(the great digression, 고후 2:14-7:4)이라고 할 만한 이야기를 시작한다. 이 이야기 전후인 2:13과 7:5에 마게도냐에 갔던 일이 언급되니 말이다. 이 유례없는 여담을 하게 된 것은 마게도냐에 대한 바울의 기억 때문이었다. 마게도냐에서 바울은 자신의 심부름꾼 디도가 무사히 도착해, 고린도 교인들의 삶에서 계속 복음이 승리하고 있다는 반가운 소식을 전해 준 덕분에(7:5-7) 그간 자신을 무기력하게 만들던 불안감(2:13)에서 벗어날 수 있었다.

바울은 다음과 같은 말로 이 여담을 시작한다. "그러나 그리스도의 개선 행진에서 우리를 포로로서 언제나 인도해 주시고, 우리를 통해 어디에서나 그리스도를 아는 지식의 향기를 풍기게 하시는 하나님께 감사하노라"(고후 2:14). '드리암뷰오'(thriambeuō, "개선 행진을 이끌다")라는 다채로운 동사를 사용함으로써 바울은 일시적 좌절에도 불구하고 저항할 수 없이 진전하는 복음을 로마의 '트리움푸스'(triumphus, "승리"), 곧 로마 장군들이 해외 원정을 성공적으로 마치고 로마로 돌아오면서 화려하게 펼치는 개선 행진에 비유한다. 그리스-로마 문헌에는 약 350차례 승리가 기록되어 있다. 개선 행진은 나팔수들과 함께 시작되었으며, 이어서 화려하게 장식된 장군의 전차 앞쪽에는 정복된 땅에서 잡아 온

전쟁 포로들이 사슬에 묶여 나팔수들을 뒤따르면서 군중에게 노출되어 웃음거리가 되었다. 의기양양한 병사들이 그 뒤를 따르며 "요 트리움페"(Io triumphe, "만세, 승리자로다!")라고 소리쳤다.

이 동사 뒤에 대격(accusative case, 직접 목적어를 가리키는)이 따르면, "개선 행진에서 (누군가를) 포로로서 이끈다"라는 뜻이다. 그러므로 바울은 자기 자신을 '트리움파토르'(triumphator, 승리하여 영광을 얻은 자)의 동역자가 아니라 포로로, 승리를 뽐내는 병사가 아니라 특권을 지닌 자발적 포로요, 장군의 승리를 보여 주는 전리품이자, 한때 적이었다가 이제 정복당한 자로 보고 있다. 여기서 바울이 앞서 '패배'했음이 암시되는데, 그 패배는 바로 다메섹에서 그리스도를 만나 무릎을 꿇은 일을 말한다(빌 3:12, "내가 그리스도 예수께 잡힌 바 된 그것"이라는 말과 비교해 보라).

그림처럼 생생한 광경을 떠올리게 하는 이 동사가 신약성경에서 이곳 말고 다른 곳에서 쓰인 유일한 예는 골로새서 2:15뿐이다. "통치자들과 권력자들의 무장을 해제시킨 후, 그분은 그리스도를 통해 그들을 개선 행진에서 이끌어서 거침없이 뭇사람들 앞에 전시하셨다." 이 통치자와 권력자가 우주적 힘을 뜻하든, 천사들을 뜻하든, 혹은 마귀의 세력을 뜻하든 모두 적대적인 세력이며, 말하자면 패배한 적으로서 승자의 전차 앞에 내세워져 끌려가면서 이들을 정복하신 분의 우세한 힘을 말없이 증언한다. '드리암뷰오'(thriambeuō)는 고린도후서 2:14에서나 골로새서 2:15에서나 의미는 같지만 목적어는 다르다(고린도후서 2:14에서의 목적어는 바울과 그의 동료 사도들, 그리고 모든 신자가 다 함축적 목적어인 반면, 골로새서 2:15에서의 목적어는 적대적 통치자들과 권력자들이다). 전자의 경우 이 포로들은 (역설적으로) 자발적이고 기쁜 포로들이요 장군의 승리를 소리 내어 증언하는 반면(참조. 고후 2:14하), 후자의 경우 이 포로들은 강제로 내몰린 음울한 얼굴의 포로들이요 지휘관의 정복을 침묵으로 증언한다.

고린도후서 2:14 상반절의 "우리를"이 14절 하반절에서는 "우리로 말미암아"로 변했다는 것도 흥미롭다. 수동적 포로인 바울은 능동적 복음 전도자이기도 하다. 하나님의 일을 하는 사람(God's agent)은 다름 아니라 하나님의 포로다. 이 두 가지 주제는 바울이 자기 자신을 묘사하는 말에서 결합되어 나타난다. "내가 쇠사슬에 매인 사신이 된 것은"(엡 6:20). 고린도후서 2:14의 그리스어 어순은 "Thanks be to God"(고후 8:16; 9:15에서처럼)이라는 통상적인 어순이 아니라 "To God be thanks"(14상절)로서, 하나님의 행동이 "항상", "각처에서" 감사를 유발한다는 사실을 특별히 강조한다. 하나님의 활동은 현재진행형이고 보편적이며, 시간이나 나라의 경계가 없다.

25. 주를 기쁘시게 하기 (고후 5:9)

여기서 바울은 자기 인생의 주목적이 무엇인지를 명백히 진술한다. "그것이 바로 우리가 몸으로 있든지 떠나든지 주[그리스도]를 기쁘시게 하는 것을 우리의 목적으로 삼는 이유다"(고후 5:9). 고전 그리스어에서 동사 '필로티메오마이'(philotimeomai, "~을 열망하다")가 긍정적 의미로 쓰이면 "~에 대해 애국적 열심을 보인다"는 뜻이고, 부정적 의미로 쓰이면 "경쟁심을 품고 다투다"라는 뜻이었다. 하지만 후대 헬레니즘 시기에 이 단어는 "열심히 애쓰다" 혹은 "~을 큰 뜻으로 품다"라는 의미를 지니게 되었다. 그래서 바울은 성경 다른 곳에서 "그리스도가 알려지지 않은 곳에서 복음을 선포하는 것이 언제나 나의 큰 뜻이 되어 왔다"라고 말한다(롬 15:20). 그리스도의 인정을 얻으려는 바울의 노력은 지속적이었다. "그분을 기쁘시게 하는 것을 변함없이 우리의 큰 뜻으로 삼는다(현재 시제)." "환난과 궁핍과 고난과 매 맞음과 갇힘과 난동" 등 사도로서 일하는 동안 온갖 시련을 겪으면서도 그렇게 했다(고후 6:4-5).

바울이 전형적으로 자기를 묘사하는 말은 "그리스도 예수의 노예"라는 것을 앞에서 살펴보았다(2부 1장을 보라). 주인을 향한 노예의 섬김에는 두 가지 본질적 구성 요소가 있었다. 첫째는 순종이다. 명령에 대한 순종은 노예에게 단순히 요구되는 게 아니었다. 순종은 노예의 주 역할로 여겨졌다. 실제로 어떤 노예가 얼마나 충실한지는 명령에 얼마나 순종하는지로 판단되었다. 완벽하게 순종적인 노예는 완전히 충실한 노예였다. 그리스도인이라면 누구나 자신의 삶에 대해 하늘에 계신 주인에게서 듣고 싶은 말이 있다. 바로 "잘하였도다 착하고 충성된 노예(둘로스doulos)야"(마 25:21, 23)라는 판결이다. 부지런하고("착하고") 순종적인("충성된") 노예에게는 주인의 따스한 축하의 말이 주어질 것이다. 노예의 신분과 순종의 이 관계는 로마서 6:16과 에베소서 6:5-6에서 아마 가장 분명하게 볼 수 있을 것이다.

노예의 섬김을 구성하는 두 번째 요소는 주인을 기쁘게 하는 것이다. 아무런 특별한 명령이 없을 때 솔선해서 주인을 기쁘게 하려는 것이 노예의 특권이다(마 25:14-23을 보라). 바울은 디도에게 "모든 일에 주인에게 복종하고(=순종) 주인을 기쁘게 하라고 노예들에게 강조하라"라고 가르친다(딛 2:9). 노예들은 대개 어느 정도의 강요 아래 주인을 섬겼고 불순종했을 경우 벌 받는 게 당연했던 반면, 그리스도의 노예들은 자발적으로 섬기며 그래서 이들의 섬김의 동기는 벌 받을 것에 대한 두려움이나 더 나아가서 주로 상 받을 것에 대한 기대가 아니라, 주인을 기쁘시게 하고 싶은 마음, "범사에 기쁘시게 하"려는 마음이다(골 1:10). 그리스도의 노예가 되는 것과 하나님의 기쁨 사이의 명시적 관계는 로마서 14:18에서 확인할 수 있다. "이로써(성령 안에 있는 의와 평강과 희락을 나타냄으로써, 롬 14:17) 그리스도를 섬기는 자는(호 둘류온 토 크리스토ho … douleuōn tō Christō) 하나님을 기쁘시게 하며 사람에게도 칭찬을 받느니라." 하나님을 기쁘시게 한다는 것은 그리스도를 기쁘시게 하는 것이며, 하나님의 기쁨을 유발하기는 부단한 체험일 수 있다. 영화 '불의 전차'(Chariots of Fire)에서 주인공 에릭 리델(Eric Liddell)이 이런 말을 한 것을 기억하는가? "하나님이 나를 빨리 달리는 사람으로 만드셨지. 내가 달릴 때면 하나님이 기뻐하시는 게 느껴져." 하나님께서 주신 은사를 하나님의 영광을 위해 사용할 때 우리는 하나님께 기쁨을 드린다.

주인에게 순종하고 주인을 기쁘게 한다는 두 가지 면 모두에서 그리스도 자신이 우리가 본받아야 할 모범이 되신다. "오히려 자기를 비워 노예(둘로스)의 형체를 가지사 … 죽기까지 복종하셨으니 곧 십자가에 죽으심이라"(빌 2:7-8). "나는 항상 그(하나님)가 기뻐하시는 일을 행하므로"(요 8:29).

그래서 사도 바울은 오로지 그리스도를 기쁘시게 하는 일에 몰두했다. 이 일은 바울이 엄청나게 집착했던 일, 곧 비록 정당한 일일지라도 그보다 못한 다른 일들은 일축해 버리는 결과를 낳을 만큼 집착했던 일이다. 신자들은 주님께 신속하고도 무조건적으로 순종함으로써만이 아니라 주인을 기쁘게 하는 혁신적인 방법을 고안해 냄으로써도 주님께 만족을 드린다.

내가 어떤 혁신적 방법으로 주님을 기쁘시게 하려 했는지 이야기해도 되겠는가? 정규 교수직에서 은퇴할 때 나는 지난 사십 년 동안 모은 내 전공 성경학 서적 7,000권과 700권의 저널을 나이로비 복음주의 신학대학원(지금은 아프리카 국제 대학교 산하)에 기증했다. 이제 남은 것은 지금도 계속 중인 집필 작업에 꼭 필요한 기본 참고 서적 몇 권뿐이다.

지금 우리가 살펴보고 있는 고린도후서 5:9의 "집에 있든지"(at home, 개역개정성경에서는 "몸으로 있든지"라고 번역됨. — 옮긴이)라는 말 앞에는 무언가가 보충되어야 모호한 뜻이 명쾌해진다. "home"이란 말이 여기서 문자 그대로의 의미가 아닌 것은 분명하다. 서로 반대되는, 이와 똑같은 말 한 쌍("집에 있다", "떠나 있다")이 6절과 8절에서 은유적으로 쓰였기 때문이다. 8절에서처럼 "주와 함께"라는 말을 보충하면, 미래 상태가 현재 상황보다 앞서 언급되는 이상한 문장이 되어 버린다. 여기서는 "몸으로"라는 말을 보충하는 게 더 낫다. 즉, "몸 안에 거하든지 혹은 몸에서 떠나 있든지"라고 하는 게 좋다. 이렇게 하면 6절에서처럼 "현재 상황—미래 상태"라는 자연스러운 순서가 유지되고(참조. 롬 14:8; 빌 1:20), 10절의 "몸으로"라는 말을 미리 고려한 표현이 될 수 있다. "(몸을) 떠나 있다"는 말은 몸이 없는 중간 상태에서 그리스도를 기쁘시게 하는 행동이 가능하다는 뜻이라기보다, 신자라면 누구나 서게 될 그리스도의 심판대를 언급하는 10절을 내다보는 표현이다. 따라서 "우리가 집에 있든지 떠나든지"라는 말에는 "오늘 이 땅에서 사는 동안이든지, 내일 그리스도의 심판대 앞에서든지"라는 의미가 담겨 있을 수 있다.

마지막으로, 이 구절은 고립된 한 구절을 제대로 이해하기 위해서는 맥락이 얼마나 중요한지를 잘 예시한다. 9절은 8절("우리가 담대하여 원하는 바는 차라리 몸을 떠나 주와 함께 있는 그것이라")을 돌아보는 구절이다. "그런즉(디오 카이dio kai) 우리는 … 주를 기쁘시게 하는 자가 되기를 힘쓰노라." 또한 9절은 10절을 내다보는 말씀이기도 하다. "우리는 … 주를 기쁘시게 하는 자가 되기를 힘쓰노라 이는(가르gar) 우리가 다 반드시 그리스도의 심판대 앞에 나타나게" 될 것이기 때문이다. 무엇이 바울로 하여금 그리스도의 인정을 받으려 열심히 애쓰게 만들었는가? 주님과 직접 대면하여 교제하며 거하게 될 장래의 운명(8절), 그리고 몸으로 한 행동에 대해 장차 그리스도 앞에 책임을 져야 한다는 사실이었다(10절). 종말론과 윤리는 이렇게 씨실과 날실로 얽혀 있다.

26. 극적으로 변화된 바울의 관점 (고후 5:16-17)

이 두 구절은 모두 '호스테'(hōste)라는 접속사로 시작한다. "이런 이유로", "그래서", "그런즉"이라는 뜻의 이 접속사는 그리스도의 죽음과 부활, 그리고 바울이 자기 이득이 아니라 그리스도의 유익을 위해 새로운 삶을 산 데 따른 두 가지 결과를 소개한다(14-15절). 한 가지 결과는, 동료 인간 및 그리스도를 보는 시각이 근본적으로 바뀐 것이었다. "그러므로 우리가 이제부터는 어떤 사람도 육신을 따라 알지 아니하노라 비록 우리가 그리스도도 육신을 따라 알았으나 이제부터는 그같이 알지 아니하노라"(16절). 바울은 "육신을 따라"(카타 사르카kata sarka) 피상적으로 사람에 관해 판단하기를 그만두었다. 회심 전에 예수를 엉뚱한 자칭 메시아요 십자가에 달린 이단으로 여겨 그 추종자들을 다 근절해야 한다고 생각했으나(행 9:1-2; 26:9-11) 이제 그런 피상적 평가를 거부한 것처럼 말이다. 바울은 예수를 신적으로 임명된 메시아로 인식하게 되었고, 동료 인간은 그 그리스도께서 대신하여 죽어 주신 존재들로 인식하게 되었다(14-15절). 사람들을 볼 때 주로 어느 민족이냐에 따라서가 아니라 영적 신분에 따라 보게 되었다. 예부터 유대인과 이방인을 구분해 오던 관습이 여전히 남아 있기는 했지만, 바울에게 이 구별은 신자/불신자 구별보다 덜 중요했다(롬 10:12-13; 엡 2:11-22; 골 3:11). '아델포스'(adelphos, "형제")는 이제 '동료 이스라엘 사람들'뿐만 아니라(행 28:17) 나사렛 예수 안에서 '동료 신자'(유대인이든 이방인이든)까지 뜻하는 말이 되었다(롬 10:1).

"이제부터" 이렇게 극적인 두 가지 태도 변화가 생기게 된 것은 바울이 다메섹 가는 길에 부활하신 주님을 만난 사건(행 9:1-19) 때문이었다. 이제 바울은 예수를 메시아와 주님으로 인정했고(행 17:3; 롬 10:9), 이제 바울은 이방인 신자들을 아브라함의 자녀로(갈 3:26-29), 그리고 유대인 불신자들은 그리스도 안에서 구원을 필요로 하는 자들로(롬 10:1-4) 보았다. 사람들과 사건을 모두 이제는 '카타 프뉴마'(kata pneuma) 즉 "영적 관점에서", 혹은 '카타 스타우론'(kata stauron) 즉 "십자가에 비추어"서 보았다(고 바울은 암시한다).

16절이 그리스도의 죽음과 부활 및 바울 인생의 새로운 동기(14-15절)가 낳은 소극적 결과에 대해 말한다면, 17절은 적극적 결과를 말한다. "그런즉 누구든지 그리스도 안에 있으면 거기에는 새로운 창조가 있다. 이전 질서는 지나갔다. 보라, 새 질서가 시작되었다." 유대인이든 이방인이든 어떤 사람이 믿음으로써 그리스도의 몸의 지체가 되면, 하나님 편에서의 새로운 창조 행위가 있다(바울이 말하는 "그리스도 안에"라는 표현에 대해서는 2부 48장을 보라). 사실 '크티시스'(ktisis)는 '피조물'을 뜻할 수 있으며, 그러면 위 구절은 "그 남자/여자는 새로운 피조물이다" 혹은 "그 남자/여자는 새롭게 창조된 존재다"라는 의미일 것이다. 하지만 바울이 이 편지에서 이미 회심을 최초에 빛을 창조하신 것에 비길 만한 하나님의 창조적 행위로 묘사했기에(고후 4:6), 여기서 '크티시스'는 아마도 '창조 행위'를 뜻할 것이다. 어느 쪽이든, 형용사 '카이네'(kainē, "새로이 만들었다"는 의미에서 "새로운")를 써서 바울은 회심한 사람의 완전히 달라진 본성 혹은 하나님의 창조 행위의 총체적 새로움을 강조하고 있다. "거기에는 새로운 창조가 있다"(REB)라는 번역은 그리스어 원전의 모호함을 재현한다.

이 새 창조에서 "이전 질서", 즉 전 시대에 속한 상태와 관계는 전부 "지나갔다"(파렐덴parēlthen, 총체적으로 제거되었다는 뜻의 부정과거, "왔다가 가 버렸다"). "새 질서", 완전히 새로운 태도와 관계, 옛 것에 비해 질적으로 뛰어난 것이 도래했고, 계속 머물 것이다(게고넨gegonen, 완료 시제, "머물려고 와 있다"). 어떤 사람이 그리스도인이 되면, 생각과 정서와 의지와 행동 등 삶의 구성이 전부 바뀌는 총체적 구조 개혁을 겪는다. 누구든 "그리스도 안에", 곧 우주에서 가장 안전한 곳에 있으면, "새 경영자의 관리를 받게" 되며(1부 51장을 보라), 언젠가 (영국의) 상점 쇼윈도와 길거리에서 본 표현을 빌리자면 "달라진 우선순위 먼저"(Altered Priorities Ahead; 원래 의미는 "바뀐 '우선 주행자' 먼저" — 옮긴이)가 된다.

27. 죄 없는 분이 죄인을 대신하다 (고후 5:21)

고린도후서 5:18-20에서 바울은 화해의 드라마를 대체적으로 간략하게 설명했다. 이제 21절에서 바울은 인간의 언어와 상상력이 허용하는 한도 안에서 그 화해가 "어떻게" 이뤄지는지를 설명한다. "하나님이 죄를 알지도 못하신 이를 우리를 대신하여 죄로 만드신 것은 우리로 하여금 그 안에서 하나님의 의가 되게 하려 하심이라"(고후 5:21). 복음을 전할 때의 슬로건 "하나님과 화해하라"(20절)라는 말은 바울로 하여금 그 화해의 토대(21상절)와 결과(21하절)를 구체적으로 설명하게 한다. 거의 교차대구법 형식으로 세심히 균형을 맞춘 그리스어 단어 열다섯 개로 이뤄진 이 문장은 확정적인 주해적 검토를 허용하지 않으며, 그런 기조로 속죄의 핵심을 다룬다.

"죄를 알지도 못하신 이." 그리스어 동사 '기노스코'(ginōskō, '알다') 이면에는 히브리어 동사 '야다'(yādaʿ)가 있으며, 이는 "~와 개인적 친분이 있다, 혹은 ~를 경험하다"라는 뜻이다. 이 '앎'은 직접적 참여를 통해 획득한 지식을 가리킨다. 그리스도는 죄의 현실을 아셨고 다른 이들에게 있는 죄를 주시하셨지만, 자기 자신은 "절대 죄를 알지 못하셨다"(TCNT). 그리스도는 "죄 없는 분"(JB)이셨으며, 부정 불변화사 '메'(mē)는 "(이제까지 한 번도) ~ 않다"="결코 ~ 않다"라는 뜻이다. 그리스도께서는 겉으로 드러나는 행동에서나 내면의 태도에서나 한 번도 죄를 짓지 않으셨고, 그래서 그분의 양심이 죄로 얼룩진 적은 한 번도 없었다(참조. 히 4:15; 7:26; 벧전 2:22; 3:18; 요일 3:5).

"하나님이 죄를 알지도 못하신 이를 … 죄로 만드신 것은." 성경 전체에서 가장 심오하고 불가해한 말씀임이 틀림없는 이 구절의 의미를 경건한 마음으로 깊이 생각해 보면, 바울이 지금 하나님께서 무죄하신 그리스도를 죄인으로 간주하고 죄인으로 취급했다고 말하고 있다는 견해에 의문을 제기할 수 있다. 이 구절에 쓰인 결정적 단어는 "죄"(하마르티아hamartia)이지 "죄인"(하마르톨로스hamartōlos)이 아니다. 또한 희생 제사와 관련된 히브리어 단어 핫타트(hattā't)와 아샴('āshām)이 둘 다 '죄'와 '속죄제물'을 뜻할 수 있으므로 이 구절에서 먼저 쓰인 '하마르티아'는

'죄'를 의미하는 반면, 두 번째 '하마르티아'는 '속죄제물'을 뜻한다고 주장해서도 안 된다. '속죄제물'을 뜻하는 통상적 그리스어는 '페리 하마르티온 뒤시아'(peri hamartiōn thysia, 히 10:26, "속죄하는 제사") 혹은 간단히 '페리 하마르티아스'(peri hamartias, 롬 8:3; 사 53:10[LXX], "속건제물")이다. 게다가 하마르티아가 '속죄제물'이라는 의미로 쓰인 곳은 바울 서신이나 신약성경 어디에도 없다. 또한 바울이 단순히 성육신을, 즉 그리스도께서 "죄 있는 육신의 모양으로"(롬 8:3) 인성을 취하셔서 죄의 결과, 곧 고난과 죽음을 겪지 않으면 안 되셨던 것을 말하고 있을 가능성도 없다.

바울은 성육신이 아니라 십자가를 생각하고 있으며, 그래서 이 구절의 의미는 정확히 "하나님께서 죄 없는 이를 죄로 만드셨다"(JB)가 아니라 "하나님께서 죄 없는 이로 하여금 죄가 **되게 하셨다**"(to be sin)이며(모호한 영어 표현 "그를 죄로 만드셨다"가 아니라), 이는 이 일이 하나님께서 신적으로 정하신 일임을 가리킨다. 하나님께서는 십자가에 달린 그리스도를 마치 죄인 것처럼 대하셨으며, 혹은 의미심장하고 신비로운 의미에서 하나님께서는 실제로 그리스도로 하여금 죄가 되게, 즉 인격화된 죄 자체이도록 하셔서 하나님에게서 멀어지게 하고 하나님의 진노의 대상이 되게 하셨다(1부 21장을 보라). 21절 상반절은 19절 하반절과 뚜렷이 대조된다. 하나님께서 죄인들의 죄를 죄 없는 분에게 옮기셨기 때문에, 즉 죄가 그리스도께서 셈을 치르셔야 할 것으로 간주되었기 때문에(21상절), 죄는 이제 신자가 셈을 치러야 할 것으로 여겨지지 않는다(19하절). 십자가에서 이렇게 죄 없는 분이 죄인들과 완전히 동일시되어, 이들이 받아야 할 형벌과 이들의 죄책을 취하셨다는 사실은 이 일에 대표뿐만 아니라 대속의 의미가 관련되었다는 것을 의심할 여지 없게 한다. 하나님의 행동은 "우리를 위한" 것, 즉 "우리의 유익을 위한"

것이기도 하고 "우리를 대신한" 것이기도 하다.

바울은 "하나님께서 그리스도 안에 계시사"(19절)라고 담대히 말할 수 있지만, 그런 한편 경외감을 불러일으키는 이 신비에 대한 인식으로 "하나님이 그리스도를 죄로 만드셨다"는 무시무시한 말에서 한 걸음 뒤로 물러나 "그가 그를 죄로 만드셨다"(he made him to be sin)라고 주어와 목적어를 명시하지 않는 쪽을 선택한 것도 아마 놀랍지 않을 것이다. 물론 그 대명사가 각각 누구를 말하는 것인지는 명확하지만 말이다.

이 구절 후반부는 하나님께서 그리스도를 인간의 죄와 완전히 동일선상에 놓으신 목적 및 함축적 결과를 진술한다. 신자들 스스로가 하나님의 내재적 의를 공유하게 되는 게 아니다. 그보다, "하나님의 의가 된다"는 말은 하나님께서 직접 주시는, 하나님 앞에서의 바른 신분 얻기를 가리킨다("하나님의"는 주격 속격이다; 참조. 롬 5:17; 빌 3:9). 여기서 "의"라는 말은 "구체적 개념을 가리키는 추상적 표현"으로서, 윤리적 의미라기보다는 법정적 "의"를 뜻한다. (부활하신 그리스도를 믿는) 믿음을 통해 그 그리스도와 연합함으로써 신자는 하늘 법정에서 하나님에 의해 "의롭다고 간주된다"(롬 5:19).

28. 바울이 겪은 세 번의 낙심 (고후 7:5-7)

사도 바울이 목회자 마음을 가진 저자요 선교사의 자세를 가진 정치가로서 초기 기독교에 그토록 엄청난 기여를 했기 때문에 그리스도인들은 바울을 감정의 요동과 욕망이 없는 '초특급' 그리스도인이라는 거의 비현실적인 지위로까지 격상시키는 경향이 있다. 하지만 사실 바울은 모든 신자들과 마찬가지로 정서적으로나 영적으로 부침(浮沈)을 겪었다.

바울이 쓴 편지에서 우리는 그가 외로움과 낙심을 세 번 겪었다는 것을 밝혀낼 수 있다. 중요한 점은, 이 세 번이 모두 바울이 성인이었을 때(그가 기독교 시대 초기에 태어났다고 추정하면) 있었던 일이라는 것이다.

1. **주후 56년 무렵 마게도냐에서**(고후 7:5-7). 바울은 자신의 대리인 디도에게 지금은 전해지지 않는 "가혹한 편지"(참조. 고후 2:4; 7:8)를 들려서 고린도로 보냈다. 편지는 바울을 대적하는 이들을 지지한 것을 회개하라고 고린도 신자들에게 촉구하는 내용이었다. 디도가 고린도 소식을 가지고 드로아에 도착하지 않자 바울은 "심령이 편하지 못하여" 마게도냐로 갔다(고후 2:12-13). 마게도냐에서도 바울은 평안할 수 없었고, "사방으로 환난을 당하여 밖으로는 다툼이요 안으로는 두려움이었"다(고후 7:5).

바울은 무엇을 두려워했을까? 우선 디도가 고린도에서 과연 환영받을까 하는 생각이 뇌리를 떠나지 않았다(참조. 13, 15절). 디도가 전달하는 "가혹한 편지"를 받고 고린도 교인들이 어떤 반응을 보일지 끊임없이 불안하기도 했다. 디도가 드로아에서 바울을 만나지 못했고(2:13) 마게도냐에서도 처음에 만나지 못했다는 것을(7:5) 감안하면 더욱 그러했을 것이다. 행악자들을 징계할 것을 촉구하는 자신의 "가혹한 편지"로 고린도 사람들에게 불필요하게 고통을 안겼다는 불안감도 있었고(참조. 7:8), 디도에게 고린도 교인들을 자랑했는데, 그것이 근거 없는 자랑이었음이 드러나고 그리하여 심히 창피한 상황이 되면 어쩌나 하는 염려도 있었으며(참조. 7:14), 디도가 무사히 여정을 마칠 수 있을까 하는 걱정, 그리고 곧 있을 자신의 고린도 방문 때 혹여 그리스도인답지 않은 행실에 빠져 있는 교인들을 보게 될지도 모른다는 불안감 등이 있었다

(12:20-21).

낙심하고 불안한 상태에 있던 바울은 고린도 교인들이 "가혹한 편지"에 긍정적 반응을 보였다는 바람직한 소식을 가지고 디도가 무사히 도착한 후에야 비로소 안도했다(고후 7:6-13). "그러나 낙심한 자들을 위로하시는 하나님이 디도가 옴으로 우리를(=함축적 의미상 '의기소침해 있던 나를') 위로하셨으니"(6절). 형용사 '타페이노스'(tapeinos)가 정서 상태에 관해 쓰이면 "풀죽은", "낙심한", "용기를 잃은", "우울한"이라는 뜻이다. 디도가 도착한데다가 고린도 소식을 가지고 오자 바울의 의기소침함은 더할 수 없는 안도감과 깊은 기쁨으로 바뀌었다(8-13절).

2. 주후 59년 무렵 예루살렘에서(행 23:1-11). 바울이 예루살렘에 도착한 지 얼마 안 되어 일부 유대인들이 바울을 대적해 대중 봉기를 유발했고, 이에 로마군 지휘관이 바울을 체포한 뒤 최종적으로 유대인의 산헤드린을 소집해서 바울을 그 앞에 세워 연설하게 했다. 바울은 눈치 없게도 자신이 하나님 앞에 무죄하다고 단호히 주장하면서 자기 변론을 시작했다(1절). 대제사장 아나니아가 바울을 치라고 불법적으로 지시하자 (유죄는 차치하고 혐의조차도 밝혀진 게 없는) 바울은 말로써 상대를 때려눕혔다. "회칠한 담이여 하나님이 너를 치시리로다." 그러나 뜻밖에도 그는 분별없이 감정을 폭발시킨 것에 대해 곧 사과했다(3-5절). 그러고는 한 가지 책략으로 산헤드린을 효과적으로 양분시켰으나 결국 그의 목숨을 위태롭게 하는 격렬한 논쟁이 벌어지고 말았다(6-10절).

이 모든 사태 후 바울은 낙심한 채 안토니아 요새의 독방에 홀로 앉아 있었을 것이 틀림없다. 예수와 스데반이 이 산헤드린 앞에서 침착한 태도를 보였던 것을 떠올리면서(마 26:59-63; 행 6:15; 7:54-56, 59-60) 바울은 그와 똑같은 상황에서 자신은 매우 서툴게 행동했다는 것 때문에 슬픔을 느꼈을 것이다. 바울은 상대를 분열시키는 작전으로 자기 목숨을 위태롭게 만들었다(10절). 로마 시민이자(행 22:27) 그리스도인으로서 로마를 방문하고자 했던 오랜 소원이 과연 이뤄질지 회의에 빠졌을 수도 있다.

이런 세세한 염려들은 부활하신 예수께서 은혜롭게 처리해 주셨다. "그날 밤에 주께서 바울 곁에 서서 이르시되 담대하라 네가 예루살렘에서 나의 일을 증언한 것같이(행 22:1-21; 23:6을 보라) 로마에서도 증언하여야 하리라 하시니라"(11절).

3. 주후 64년 무렵 로마에서(딤후 4:9-18). 바울은 생애 두 번째로 로마에서 감시를 받고 있었다(첫 번째 경우는 행 28:16, 30-31을 보라). 하지만 이번에는 다른 점이 있었다. 바울은 지금 최종 재판을 기다리고 있지만 법 절차가 지연될 것이 예상되었고, 그래서 동료들의 방문을 받을 수 있을 터였다(딤후 4:9, 11, 13, 16, 21). 바울은 석방 후 어딘가로 갈 계획이 없으며(몬 22절과 비교해 보라) 재판 후 유죄 판결을 받고 순교자로 죽게 될 것을 예상하고 있다(딤후 4:6-8).

본문에서 어떤 점이 바울이 외로움, 좌절감, 낙심과 씨름하고 있음을 암시하고 있는가? 첫째, 측근 동료들의 모임이 와해되었다. 데마는 데살로니가로 갔고, 그레스게는 갈라디아로, 디도는 달마디아로 갔으며, 두기고는 바울이 에베소로 보냈다(10, 12절). 둘째, 전에 바울의 동료였던 데마(골 4:14; 몬 24절)는 "이 세상을 사랑"했기 때문에 바울을 버리고 떠났다. 데마는 아마 바울과 함께 순교당할 것이 내키지 않아 믿음을 저버렸을 것이다. 셋째는 디모데에게 "속히" 자기에게로 오라고 요청한 것인데, 이는 데마가 바울을 버리고 떠나간 일 때문이었다(9-10절; 참조. 11, 21절). 넷째, 첫 재판에 앞서 바울 사건에 대한 예비 조사에서 그의 첫 변론이 있었을 때, 로마 신자들에게서 그 어떤 도움도 없었으며, 이는 심각한 태만 죄였다("그들에게 허물을 돌리지 않기를 원하노라", 16절). 그리고 마지막으로 바울은 그림처럼 생생한 동사 하나를 두 차례나 써 가면서 자신의 실망감을 표현했다(10, 16절). 파생적 의미상 '엥카탈레이포'(egkataleipō)는 도움이 절박하게 필요한 상황 한가운데 있는(엔en) 어떤 사람을 완전히(카타kata) 버리고 떠남(레이포leipō)을 의미한다(1부 21장을 보라). 바울은 버림받은 기분, "궁지에 내버려진" 느낌이었다. 도움이 필요한 때에 제자들에게 버림받은 예수처럼(막 14:50), 바울도 마땅히 그의 곁에 있었어야 하는 사람들에게 버림받았다(참조. 1:15).

그러나 다시 한 번 주 예수께서 바울 곁에 서서 힘을 주셨다(17절; 참조. 행 18:9-10; 22:17-21; 23:11). 앞에서 언급한 두 번째와 세 번째 예에서는 하나님 아버지, 혹은 주 예수께서 직접적으로 개입하셔서 바울에게 필요한 위로를 주신 반면, 첫 번째 경우에는 신적 위로가 디도를 통해 전달되었다.

우리가 정서적 혼란과 정신적 외상(外傷)이 생기는 상황에 처할 때, 때로 하나님께서 직접 우리를 구하러 오실 것이며, 대개는 성경을 통해 그렇게 하실 것이다. 또 어떤 때 하나님은 동료 신자들을 통해 우리의 상황에 간섭하실 것이다.

29. 바울이 좋아하는 말 (고후 8:9)

글 쓰는 사람이나 강연하는 사람에게 글이나 강연의 메시지를 한 단어로 요약해 달라고 하는 것은 아마 온당하지 않을 것이다. 하지만 예수께 이런 적절치 못한 요청을 한다면, 짐작건대 그분의 대답은 아마 "아빠"(Abba)일 것이다(2부 32장을 보라). 바울에게 그렇게 요청한다면 그는 "은혜"(카리스charis)라고 대답할 것이다.

'카리스'라는 단어가 각 편지의 시작과 끝 혹은 그 가까이에 반드시 등장하여 바울 교향곡의 서두 화음과 마무리 후렴구를 형성하는 것이 바울 서신의 두드러진 특징 중 하나다. '카리스'라는 말을 한 가지로 정의해서는 이 단어가 가진 풍성한 의미를 제대로 전달하지 못한다. 물론 "우리가 구하지 않았고 대가를 치르고 손에 넣은 것도 아닌 하나님의 은총"을 뜻한다는 일반적 해석이 이 단어가 지닌 의미의 가장 중요한 측면을 포착하기는 한다.

고린도후서 8-9장은 "예루살렘 성도 중 가난한 자들"을 위한 연보를(롬 15:26; 2부 9장을 보라) 마무리하라고 바울이 고린도 교인들을 향해 외치는 강한 요청이다. '카리스'는 이 8-9장의 핵심 표현으로, 여섯 가지 다른 의미로 적어도 열 번은 등장한다.

1. '은혜'라는 의미로는, 예수의 무조건적 자비가 아낌없이 나타난 것(8:9), 혹은 하나님께서 무언가를 할 수 있게 하심, 특히 모금에 넉넉히 참여할 수 있게 해 주심을 가리킨다(8:1; 9:8, 14).

2. '특권' 혹은 '호의'라는 의미로는, 연보에 참여할 수 있는 영광이나 기회를 뜻하는 말로 쓰였다(8:4).

3. '은혜의 행위'라는 의미로 쓰일 때는, 모금을 하는 일 자체가 자비롭고 고결한 행위임을 나타낸다(8:6).

4. '베풂의 은혜'라는 의미로 쓰일 때는 나눔이나 도움을 베푸는 고결한 행위를 가리킨다(8:7).

5. '헌금' 혹은 '사랑의 일'이라는 의미로는, 이 모금이 호의의 표현이자 증거임을 나타낸다(8:19).

6. '감사'의 의미로는, 선행에 대해 말로써 고마움을 표현하는 것이다(8:16; 9:15).

고전 그리스어에는 있지만 신약성경에서는 찾아볼 수 없는 '카리스'의 쓰임새 두 가지가 있다. 이는 어떤 것의 고유한 아름다움(예를 들어 일몰日沒의 장관 같은), 그리고 어떤 사람이 그 아름다움에 사로잡히거나 매혹되는 것을 가리킬 수 있다.

신약성경에 쓰인 '카리스'의 주요 쓰임새는 다음과 같이 네 가지로 분류할 수 있다.

1. 무조건적인 자비: "그 **은혜**에 의하여 … 구원을 받았으니"(엡 2:8); "모든 사람에게 구원을 주시는 하나님의 **은혜**가 나타나"(딛 2:11).

2. 무조건적인 자비의 행위: "우리 주 예수 그리스도의 **은혜**를 너희가 알거니와 부요하신 이로서 너희를 위하여 가난하게 되심은"(고후 8:9).

3. 무조건적인 자비의 행위에 대한 감사: "**감사**하는 마음으로 하나님을 찬양하고"(골 3:16).

4. 무조건적인 자비의 행위에 대한 감사를 말로 표현하기: "말할 수 없는 그의 은사로 말미암아 하나님께 **감사**하노라"(고후 9:15).

30. 의도적인 긴 침묵 (고후 12:2)

바울은 부득불 자랑할 수밖에 없다고 거듭 주장하면서 고린도후서 12장을 시작한다(1상절; 참조. 고후 11:1, 16, 30; 12:6). 고린도 교회 사람들은 자신들의 교사들이 '자격 증명'을 보여 주었으므로(참조. 고후 11:21-29), 바울도 주 예수께서 그에게 주신 환상과 계시가(1하절) 무엇인지 십사 년의 침묵을 깨고 털어 놓아야 한다고 다그쳤다. "내가 그리스도 안에 있는 한 사람을 아노니 그는 십사 년 전에 셋째 하늘에 이끌려 간 자라"(고후 12:2). 셋째 하늘, 혹은 낙원에서 그에게는 그 어떤 인간도 가히 이르지 못할, 말로 표현할 수 없는 계시가 주어졌으며(4절), 나중에 그는 이를 일컬어 "계시를 받은 것이 지극히 크"다고 말한다(7절). 사도행전에 기록된 바울의 환상 중 그 어떤 것도 이 환상적 계시와 동일한 것으로 여길 수 없다. 이 계시를 받은 것은 이 편지를 쓰던 때(주후 56년 가을)로부터 십사 년 전, 즉 포괄적으로 계산할 때 주후 43년 경, 바울이 수리아와 길리기아에서 지내던 시절로서(갈 1:21) 사도행전이 전혀 아무 언급도 하지 않는, 이른바 침묵의 시기(주후 35-45년)에 있었던 일이기 때문이다.

바울은 "내가 그리스도 안에 있는 한 사람(=어떤 그리스도인 남자?)을 아노니"라고 수수께끼 같은 말을 하는데, 이때 그는 자신의 체험을 이야기하고 있는 것일까? 몇 가지 이유로 볼 때 틀림없이 그럴 것이다. 바울은 그 일이 정확히 언제 있었는지를 알고 있고(2절) 계시의 내용을 말로 표현할 수 없다는 것도 알고 있다(4절). 이 계시는 바울이 "내 (육체에)"(7절) 주어졌다고 말하는 "가시"를 받은 일과 직접적으로 관련 있었다. 계시를 받던 때에 자신이 몸 안에 있었는지 몸 밖에 있었는지 모르겠다는 언급도(2-3절) 직접적 체험을 가리킨다. 또 한편, 정말로 다른 사람을 위해 자랑하는(5상절) 것이라면 민망함을 느낄 이유가 없을 것이다(1절).

하지만 바울은 왜 2-4절에서 자신의 체험을 객관화해서 삼인칭으로 말하는가? 심지어 5절에서는 자기 자신과 '관련 인물'을 구별하기까지 하면서 말이다. 이 일을 이야기하려다 보면 부득불 자랑을 해야 할 텐데 자랑 자체는 공동의 유익에 기여하는 게 전혀 없으므로 아마 이런 식으로 하는 것이 그 무익한 자랑으로부터 거리를 유지하는 편리한 방법이라고 보았던 것 같다(참조. 12:19; 고전 12:7). 또한 바울은 자신의 특권적 체험 덕분에 어떤 식으로든 자신의 지위나 중요성이 높아질 수도 있다는 생각을 허락하고 싶지 않았던 것일 수도 있다.

계시를 받는 환상에 관해 바울의 침묵이 길었다는 것은 그 침묵이 십사 년간 지속되었기 때문만이 아니라 고린도 교인들의 관점에서 볼 때 바울이 그 특별한 체험에 관해 이들에게 알려 줄 수 있는 기회가 다음과 같이 적어도 네 번은 있었는데 그가 여전히 침묵 쪽을 택했기 때문이기도 하다.

- 주후 50년 가을부터 주후 52년 봄까지 2차 전도 여행 때 처음으로 고린도를 방문해 18개월 동안 머물렀을 때(행 18:1-18)
- 고린도전서를 쓸 당시(주후 55년 봄)
- 주후 55년 여름 혹은 가을의 "괴로운" 방문 때(고후 2:1; 13:2)
- 주후 56년 봄 "가혹한 편지"를 썼을 때(고후 2:3-4; 7:8, 12).

그래서 지금까지의 침묵은 의도적이었던 것이 분명하다. 바울이 침묵을 깬 이유는, 고린도 교인들이 바울에게 불성실한 탓에 바울이 이제 경쟁자들과 겨루어야 하는 상태가 되다 보니 그 경쟁자들의 어리석은 자랑(11:18, 21-23)에 대응하지 않을 수 없었기 때문이며, 또한 자신이 하늘로 들려 올라간 일에 대한 이야기는 낙원에서 받은 계시에 대해 어떤 식으로든 지나치게 자만하지 못하도록 하나님께서 그의 "육체에 가시"를 주신 일을 설명하는 데 반드시 필요한 서론이었기 때문이다. 바울이 그 특별한 천상 체험의 날짜를 그렇게 정확히 기억할 수 있었던 것은, 그를 좌절하게 만드는 그 고통스러운 "가시"와 얼마나 오래 씨름해 왔는지 도저히 잊을 수 없었기 때문이다. 이 가시를 없애 달라고 주 예수께 빌었으나 그분은 이를 없애 주시지 않고 "내 은혜가 네게 족하도다"라고 확신시켜 주셨다(12:8-9; 2부 31장을 보라).

바울이 특혜로 받은 승천 체험을 이렇게 능숙하게 다루는 모습은 "범사에 기한이 … 있나니 … 잠잠할 때가 있고 말할 때가 있으며"(전 3:1, 7)라는 금언이 진리임을 잘 예시한다. 또한 이는 바울이 목회자다운 감수성을 지녔다는 설득력 있는 사례이기도 하다. 놀라운 특권을 누렸으면서도 이에 대해 의도적으로 오래 침묵했다는 것은, 하나님과의 사적(私的)인 만남으로서의 황홀한 체험이 불필요하게 공개되어서는 안 되며 하나님께서 주신 특권으로서의 그 체험이 교회 안에서 그 사람의 지위와 역할에 아무것도 더해 줄 게 없다는 바울의 확신을 잘 보여 준다(참조. 고후 12:6).

31. "육체에 박힌 가시" (고후 12:7)

고린도후서 11:30과 12:5에서 바울은 자신의 약함을 (마지못해) 자랑하고자 한다고 말했다. 그 약함의 첫 번째 극적인 예는 다메섹에서 굴욕적으로 빠져나온 일이었고(11:32-33), 두 번째 예는 자신의 몸을 쇠약하게 하는 "가시"를 영원히 받은 일이었다. 과거 일이기도 하고 현재 일이기도 한 "약함"은 바울의 체험을 구성하는 데 없어서는 안 되는 요소였다.

다메섹 탈출은 한 번밖에 없었던 에피소드지만, 그럼에도 그 치욕 때문에 바울의 기억에 각인되었다. 반면 "가시"는 어느 때든 빈발하는 시련으로서, 바울을 무력하게 만들고 창피하게 만들 수 있었다. "여러 계시를 받은 것이 지극히 크므로 너무 자만하지 않게 하시려고 내 육체에 가시 곧 사탄의 사자를 주셨으니 이는 나를 쳐서 너무 자만하지 않게 하려 하심이라"(고후 12:7). 고린도후서 12:7-10을 근거로 우리는 이 "가시"에 다음과 같이 일정한 특징이 있었다고 추론할 수 있다.

1. 이 가시는 바울이 낙원에서 받은 계시의 직접적 결과로서 그에게 주어졌다(7절).

2. 이 가시는 육체적으로, 또는 심리적으로 바울에게 예리한 고통을 안겼으며, 이 때문에 바울은 이 가시를 없애 주시기를 구했다(7-8절). 고전 그리스어에서 스콜로프스(skolops)라는 말은 보통 '말뚝'을 뜻하지만, 칠십인역 성경에서는 파피루스에서와 마찬가지로 '부서진 조각', '가시'를 뜻한다. "육체에"(엔 사르키en sarki)라는 말에는 "내 몸에 끼워 넣어졌다/박혔다"라는 의미가 있다.

3. 역설적으로 바울은 이 가시를 하나님께서 주신 것인 동시에("주셨으니"는 '신학적 수동태theological passive'이다) 사탄의 "사자" 혹은 도구로 여겼다(1부 2장을 보라).

4. "너무 자만하지 않게 하시려고"와 "쳐서"라는 두 개의 현제 시제에 암시된 것처럼, 이 가시는 영속적 상태였다. 하지만 8절의 "세 번(주께 간구하였더니)"이라는 표현에서 암시된 것처럼, 증세는 간헐적으로 악화되었다.

5. 이 가시는 바울을 겸손하게 했다. 그가 받은 계시의 '특별한 성격'(혹은 '엄청난 위엄', Weymouth)에 대한 영적 오만을 억제 혹은 방지하기 위한 것이었기 때문이다("너무 자만하지 않게 하시려고"라는 말이 되풀이되는 것에 주목하라).

6. 이 가시는 얼굴을 심하게 구타당하는 것에 비교할 수 있을 만큼 굴욕적이었다. '콜라피조'(kolaphizō)라는 생생한 동사는 "주먹으로 치다" 혹은 좀 더 일반적으로 "폭력적으로 학대하다", "두들겨 패다", "거칠게 다루다"라는 뜻이다.

7. 바울은 이 가시 때문에 약해지는 기분이었지만(9-10절), 이 가시가 초래하는 약함은 자랑의 대상이자(9절; 참조. 5절) 기쁨의 근원이 되었다(10절).

이 "가시"의 정체가 무엇인지에 대해서는 무수한 의견들이 제시되었지만, 다음과 같이 크게 세 가지 항목으로 분류될 수 있다. 첫째, 영적 혹은 심리적 불안이라는 의견. 둘째, 바울을 대적하는 전반적 세력 혹은 특히 고린도의 대적자들을 말한다는 의견. 셋째, 육체의 만성적 질병을 말한다는 의견. 대개는 특정되지 않으나 때로 말라리아나 눈의 질환으로 여겨지기도 한다.

이 가시는 모종의 육체적 질병이었다고 보는 것이 앞에서 설명한 "가시"의 일곱 가지 특징과 가장 쉽게 조화된다. 고린도전서 5:5을 보면(참조. 고전 11:30; 딤전 1:20) 사탄은 징계 성격의 질병을 주시기 위해 하나님께서 쓰시는 대리자로 보인다(참조. 욥 2:1-10). 확실히, 자꾸 재발해서 고통을 주는 질병은 "사탄의 사자"로 볼 수 있었다. 이것이 바울을 사망의 그늘 안에 둘 수도 있었고(참조. 고후 1:8-9), 바울이 전하는 복음을 듣는 이들로 하여금 바울을 멸시하게 만들거나(참조. 갈 4:13-14) 바울의 전도 여행 계획을 좌절시킴으로써(참조. 살전 2:18) 복음의 진전을 가로막을 수도 있었기 때문이다. 그럴지라도, 바울은 사탄의 온갖 간계 이면에서 부단히 악에서 선을 창조하시는 하나님, 모든 것을 아우르는 하나님의 섭리를 간파할 수 있었다.

바울이 만약 자신의 "가시"가 무엇인지 밝혔다면, 그 특정한 질병이 없는 후대의 그리스도인들은 고린도후서 12:8-10에 요약된 것과 같은 바울의 체험을 자기 상황과는 별 상관 없는 것으로 생각하고 싶은 마음이 들었을 것이다. 그러하기에, 갖가지 "가시"를 지닌 수많은 신자들은 바울의 체험을 자신의 체험 삼아 그 가시를 견뎌 내며 위로받아 왔다.

갈라디아서

32. 아람어 abba는 '아빠'(daddy)로 번역해야 하는가? (갈 4:6)

로마서 8:15와 갈라디아서 4:6에서 'abba'라는 말이 쓰인 것에 근거해, 사도 바울이 하나님을 '아빠'(daddy)라 부르기를 그리스도인들에게 권했다는 말을 가끔 듣는다. 그리스도를 통해서 우리는 하나님과 비할 바 없이 친밀한 관계를 누리며, 이 친밀한 관계는 'abba'라는 말에 요약되어 있다. "너희가 아들이므로 하나님이 그 아들의 영을 우리 마음 가운데 보내사 'abba' 아버지라 부르게 하셨느니라"(갈 4:6).

유대인 탈무드를 비롯해 여러 유대인 문서에서 "어린아이가 밀 맛을 경험할 때면(즉, 젖을 뗴면) ʼabbā와 ʼimmā(=아빠와 엄마)라는 말을 배운다"라는 말을 볼 수 있는 게 사실이다(바빌로니아 탈무드, Berakot 40a). 하지만 abba라는 말이 어린아이의 옹알이로 시작되었다 해도(그리고 잘 알아들을 수 없는 말이기는 해도), 예수 당시에는 이 말이 아버지를 부르는 말로든 아버지를 가리키는 말로든 '아버지'나 '내 아버지'를 뜻하는 호칭으로 성인들이 일상적으로 쓰는 말이었다.

즉, 아람어 'abba'는 영어의 '아빠'(daddy)에 비교할 수 있는 유아들의 말이 아니었다. 이는 예의 바르고 진중한 표현이었으며, 그러면서도 성인 아들과 딸이 아버지를 부를 때 흔히 쓰는 일상적이고 친근한 말이었다. 어린아이 같은 신뢰와 순종을 담아 집안에서 쓰는 이 단어에는 단순성, 친밀함, 안도감, 애정 같은 개념이 따라다닌다. 그래서 신뢰가 스민 친밀함과 따뜻함이라는 이 단어 특유의 느낌이 두드러지게 하려면 "사랑하는 아버지"(dear father)라고 적절히 바꿔 쓸 수도 있다. 더 나아가서, 만약 바울이 '아빠'(daddy)의 의미를 전하고 싶었다면, 그가 틀림없이 알고 있었을 그리스어 단어 '파파스'(papas 또는 pappas)를 쓸 수도 있었다. 이 단어는 '아빠'(papa 또는 daddy)라는 뜻으로, 어린아이들이 '아버지'를 가리키는 말이었다.

'abba'를 '아빠'라고 번역하는 게 적절치 못한 네 가지 이유가 더 있다. 첫째, 신약성경에서 'abba'라는 단어가 등장하는 구절이 세 군데인데(막 14:36; 롬 8:15; 갈 4:6), 모두 이 단어를 곧 "아버지"로 번역한다(관사가 붙은 주격 그리스어 호 파테르ho patēr로, 호격 의미로 쓰인다). 둘째, 예수 자신도 제자들에게 하나님을 "우리 아버지", '파테르 헤몬'(pater hēmōn)이라 부르라고 말씀하셨다(마 6:9). 셋째, 복음서에 기록된 예수의 기도가 열일곱 가지인데(병행 구절은 빼고), 저마다 "아버지"로 시작되며, 추측건대 각 경우마다 'Abba'의 뜻으로 그 호칭을 쓰셨을 것이다. 넷째, 노소(老少)를 불문하고 그리스도인이 하나님을 '아빠'(daddy)라고 부르는 것은 적절치 못하다. 영어 용법에서 이 표현은 전능자 주 하나님, 만유의 창조주이며 만물을 지탱하시는 분을 부르는 말로 쓰기에는 너무 격식 없고 경박하고 단순하기 때문이다. 'daddy'조차도 줄여서 흔히 'dad'라고 하는 것은 말할 것도 없고 말이다.

일부 그리스도인들이 하나님께 온당치 못한 친밀감을 갖는 것을 보고 베드로가 이런 말을 했을 수도 있다. "외모로 보시지 않고 각 사람의 행위대로 심판하시는 이를 너희가 '아버지'라 부른즉 너희가 나그네로 있을 때를 두려움으로 지내라"(벧전 1:17). 즉, 주기도문에서 하나님을 "하늘에 계신 우리 아버지"라고 부르는 것은 그분이 모든 것을 다 아시며 치우침이 없이 모든 사람을 판단하시는 최고 심판관이심을 기억하라는 것이다. 그러므로 우리는 그 하나님께 존경 어린 경외감으로 다가가야지, 그분을 마치 또 다른 '아빠'인 양 대해서는 안 된다.

33. 새로 찾은 자유를 한껏 누리기 (갈 5:1)

갈라디아서는 흔히 '그리스도인의 자유에 관한 바울의 헌장'(Paul's charter of Christian freedom)이라고 불리며, 그렇게 불리는 게 맞다. 실제로 바울의 생애와 가르침에 관한 두 가지 표준 교과서 집필자들은 여기서 한 걸음 더 나아가 바로 자신들 저서의 제목에서 바울 사도와 자유를 연관시킨다. 그 두 책은 F. F. 브루스의 『바울: 자유로운 영혼의 사도』(*Paul: Apostle of the Free Spirit*, 1977. 미국판 제목은 *Paul: Apostle of the Heart Set Free.* 『바울: 그의 생애와 사역』, CH북스 역간), 그리고 리처드 N. 롱네커의 『바울: 자유의 사도』(*Paul: Apostle of Freedom*, 1964; 2nd rev. ed. 2015)이다.

갈라디아서에서 '그리스도 안에서의 자유'라는 주제가 가장 분명히 보이는 단락은 4:21-5:1로, 여기서 바울은 창세기 16:1-16과 21:1-21에서 볼 수 있는 하갈/사라 이야기를 해석해서 이를 예로 들며 기독교 신자들은 모든 영적 종노릇에서 해방된다는 자신의 주장을 설명한다. 바울은 다음과 같이 대조되는 일련의 사실들을 소개한다.

하갈, 여종	사라, 자유로운 여인
이스마엘, 자연스러운 과정으로 태어남	이삭, 약속의 결과로서 태어남
현재의 예루살렘 도성(=유대교)	위에 있는 예루살렘(=교회)
현재 예루살렘의 자녀들 (=율법주의자들)	위에 있는 예루살렘의 자녀들 (=그리스도인들)
율법을 지킴으로써 얻는 의	믿음에 의한 의

갈라디아의 율법주의자들은 모세 율법, 특히 할례 의식을 준수하는 것이 구원에 반드시 필요하다고 주장하고 있었다(갈 2:16; 5:4; 6:12; 참조. 행 15:1, 5). 당연하게도 바울이 얼마 전에 회심시킨 갈라디아 신자들 다수가 이 선동자들이 주장하는 다른 복음 때문에 혼란에 빠졌다(갈 1:7; 5:10). 이에 대응하여 바울 사도는 모든 신자는 하나님의 인정을 받는 가상(假想)의 길로서의 율법 준수 의무에서 완전히 자유롭다고 주장한다. 참된 자유는 하나님과 올바르고 영원한 관계를 맺기 위해 그리스도의 죽음의 충분성에 철저히 의지하는 것을 통해서 온다.

그러므로 "그리스도께서 우리를 자유롭게 하신 것은 자유를 위해서다"(갈 5:1). 단어 대 단어의 이 번역이 정확하기는 하지만, 이렇게 번역하면 바울이 명백한 사실을 그냥 진술하는 것처럼 보인다. 그러나 이 문장은 아마 이 명백한 사실 그 이상을 의도했을 것이다. 그리스어에서 여격(여기서는 "자유를 위해서for freedom")은 불이익이나 이익을 모두 뜻할 수 있다. 그래서 "자유를 위해서"는 "자유를 누리게 하려고"로 부연 설명하는 게 적절할 것이다.

자력 구원에 속박된 상태(바울의 표현을 빌리자면 "노예의 멍에", 갈 5:1)에서 벗어난 것을 기쁘게 여기는 그리스도인들은 하나님의 은혜와 십자가에 못 박힌 그리스도의 몸을 통해 얻은 영적 해방을 한껏 누려야 한다(롬 7:4을 보라).

34. 노예로 섬기기 위한 자유 (갈 5:13)

서양에서는 세 가지 자유, 즉 종교의 자유, 발언의 자유, 이동의 자유를 우상화한다. 더 나아가서 사람들은 대체로 자유와 노예 상태를 서로 양립할 수 없는 반대 개념으로 여긴다.

반면 사도 바울은 주목할 만한 역설을 전개한다. 즉, 영적 자유의 목적은 노예가 되기 위해서라는 것이다. 바울이 생각하기에 그리스도께로 회심한 일은 몇 가지 면에서 자유를 안겨 주었다.

- 영적 죽음으로부터의 자유(골 2:13)
- 죄의 노예가 된 상태로부터의 자유(롬 6:14-23; 참조. 요 8:34, 36)
- 모세 율법에 속박된 상태로부터의 자유(롬 7:4, 6)
- 사람들을 기쁘게 하기로부터의 자유(갈 1:10)
- '자기를 기쁘게 하기'로부터의 자유(고후 5:15)

하지만 진정으로 자유롭기 위해서는 노예의 상태가 되어야 한다. 해방된 노예는 충성을 바칠 주인이 없는 상태가 되는 게 아니다. 누군가의 노예였던 상태에서 벗어나면 이제 다른 이를 위한 노예가 된다.

로마서 6:15-23은 두 가지 유형의 노예 신분을 대조해 보인다. 하나는 무자비한 폭군인 죄("부정", "불법"이라고도 하는)의 노예이고, 다른 하나는 너그러운 주권자인 의("은혜", "순종", "교훈의 본", "하나님"이라고도 하는)의 노예이다. 여기서 바울이 인간의 상황을 묘사하는 광경에서 정말 뜻밖인 것은, 주인이 오직 둘뿐이고 더는 없으며 어느 주인에게 충성하든 다 그 주인의 노예인 것으로 그려진다는 점이다. 죄의 노예 신분에서 해방되면 기꺼이 의의 노예 신분으로 귀결된다. "전에 너희가 너희 지체를 부정과 불법에 내주어 불법에 이른 것같이 이제는 너희 지체를 의에게 노예로 내주어"(롬 6:19). "이제는 너희가 죄로부터 해방되고 하나님께 노예가 되어"(롬 6:22).

새로운 노예 신분의 고상한 매력은 바울이 두 노예 신분의 결과 혹은 '열매'를 대조하는 부분에서 분명히 드러난다. 죄에 고용된 사람에게 주어지는 삯은 "사망"이며(롬 6:23), 바울은 다른 곳에서 이를 "주의 얼굴…을 떠나 영원한 멸망의 형벌을 받"는 것으로 묘사한다(살후 1:9). 한편, 하나님의 노예인 사람들은 "영생"을 은혜로운 선물로 받을 것이며, 이는 육체의 죽음과 영적 죽음 모두를 배제하는 영원한 신적 생명에 직접적으로 참여하는 것을 말한다(2부 60장을 보라).

죄의 노예 신분에서 벗어난 후 의의 노예가 된 것을 앞서서 옹호하는 이는 바울만이 아니다. 베드로도 동일한 정서를 드러낸다. "너희는 자유가 있으나 그 자유로 악을 가리는 데 쓰지 말고 오직 하나님의 노예와 같이 하라"(벧전 2:16).

마지막 역설은, 노예를 위한 자유는 노예 신분 안에서의 자유로 귀결된다는 것이다. 그리스도의 노예 혹은 하나님의 노예가 됨으로써 자신의 자유를 표현하기로 선택하는 사람들은 새로운 자유를 얻는다. 즉, 가치 있는 목표를 받아들임으로써 자신의 자유를 제한할 기회를 얻는다.

그래서 바울은 이렇게 말할 수 있었다. "내가 모든 사람에게서 자유로우나 스스로 모든 사람에게 노예가 된 것은 더 많은 사람을 얻고자 함이라 … 내가 여러 사람에게 여러 모습이 된 것은 아무쪼록 몇 사람이라도 구원하고자 함이니"(고전 9:19, 22).

에베소서

35. 보증이자 담보로서의 성령 (엡 1:13-14)

어떤 그리스어 단어들은 너무 여러 가지 의미를 가지고 살아 움직여서 이에 적절히 상응하는 단 하나의 영어 단어를 찾아내기가 불가능하다. 그런 경우, 번역자는 의미를 풀어서 설명하거나 두 가지 표현을 쓰는 수밖에 없다. '아라본'(arrabōn)이 바로 그런 단어다.

상업과 법 분야에서 '아라본'에는 두 가지 기본적 의미가 있었다. 이는 어떤 물건을 구매할 때 내는 첫 번째 할부금이나 보증금, 또는 구매는 했으나 법적으로 돈을 더 지불해야 하는 상품에 대해 구매자에게 법적 소유권을 부여하는 계약금을 뜻했다. 나눠서 내는 돈의 규모는 천차만별이었다. 전체 비용 중 꽤 많은 부분을 지불할 때도 있었고, 단순히 상징적 액수만 지불할 때도 있었다. 그래서 두 드라크마(고대 그리스의 은화)라는 변변찮은 돈도 값이 삼백 드라크마인 물건의 계약금이 될 수 있었다.

다른 기본적 의미로 '아라본'은 대금 지급이 앞으로 이뤄질 것이라는 담보물이었다. 이 경우, 담보물은 문제의 그 상품에 대해 실제로 지불해야 할 돈의 일부가 아니었으며, 다만 상품 대금 전액이 최종적으로 지불되리라는 보증이었다. 그래서 삼백 드라크마의 부채를 갚겠다는 보증으로 은팔찌를 맡겨 두기도 했다. 이런 의미를 보여 주는 구약성경의 전형적 예를 창세기 38:15-20에서 찾아볼 수 있다. 여기서 유다는 다말에게 한 약속을 지켜 자신의 가축 떼에서 염소 새끼를 주겠다는 담보물(아라본, LXX)로 자신의 도장 및 도장 끈과 함께 자신의 지팡이를 다말에게 준다.

그런데 여기서 이런 질문이 나올 수도 있다. "무엇에 대해서 성령이 한낱 보증일 수 있다는 말인가?" 무엇보다 먼저 주목해야 할 것은, '아라본'이라는 말을 이렇게 은유적으로 쓸 때 보증금이 반드시 전체 지불금액의 대수롭지 않은 부분은 아니라는 것이다. 물론 규모가 더 큰 전체의 일부이기는 하지만 말이다. 하나님께서 주시는 성령이라는 선물은 신자가 하나님의 아들과 딸로서 받을 궁극적 기업의 첫 부분이다. 더 큰 전체에는 그리스도의 형상을 완전히 본받는 것(롬 8:29; 고전 15:49), "신령한 몸"의 소유자로서 성령께 온전히 화답하는 것(고전 15:42-44), 그리고 새로워진 세상에서 영원한 공동 예배와 하나님을 섬기는 일에 참여하는 것(벧후 3:13; 계 5:11-13)이 포함된다.

하지만 '아라본'의 두 가지 의미 중 하나를 반드시 선택할 필요는 없다. 성령은 "첫 번째 할부금이자 담보물"(Barclay) 또는 "우리 기업을 보증하는 계약금"(NIV)이다. 즉, 계약금은 보증금이기도 하다. 성령께서 나눠 주시는 새 생명 가운데서 하나님은 신자가 전체 기업을 미리 맛볼 수 있게 하시고, 그와 동시에 이 완전한 기업을 받게 될 것을 약속하신다.

36. 규범적 양식: "성자로 말미암아 성령 안에서 성부께" (엡 2:18)

에베소서 2:14-18은 그리스도를 십자가에서 죽으신 죽음으로써 하나님과 인간 및 유대인과 이방인을 갈라놓은 적대감을 소멸시킨 조정자요 이들을 화해시키는 분으로 그리고 있다. 그리스도는 자신의 존재로 두 민족 집단에서 단일한 새 인류를 창조하셨으며(참조. 갈 3:28; 골 3:11), 그럼으로써 두 집단 모두 아무 장애물 없이 동등하게 하나님 존전으로 직접 나아갈 수 있게 하셨다. 18절은 평안과(17절) 하나의 새 인류 창조라는(15절) 좋은 소식이 선포된(그리고 받아들여진) 증거를 제공한다("이는", 호티hoti). "이는 그(그리스도)로 말미암아 우리 둘이 한 성령 안에서 아버지께 나아감(프로사고게prosagōgē)을 얻게 하려 하심이라."

이 '프로사고게'라는 말은 신약성경에서 세 번 쓰이는데, 세 번 모두 바울 서신에서 볼 수 있다. 이 단어는 권력자가 있는 곳에 입장할 수 있는 특권을 부여하는 것을 암시한다. 이 입장권을 획득했기에(롬 5:2), 신자는 이제 하나님의 보좌가 있는 방에 들어갈 수 있는 이 권리를 영원히 누린다("얻게 한다"는 현재 시제; 엡 2:18). 우리는 "그리스도와 연합하고 그를 믿음으로 말미암아 담대함과 확신을 가지고" 이 나아감을 얻는다 (엡 3:12).

에베소서 2:18에 언급된 이 나아감에는 다음과 같은 네 가지 특징이 있다.

1. 이 나아감은 "가까운 데 있는 자들"인 유대인들이 누리며(17절), 그뿐만 아니라 "먼 데 있는" 자들인 이방인들도 누린다(13, 17절). "둘이"는 "인종을 근거로 한 차별 없이", 두 집단이 이제 단일한 새 인류를 형성한다

는(15절) 의미에서 "함께함"을 암시한다.

2. 나아감은 "아버지께", 즉 하나님께서 직접 임재하시는 성소로(참조. 히 10:19), 혹은 하나님의 은총이 있는 울타리 안으로(롬 5:2) 들어가는 것을 말한다. 신약성경에서 볼 수 있는 공식 기도 기록에서, 기도를 받으시는 분은 항상 성부 하나님이시다(예를 들어, 엡 3:14-15; 빌 1:3-4).

3. 나아감이 가능해지는 것은 "그(그리스도)로 말미암아", 즉 "십자가"를 통해서(16절)이며, 이는 곧 "십자가에서 흘린 피를 통해서"이다(골 1:20; 참조. 골 3:17).

4. 나아감은 "한 성령에 의해" 체험된다. 즉, 이 나아감은 "한 성령에 의해 가능해진다/할 수 있게 된다." 하지만 '엔 헤니 프뉴마티'(en heni pneumati)는 "한 성령 안에서", 즉 "한 분의 동일한 성령 안에 연합하여"라는 뜻일 수 있다.

이렇게 성자로 말미암아 성령 안에서 성부께 나아가는 것이 신자가 하나님께 나아가는 규범적 양식이라 해도 여기에는 두 가지 예외가 있다. 첫째, 기도가 때로는 개별 신자에 의해서나(예를 들어, 행 7:59-60; 9:10-17; 22:16, 19; 고후 12:8) 일단의 신자들에 의해서(행 1:24; 9:21; 고전 1:2; 16:22; 계 22:20) 주 예수께 직접 드려지기도 한다. 둘째, 주 예수는 성부 하나님과 함께 정당한 예배의 대상이시다(예를 들어, 마 14:33; 28:9, 17; 눅 24:52; 요 9:38; 20:28; 행 13:2; 빌 2:9-11; 벧후 3:18; 계 5:12-14).

37. 성령 충만의 증거 (엡 5:18-21)

신자는 자신이 성령 충만하다는 것을 어떻게 알 수 있는가? 바울은 에베소서 5장 끝부분에서 이 질문을 예상하고 이렇게 대답했다. "술 취하지 말라 이는 방탕한 것이니 오직 성령으로 충만함을 받으라"(엡 5:18).

그리스어로 에베소서 5:18-21은 한 문장이다. 주 동사는 '플레루스데'(plērousthe, "충만함을 받으라")로서, "채우다"(fill)라는 뜻의 '플레루'(plēroō)의 2인칭 복수 현재 시제의 수동 명령형이다. 이 각 요소는 다음과 같은 점에서 중요하다.

- 2인칭 복수: "너희 (모두) 충만함을 받아야 한다." 성령 충만은 소수만을 위한 특권이 아니라 모든 신자가 관련되는 일이다.
- 현재 시제: "늘 충만함을 받으라." 성령을 계속적으로 전유(專有)할 필요가 있다. 이는 고립된 단일 체험이 아니다.
- 수동태: "충만함을 받으라." 성령의 지배에 능동적으로 순복한다는 뜻이 암시되어 있다.
- 명령형: "충만함을 받아야 한다." 이는 순종해야 할 신적 명령이다.

이 주 동사 혹은 정형 동사("충만함을 받으라") 뒤에 다섯 가지 분사가 이어진다(아래를 보라). 분사는 성격상 주 동사와의 관계가 확실하지 않다. 맥락을 보아야 관계가 명확해진다. 분사는 흔히 원인("왜냐하면")이나 수단("~로써")을 표현하지만, 본문의 경우 분사들은 "충만함"에 수반되는 상황을 묘사하며, 그래서 "충만함"의 증거 혹은 결과를 서술한다.

첫 번째 분사는 "시와 찬송과 신령한 노래들로 서로 화답하며"(19상절)이다. 이 "서로 화답한다"는 말을 골로새서 3:16에서는 "피차 가르치며 권면"하는 것이라고 설명한다. "시"는 구약성경의 시편이나 노래를 뜻한다. "찬송"은 그리스도에 관한 찬송(빌 2:5-11이나 골 1:15-20 같은) 또는 그리스도인들이 부르는 찬송가 전반을 말할 것이다. 반면에 "신령한 노래"는 성령의 영감을 받은 노래나 즉흥적으로 나오는 찬송가다.

두 번째와 세 번째 분사는 "너희의 마음으로 주께 노래하며 찬송하며"(19하절)이다. 19절 상반절이 그리스도인들의 예배의 수평적 차원을 가리킨다면, 하반절은 수직적 측면을 가리킨다. 모든 음악은 그 출처가 무엇이든, 속사람 전체에서 나와서 그리스도를 지고(至高)한 주님으로 경배하게 만들어야 한다.

네 번째 분사는 "범사에 우리 주 예수 그리스도의 이름으로 항상 아버지 하나님께 감사하며"(20절)이다. 신약성경에서 기도는 보통 성자를 통해 성부께 드린다(엡 2:18; 2부 36장을 보라).

다섯 번째 분사는 "그리스도를 경외함으로 피차 복종하라"(21절)이다. 복종이 상호적이기에 어느 한쪽이 열등하거나 우월하다는 암시는 전혀 없다.

이렇게 이런 모습들은 서로 간의 관계, 상호 덕을 세워 주기, 진심으로 드리는 예배, 부단한 감사, 그리고 상호 복종으로 드러나는 성령 충만의 틀림없는 증거들이다. 물론 신약성경 다른 곳에서 찾아볼 수 있는 다른 증거들도 있으며, 갈라디아서 5:22-23에 열거된 성품상의 특징들이 바로 그런 예다.

빌립보서

38. 그리스도의 자기 비움 (빌 2:7)

성경의 사소하고 별 뜻 없는 표현 하나가 태산 같은 논쟁을 불러일으키는 경우가 있다. 빌립보서 2:7의 '에케노센 헤아우톤'(ekenōsen heauton), 즉 "(그리스도는) 자기를 비워"라는 표현이 바로 그런 경우다. 이 표현은 이른바 케노시스론(kenotic theory), 케노시스(kenosis), 케노시스주의(kenoticism)를 유발했으며, 이는 모두 "인간 역사에 들어오셨을 때 그리스도는 자신에게서 무엇을 비우셨는가?"라는, 논리적으로 자연스러운 질문에 답변을 찾고자 한다.

문제는 번역에 있지 않다. 문자적 의미로 동사 '케누'(kenoō)는 "비우다", "고갈시키다"라는 뜻이다. 본문에서처럼 비유적으로 쓰일 때 이는 "신분이나 명망이나 특권을 제거한다"라는 의미에서의 "비우다"를 뜻한다. 앞에서 언급한 논리적으로 자연스러운 질문에 다음과 같이 몇 가지 답변이 주어져 왔다. 그리스도는 자기 자신에게서 다음과 같은 것을 비우셨다.

- 자신의 천상적 실존의 부요함(고후 8:9), 자신의 신성의 영광

- “하나님의 본체”(빌 2:6), 자신의 신적 혹은 천상적 존재 형태
- 창조와 관련된 속성, 즉 전지성 · 전능성 · 편재성
- 자신의 신적 능력을 독립적으로 혹은 완전히 발휘할 수 있는 권리

“그리스도는 자신에게서 무엇을 비우셨는가?”라는 질문이 불가피하고 타당하기는 하지만, 맥락상 본문의 표현은 다른 질문에 대한 답변이다. “그리스도는 어떻게 자신을 비우셨는가?” 바울의 답변은 “노예의 형체를 가짐으로써”이다. 역설적이지만, 그리스도께서는 노예의 외모를, 즉 아무 매력도 없고, 특징도 없고, 누군가에게 복종해야 하는 모습을 취하심으로써 자신을 비우셨다.

노예의 형체를 취한다는 말을 이런 식으로 이해하는 데에는 문법적 정당성이 있다. “그가 비우셨다”와 같은 정형 동사 뒤에 부정과거 분사(이 구절에서는 ‘라본labōn’, “가지사”)가 나오면, 이 분사는 그 정형 동사가 지니는 의미나 양식을 규정할 수 있다. “(노예의 형체를) 가지심으로써 자기를 비우셨다”는 것이다. 이런 구조의 또 다른 예는 다음 구절에서 볼 수 있다. “죽기까지 — 심지어 십자가에서 죽기까지 순종적으로 되심으로써(게노메노스genomenos) 자기를 낮추셨다.”

그리스도께서 자기를 비우시고 자기를 낮추셨는데 성부 하나님께서 어떤 대반전을 일으키시는지는 9-11절에서 찾아볼 수 있다. 하나님은 그리스도를 지고(至高)한 주님으로서 온 우주를 지배하는 분으로 높이신다. 2부 8장을 더 살펴보라.

39. 형편에 만족하기 (빌 4:12-13)

사실상 어떤 견해에 대해서든 "맥락을 벗어난 텍스트는 핑계가 될 수 있다." 이 오래된 격언은 여전히 참이며, 빌립보서 4:13에 기록된 바울의 증언이 흔히 오용되는 것이 좋은 예다. "나를 강하게 하시는 분(그리스도)으로 말미암아 내가 모든 것을 할 수 있느니라"(NASB). 이 구절을 읽으면, 이 말을 개인적으로 응용하여 "모든 것"을 자신의 개별적 상황이나 필요라고 정의한 다음, 그 목표를 이룰 수 있는 그리스도의 능력이 내게 있다고 주장하고 싶은 유혹이 든다. 그 목표가 금전적 성공이든, 학문적 성취이든, 스포츠 성적이든 말이다. 하지만 이 구절의 직접적 맥락은 "모든 것"을 놀라운 방식으로 제한한다.

빌립보서 4:10-20에서 바울은 빌립보 교회가 에바브로디도 편에(18절) 자신에게 전해 준 금전적 선물에 감사를 표한다. 바울은 빌립보 교회가 자신에게 지속적으로 관심을 보여 주는 것을 감사히 생각하고 있음을 확실히 하면서도(10절) 곧이어 이렇게 말한다. "어떠한 형편에든지 나는 자족하기를 배웠노니 나는 비천에 처할 줄도 알고 풍부에 처할 줄도 알아 모든 일 곧 배부름과 배고픔과 풍부와 궁핍에도 처할 줄 아는 일체의 비결을 배웠노라"(11하-12절). 그래서 그리스도의 능력으로 말미암아 자신이 "모든 것"을 할 수 있다는 바울의 말은, 자신이 만사에 전권(全權)을 가졌다는 주장이 아니라, 넉넉히 가졌든 모자라게 가졌든, 가난하든 부유하든, 모든 상황에 자족함을 의미한다. 즉, 이 문맥에서 "모든 것"이란 "이 모든 일"(NIV)을 뜻한다.

"나는 일체의 비결을 배웠노라"라는 말에서 바울은 당시 신비 종교에서 특정 의식(儀式)의 비밀에 입문하는 것을 표현하는 데 흔히 쓰이던

특수한 용어(뮈에오mueō)를 쓰고 있다. 하지만 바울은 이런 입문의 개념으로 이 이 동사를 쓰는 게 아니다. 그보다 바울은, 자족은 발견해야 하는 비결이지 모든 신자가 자동적으로 소유하게 되는 게 아님을 암시하고 있다. 바울이 디모데전서 6:6에서 말하다시피, "자족하는 마음이 있으면 경건은 큰 이익이" 된다. 자족이란, 삶에서 우리가 궁극적으로 통제할 수 없는 모든 상황(예를 들어 건강, 나이, 타인의 태도, 기후 같은 것)을 하나님께서 우리의 유익을 위해 섭리에 따라 정하시거나 허용하신 것으로 알고 편안히 받아들이는 것이라고 정의할 수도 있다.

그렇다면, 바울이 하는 말의 요점은 무엇인가? 우리의 형편이 어떠하든지, 이에 대처하는 우리의 역량과 자족하는 마음은 부활하신 그리스도께서 끊임없이 능력을 주시는 데 달려 있다는 것이다. 그분께서 주시는 능력은 가난에 대처할 때뿐만 아니라 부유함에 대처할 때도 필요하다. 물론 그 능력이 체감되는 방식은 가난할 때 다르고 부유할 때 다르겠지만 말이다. "내게 능력 주시는 자"의 시제가 현재 진행형이라는 점이 의미심장하다. 그분의 능력이 요구되는 우리의 상황은 달라질 수 있지만, 우리에게 능력 주시는 그분의 권능은 언제나 변치 않고 계속된다.

골로새서

40. 예수 — 시간상으로나 지위에서나 첫째이심 (골 1:15)

펀(pun)은 발음이 똑같거나 비슷한 단어들을 가지고 하는 익살스러운 언어유희다. 예를 들어, "옳은 쪽으로 가세요. 네, 오른쪽으로 가지요" 같은 것이다. 그런데 단순히 펀(pun)이 아니라 어떤 단어를 일부러 모호하게 썼음을 보여 주는 언어유희도 있다. 한 단어를 의도적으로 이중 의미로 쓰는 것이다. 골로새서 1:17이 이에 대한 훌륭한 예다.

골로새서 1:15-20은 두 가지 주요 주제를 지닌 일종의 찬송으로, 대구법(對句法, "먼저 나신 이", "그가[그는]")과 교차대구법(A-B-B-A)이 특징이다. (아래 성경 구절은 대구법을 보여 주기 위해 영어 어순대로 번역했음. — 옮긴이)

(1) 창조에서 볼 수 있는 그리스도의 지고(至高)하심(15-17절)

"먼저 나신 이(the firstborn), 모든 피조물보다"(15절)	A
"그가(and he himself) 만물보다 먼저 계시고"(17절)	B

(2) 구속에 나타난 그리스도의 지고하심(18-20절)

"그는(and he himself) 몸인 교회의 머리시라"(18상절)	B
"먼저 나신 이(the firstborn)시니, 죽은 자들 가운데서"(18중절)	A

17절에 쓰인 그리스어 '프로'(pro, "먼저")는 영어 "before"와 마찬가지로 시간상 선행하는 것("겨울 전에before winter", 딤후 4:21)을 가리킬 수도 있고, 중요성에서 우선하는 것("무엇보다도before all things"="우선", 벧전 4:8)을 가리킬 수도 있다. 골로새서 1:17에서는 어떤 의미로 쓰인 것일까? 아니면, 바울은 제임스 모펫의 번역 "그가 만물보다 우선하시고"나 NEB의 "그가 만물보다 먼저 존재하시고"에서처럼 두 가지 의미 모두를 생각했을 수도 있지 않은가?

몇 가지 사실이 여기서 '프로'는 시간상 선행을 말하며("그가 만물보다 먼저 계시고") 지위상의 우위도 말한다는 것을("친히 만물의 으뜸이 되려 하심") 암시한다.

- 15절과 18절의 "먼저 나신 이"라는 말과 18절의 "만물의 으뜸"이 된다거나 "최고이다"라는 말은 그리스도의 유일무이한 신분을 가리킨다.
- 선재(先在)([시간상으로] "만물보다 먼저", 17절)는 신분상의 우월함을 의미한다("만물의 으뜸").
- 17절에서는 창조에서 볼 수 있는 그리스도의 지고하심에서, 구속에 나타난 지고하심으로 주제가 바뀌며, 그래서 두 가지 개념 모두를 언급하는 것으로 보는 게 적절하다.

16절에서 항목별로 등장하는 초자연적 권세 중, 예수와 경쟁 상대가 될 만한 것은 전혀 없다. 예수는 시간상으로나 지위 면에서 만물보다 먼저이시며, 그분 외에는 다른 누구도 그렇지 못하다.

41. "자신의 모든 충만 가운데 계신 하나님" (골 1:19; 2:9)

골로새서 1:19을 문자 그대로의 의미로 읽으면, "모든 충만이(판 토 플레로마pan to plērōma) 예수 안에 거하기를 기뻐했으므로"이다. 하지만 바울은 인격적 특징("거하기를 기뻐했다 … 화평을 이룸으로써 … 자기와 화목하게")을 지닌 어떤 비인격적 실체("충만")를 언급하고 있지 않다. 추상적 중성 어형인 "모든 충만"이 문법적으로는 주어(主語)지만, 바울 사도는 인격적 범주 안에서 사고하고 있는 게 분명하다. 20절의 "화평을 이루사"라는 분사는 사실상 남성형 단수다! 게다가 골로새서 2:9의 병행구 "신성의 모든 충만"은 "모든 충만 가운데 계신 신성"(TCNT, REB), 또는 "신성의 완전한 충만"(Moffatt)으로도 번역되며, 이렇게 보면 1:19을 "자신의 모든 충만 가운데 계신 하나님"(REB, NLT)이라고 번역해도 충분히 정당화된다.

두 구절 모두 "모든 충만"은 완전함의 어떤 측면도 제외됨 없이, 신적 속성과 권능의 총합을 가리킨다(이것이 '판 토pan to'의 의미다). 또한, 두 구절 모두 "거하다"(카토이케오katoikeō)라는 동사를 쓴다. 1:19에서 이 동사는 거주지의 시간적 한정 요소가 규정되지 않은, 시간의 제한이 없는 부정과거(그저 "거한다")이며, 물론 그 요소에는 그리스도의 성육신과 부활 후의 삶이 틀림없이 포함될 것이다. 하지만 2:9에서 이 동사는 시간의 제한이 없는 현재 시제다. 충만이 "영구히 그분 안에 거한다", "그분에게 계속 내주한다."

2:9에서 특별한 점은 '소마티코스'(sōmatikōs)라는 부사의 쓰임새로서, 대다수 영어 성경에서는 "육체로"(in bodily form)라고 번역되었으며, 이는 신약성경 다른 곳에서는 찾아볼 수 없는 단어다. "거하시고"와 "육체

로"로 번역된 두 가지 단어가 그리스어 문장에서 의외로 분리되어 있다는 것은 두 가지 명백한 사실이 확언되고 있음을 시사한다. (1) 신성의 총체적 완전함이 그리스도 안에 영원히 거한다 (2) 이 충만함은 이제 그리스도 안에 육체의 형태로 존재한다. 성육신 전에 이 충만함이 그리스도 안에 "육체로" 거하지 않은 것은 사실이다. 한편, 성육신 전에는 이 충만함이 그분 안에 전혀 거하지 않았다는 것은 사실이 아니다. 이렇게 바울은 그리스도의 영원한 신성과 영속적 인성 두 가지 모두를 암시한다.

그리스도의 신성을 이와 비슷하게 명료히 단언하는 말은 다른 바울 서신 중 적어도 세 곳에서 찾아볼 수 있다. 물론 바울이 '데오스'(theos, '하나님')라는 말을 그리스도에게 적용하는 경우가 두 번 있다. 로마서 9:5(2부 6장을 보라)과 디도서 2:13(2부 50장을 보라)이다. 하지만 고린도후서 5:19도 적절한 예다. "하나님께서 그리스도 안에 계시사(God was in Christ,) 세상을 자기와(NLT; KJV "자기에게") 화목하게 하시며." 이 번역은 빈디슈(Windisch), 휴즈(Hughes), 드 보어(de Boor), 카레즈(Carrez), 랭(Lang), 호피우스(Hofius) 같은 다양한 주석가들이 널리 선호하며, 나는 『고린도후서』(*The Second Epistle to the Corinthians*, Grand Rapids: Eerdmans, 2005), 442-43에서 상세한 논증으로 이를 옹호했다. 이 번역을 채택한 몇몇 영역본들은 "Christ" 다음에 쉼표를 생략하여 모호함을 끼워 넣는다(RV, RSV, NASB, NEB, REB, NJB).

전통적 해석에서(쉼표가 있는) "하나님께서 그리스도 안에 계시사,"라는 말은 그리스도의 지상 생애 전체를 가리키는 말로, 이 삶에 하나님께서 인격적으로 임재하셨고 이 삶을 통해 하나님께서 자신을 계시하셨다. 화목이 이뤄진 것은 오직 신성의 총체적 충만이 그리스도 안에 구체적 형태로 거하셨기(골 2:9) 때문이다. 하나님이 그리스도 안에 계셨고, 그리하여 그리스도를 통해 행동하셨다(참조. 요 14:10하, "아버지께서 내 안에 계셔서 그의 일을 하시는 것이라"). 기능적 기독론은 존재론적 기독론을 전제로 하며 거기서 궁극적 토대를 찾는다.

42. 그리스도의 남은 고난이란 무엇인가? (골 1:24)

골로새서 1:24에서 바울은 주목할 만한 발언을 한다. "나는 … 그리스도의 남은 고난을 … 내 육체에 채우노라." 바울은 정말로 그리스도께서 받은 고난에 어떤 의미에서든 부족함이 있다고, 그래서 보완할 필요가 있다고 믿었던 것일까? 그럴 리가 없다! 다른 모든 신약성경 기자들과 더불어 바울은 십자가에서 이룬 그리스도의 구속 사역이 완전하며, 절대 반복될 필요가 없고, 우리의 구원을 위해 충분하다고 확신했다. "다 이루었다"라는 그리스도의 승리의 외침은(요 19:30; 1부 46장을 보라) 그분의 지상 생애가 완결되었음을 가리킬 뿐만 아니라, 더 중요하게는 인간에게 구원을 마련해 주는 그분의 지상 사역 또한 완결되었음을 가리킨다. 히브리서 기자의 표현대로 그리스도께서는 "백성의 죄를 위하여 … 단번에 자기를 드려 이루셨"다(히 7:27; 비슷한 구절로 9:12, 28; 10:10).

그렇다면, "그리스도의 고난"은 무엇인가? 바울은 이따금 그리스도를 믿는 신자들 전체를 가리키는 말로 "그리스도"라는 표현을 썼다. "몸은 하나인데 많은 지체가 있고 몸의 지체가 많으나 한 몸임과 같이 그리스도도 그러하니라"(고전 12:12)라는 구절이 바로 그런 예다. "그리스도의"라는 소유격 표현은 아마 소유를 가리킬 것이다. 즉, "메시아의 백성에게 있어야 할, 혹은 예정되어 있는 (고난)"이라는 뜻이다. "고난"

에 대해 말하자면, 이는 분명 육체의 우환이나 고통을 말하는 게 아니다. 고린도후서 1:5에서처럼, "그리스도의 고난"이란 그리스도를 따르는 사람이 된 결과로서 감내하는 그 모든 고난, 그분을 섬기는 일에 매진하는 동안 겪는 고난, 그리고 그분의 교회에 유익을 끼치는 고난을 가리킨다. 이 고난은 "그리스도 안에"(고후 5:17) 있으면서 "항상 예수를 위하여 죽음에 넘겨짐"(고후 4:11)으로써 "그리스도를 위하여" 사는(고후 5:15) 사람이 경험하는 특유의 고난이다.

"(그리스도의) 남은 (고난을) … 채운다"는 것은 구체적으로 명시된 일정량의 고난, 계량될 수 있는 부족분이 있음을 시사한다. 하나님께서는 종말이 오기 전에 메시아를 믿는 신자들의 공동체가 참을성 있게 감내해야 할 고난의 할당량을 정해 주신 것 같다. 바울과 바나바가 최근 소아시아에 세워진 교회들을 일깨운 말이 떠오르기도 한다. "우리가 하나님의 나라에 들어가려면 많은 환난을 겪어야 할 것이라"(행 14:22). 신자들은 시련을 겪어야 할 사람들로 정해져 있다(살전 3:3).

바울은 남은 고난을 채운다는 말을 이렇게 시작한다. "나는 이제 너희를 위하여 받는 괴로움을 기뻐하고." 다른 사람들은 다 아닐지라도 바울만은 그리스도와 그분의 교회를 위해 고난 받는다고 정당히 주장할 수 있었다. 고린도후서 6:4-10과 11:23-28에 기록된, 바울이 당한 기가 막힐 만한 고난의 목록을 생각해 보라. 이렇게 바울은 하나님께서 정하셔서 그리스도인 공동체에 할당해 주신 고난을 채우는 데 자신이 독특한 기여를 한다고 적절히 주장할 수 있었다. "내 육체에 채우노라"라는 말은 "부족함을 채우는 일에 내 몸을 하고 있다"라는 뜻이다.

하지만 바울은 다른 신자들 또한 뭐라고 확실히 말할 수 없는 부족분을 줄이는 데 특별한 기여를 한다는 것을 알고 있다. "우리가(우리 모두

가) … 많은 환난을 겪어야 할 것이라"(행 14:22). 또한 바울은 "우리가 받는 것 같은 고난을" 고린도 교인들이 견디는 것에 대해서도 말했다(고후 1:6). 그리스도에게 충성한다는 이유로 육체적 박해를 받든, 사회적으로 배척을 당하든, 욕설을 듣든, 신자들이 받는 고난은 모든 것을 포괄하시는 하나님의 뜻 안에 완전히 통합된다.

43. 무효가 된 채무 증서 (골 2:14)

'IOU'는 IQ나 IRS, 또는 ISBN 같은 약어(略語)로서, 영어의 일부가 되어 왔다. 『콘사이스 옥스퍼드 사전』은 IOU를 "본 증서에 뒤이어 구체적 금액을 명시하여 부채를 공식적으로 인정하는 기명(記名) 문서"라고 정의한다. 이에 상응하는 그리스어는 '케이로그라폰'(cheirographon)으로, 파생적 의미는 "손으로(케이로) 쓰인(그라폰) 어떤 것"이며, 손으로 쓴 문서나 어떤 종류든 서술 기록을 말한다. 특히 이는 서명으로 부채를 법적으로 공인하는 기명(記名) 채무 증서였다. 그리스어 구약성경에는 이 단어가 나오지 않으며 신약성경에만 단 한 번 등장한다(골 2:14).

빌레몬에게 보내는 편지에서 바울은 IOU의 완벽한 예를 보여 준다. 도망친 노예 오네시모를 위해 빌레몬을 상대로 중재를 벌이는 중에 바울은 한 가지 특별한 요청을 한다. 바울은 오네시모가 혹 빚진 것이 있으면 그 계산을 자기 앞으로 하라고 빌레몬에게 말한다(18절). 그리고 바울은 계속해서 이렇게 말한다. "나 바울이 내 손으로 이 보증서(=IOU)를 쓰노니 내가 갚을 것이다"(19절). 이는 바울이 서명한 약속 어음으로, 이로써 바울은 오네시모가 빌레몬에게 진 모든 빚을 공식적으로, 그리고 법적으로 떠맡는다. 여기 골로새서 2:14에서 '케이로그라폰' 또는 IOU는 우리가 하나님의 율법을 지킬 의무를 다하지 못한 것, 우리 양심이 인정하는, 하나님께 진 빚을 가리킨다(롬 2:14-15; 3:23을 보라). "법조문으로 쓴" 이 IOU에 관해 바울은 네 가지 사실을 단언한다.

첫째, 이는 "우리를 거슬렀다." 즉, 이 IOU는 우리를 대적하여 만들어져서 우리의 차변(借邊) 계정에 서서 우리를 법적으로 구속(拘束)했다.

둘째, 이는 "우리를 불리하게 했다." 즉, 이 IOU는 우리를 향한 불길한 협박이었다. 우리가 이행할 수 없는 의무를 지웠으니 말이다. 첫 번째 단언이 우리가 빚을 진 상태라는 외면할 수 없는 사실을 강조한다면, 이 두 번째 단언은 서명된 채무 명세서의 직접적이고 적극적인 적대를 역설한다. '케이로그라폰'은 죄책에 대한 고소였을 뿐만 아니라, 우리 인간에게 부채를 변제할 능력이 없음으로 인한 형벌의 위협이 되기도 했다.

셋째, 하나님께서 이 IOU를 "완전히 지우셨다." 이 생생한 동사 '엑살레이포'(exaleiphō)는 "소멸시키다", "닦아 없애다"라는 뜻으로, 접두사 '엑스'(ex=ek)는 그 소멸의 철저함 혹은 완전함을 가리킨다. 우리가 인지하고 있는, 하나님께 빚진 상태는 예수의 죽음으로 완전히 소멸되었다.

넷째, 하나님께서 "이것을 우리 가운데서 제하여 버리셨다"(문자 그대로의 의미). 즉, 하나님께서 이 IOU를 제쳐 두셨거나 완전히 없애셨다. 세 번째 단언에서 바울은 부정과거 시제를 써서 부채 말소가 과거의 일이 되었음을 강조했지만, 여기서는 완료 시제를 써서 우리가 현재는 물론 영구히 빚에서 자유로움을 지적한다.

이 진술에 바로 이어 "십자가에 못 박으시고"라는 표현이 나온다. 이는 하나님께서 어떤 수단으로 우리의 채무 증서를 완전히 없애 주셨는지를 놀라운 역설로 서술한다. "그가 이 증서를 십자가에 못 박으심으로써 이 증서를 없애셨다." 십자가에서 예수의 머리 위 팻말에 쓰여 있던 말이 마치 우리의 IOU였던 듯이 말이다!

44. 최고의 덕행은 행동하는 사랑 (골 3:14)

"who", "which", "that"은 영어의 3대 관계대명사로, who는 바로 앞에 언급된 사람을 가리키고, 나머지 두 가지는 대개 바로 앞의 사물이나 상황을 가리킨다. 그리스어에도 세 가지 관계대명사가 있는데, 하나는 문법적 성별상 남성이고, 또 하나는 여성, 나머지 하나는 중성이다. 그런데 그리스어에서 이 대명사들은 선행사와 수(數)가 일치되어야 하고(단수인지 복수인지), 성별과 격(格)도 일치해야 한다.

하지만 그리스어에서는 중성 관계대명사가 바로 앞의 중성 명사가 아니라 전술한 문장에서 볼 수 있는 대체적 개념을 가리키는 말로 쓰일 수도 있다. 골로새서 3:14가 바로 그런 경우다.

골로새서 3장에서 바울은 다양한 악덕들을 "벗어 버리기" 혹은 벗어나기를 이미 다루었다(5-11절). 이제 바울은 그와 반대되는 의무 쪽으로 화제를 돌린다. 즉, 그는 다양한 덕행들을 "입기"에 대해 말한다(12-17절). 그리스도인은 그리스도인으로서의 소명과 신분에 어울리는 도덕적 의복을 입어야 한다. 진심으로 불쌍히 여기는 마음, 자비, 겸손, 온유, 인내, 용서 등이 바로 그런 옷이다(12-13절). 이어서, '사랑 장'(고전 13장)의 결론을 기억하게 하는 한 가지 방법으로 바울은 사랑이 최고임을 강조한다. "이 모든 것 위에 사랑을 더하라 이는 온전하게 매는 띠니라."

"사랑"(아가페agapē)은 그리스어에서 여성 명사이며, 그래서 관계대명사(여기서는 "which"["이는"])는 여성형이어야 하지만, 본문에서는 중성이다! 바울은 여기서 문법상 실수를 저지른 것일까? 그럴 리가 없다! 바울은 바로 앞에서 말한 것을 가리키되, 단순히 "사랑"만이 아니라 사랑 입기, 행동하는 사랑이라는 대체적 개념을 가리키고 있다. 이 해석을 강력히 뒷받침하는 것은 여기서 '아가페'라는 말에 정관사가 붙어 있다는 사실에서 찾을 수 있다. 바울이 염두에 둔 것은 추상적 개념으로서의 사랑이 아니라 사랑의 구체적 표현, 극화(劇化)된 사랑이다.

14절 마지막 구절을 문자 그대로 번역하면, "(사랑), 이는 완전의 띠(bond of perfection)니라"일 것이다. 다시 말해, 행동하는 사랑이라는 최종적인 겉옷을 입으면 이 옷이 다른 모든 덕목을 함께 묶어서 완전하게 해 준다는 것이다.

데살로니가전서

45. 사망한 그리스도인은 "잠자는" 것인가? (살전 4:13-15)

어떤 사람이 잠들고 나면 이 사람은 잠자고 있는 것이 사실 아닌가? 바울은 "잠든" 그리스도인들에 대해 이야기했다(살전 4:14-15; 고전 15:6, 18, 20). 그렇다면 이들은 부활 때 깨어나기까지 "잠자는" 상태, 즉 생기(生氣)가 멈춘 상태인가?

여기 관계된 동사 '코이마오마이'(koimaomai)는 단순히 관례적 쓰임새에서 차용하여 죽음("죽다")을 품위 있게 표현하는 말이 아니다. 왜냐하면 이 말은 오직 그리스도인에게만 쓰이기 때문이다. 이 동사가 현재 시제로 쓰이면 육체적 잠을 가리킬 수 있다. "잠자다"라는 의미인 것이다(마 28:13; 눅 22:45; 행 12:6). 하지만 이 동사가 바울 서신에서 죽음과 관련해 쓰이면, 일정한 시점(時點)의 의미를 지닌다. 즉, "잠이 든다"는 의미로(살전 4:13-15; 고전 7:39; 11:30; 15:6, 18, 20, 51), 현재 시제로 쓰일 때도 마찬가지다. "잠든 자들" 또는 "때때로 자는 자들"(살전 4:13), "다수가 잠들었으니" 또는 "때때로 잠자는 자들이 적지 아니하니"(고전 11:30).

이렇게 이 동사는 죽음 상태로 들어가는 것을 묘사하되, 죽음 상태가 생기가 멈췄거나 의식이 없는 상태라는 암시는 하지 않는다. 죽는 그리스도인은 현재 세상에 대하여 "잠든다." 이제 이들은 우리가 살고 있는 이 땅의 시공간에서 활동하지 않는다. 하지만 이들은 자신들의 새로운 환경을 충분히 의식한다. 수고를 그치고 흡족한 상태에서(히 4:10; 계 14:13) 하나님 손안에 안전히 있을 뿐만 아니라(눅 23:46; 참조. 행 7:59), "하나님에게는 살아" 있고(눅 20:38) "영으로는 하나님을 따라 살"기(벧전 4:6) 때문이다. 이들은 그리스도가 계신 곳에서 그분과 풍성한 교제를 누리고 있다(고후 5:8; 빌 1:23; 2부 61장을 보라).

죽음과 부활 사이의 '중간 상태'가 무의식 상태라면, 그리스도가 계신 곳으로 떠나는 게 더 좋다는(고후 5:8), 혹은 떠나고 싶다는(빌 1:23) 바울의 말을 어떻게 설명해야 할까? 그 모든 좌절과 실패에도 불구하고 이 땅에서 활발하게 의식을 가지고 살며 그리스도와 교제하는 것이 바울에게는 죽음 후 무의식 상태에서 아무 움직임 없이 있는 것보다 더 나아 보였을 것이 틀림없다.

이 동사("잠들다")는, 그리스도인은 어떤 양식(樣式)으로 죽든 평온한 태도로 죽는 것을 빗대는 말일 수도 있다. 스데반이 돌을 맞아 죽으면서도 "잠이 들었다"는 것을 생각하면 이는 얼마나 적절한 해석인가!

46. 성령을 소멸하기 (살전 5:19)

그리스어 동사 '스벤뉘미'(sbennumi)는 신약성경에서 겨우 여섯 번 쓰였으며, 기본 의미는 두 가지다. 먼저, 불이나 빛과 관련해 이 동사는 그 불이나 빛을 문자 그대로, 혹은 비유적으로 근절시킨다는 의미일 수 있으며, 그래서 "끄다", "소멸하다", "꺼지다"라는 뜻이다.

- “[그(주님의 종)는] 상한 갈대를 꺾지 아니하며 꺼져 가는 심지를 끄지 아니…하리니”(마 12:20).
- “미련한 자들이 슬기 있는 자들에게 이르되 우리 등불이 꺼져 가니 너희 기름을 좀 나눠 달라 하거늘”(마 25:8).
- “지옥 곧 꺼지지 않는 불”(막 9:43, 48).
- “믿음의 방패를 가지고 이로써 능히 악한 자의 모든 불화살을 소멸하고”(엡 6:16).
- (믿음의 영웅들은) “불의 세력을 멸하기도 하며”(히 11:34).

그러나 데살로니가전서 5:19에서는 이 단어가 특이하고도 흥미로운 또 하나의 의미로 쓰인다. 여기서 이 동사는 어떤 기능이 방해받거나 위태롭게 되는 것을 묘사하며, “숨 막히게 하다”, “억누르다”라는 의미다.

데살로니가전서 5:12-22에서 바울은 교회 안에서 서로 덕을 세우라는 자신의 부름(11절)을 예시(例示)하는 몇 가지 의무를 하나하나 설명한다. 16-18절에서 개인의 의무를 이야기한 바울은 19절에서부터 공동의 의무(19-22절)를 이야기하기 시작한다. “성령을 소멸하지 말며(메 스벤뉘테mē sbennute).” 그런데 여기서 이 동사는 다음과 같이 불과 관련된 은유적 의미로 해석해도 무방하다. “성령의 불을 끄지 말며”(NIV 1984).

이 금지 명령은 현재 시제이기 때문에 어떤 행동을 중지하라는 명령, 즉 “성령을 억누르기를 멈추라”라는 뜻이거나, 혹은 특정 시간에 제한받지 않는 일반적 권고, 즉 “언제라도 성령을 억누르지 말라”라는 뜻일 수 있다. 첫 번째 의미를 채택할 경우 그다음 구절은 데살로니가에서 성령의 역사가 억압되고 있는 한 가지 방식을 가리키는 말일 수 있다. “멸시하는 태도로 예언을 대하지 말라”, 혹은 “예언하는 사람의 말을 멸시하지 말라"(20절, NRSV). 즉, 성령께서 일러 주신 예언을 일부 사람이 무시하거나 멸시하고 있는 게 분명했다. 혹은 고린도 교회의 일부 교인들이 방언의 은사를 오용한 것처럼(고전 14:1-40) 데살로니가의 일부 교인들이 예언의 은사를 오용하고 있었을 경우, 데살로니가 교회 지도자들이 이에 과잉 반응하여 성령의 은사를 발휘하는 것을 지혜롭지 못하게 억압한 탓에 사도 바울이 훈계를 할 수밖에 없었을 수도 있다.

바울의 권고에 어떤 구체적 배경이 있었든, 이 금지 명령은 광범위하게 적용된다. 모든 것을 적당하고 질서 있게 하는 한(고전 14:40), 교회 공동체 차원에서 교인들이 성령의 은사를 발휘하는 것을 억압해서는 안 된다. 개인의 차원에서 신자들은 성령께서 죄를 피하라고 경고하시거나 하나님을 높이는 특별한 행동 경로를 추구하라고 촉구하실 때 이에 저항하거나 이를 억눌러서는 안 된다. 그러나 "성령을 소멸하지 말라"라는 부정 명령은 "성령의 촉구에 순종하라"라는 긍정 명령을 함축한다. 성령께서 전도자 빌립에게 에디오피아 내시의 수레 가까이 나아가라고 말씀하셨을 때 빌립이 그대로 한 것처럼 말이다(행 8:29-31).

빌립이 성령께 순종한 행동은 복음이 중동에서 아프리카로 전해지는 최종적 결과를 낳았다. 또한 바울이 성령께 순종한 것도 생각해 보라. 성령께서는 바울 일행이 비두니아로 들어가는 것을 허락하지 않으셨고, 그래서 이들은 드로아로 갔다가 이어서 마게도냐로 건너갔다(행 16:7-12). 이 경우, 이 순종은 복음이 아시아에서 유럽으로 전해지는 궁극적 결과를 낳았다. 성령의 촉구에 순종하면 꽤 큰 이득을 배당받을 수 있다.

디모데전서

47. 전통은 시대에 뒤떨어진 것인가? (딤전 6:20)

젊은 사람들은 나이 든 사람들이 과거와 현재 상태에 집착한다고 생각하는 반면, 나이 든 사람들은 젊은 세대가 미래와 혁신에 몰두한다고 생각하는 경우가 너무도 많다. 이는 열정 대 경험, 변화 대 전통, 미래 대 과거의 문제로 보일지 모른다. 그런데 이는 서로를 배척하는 개념인가? 두 가지 요소 모두 서로를 포용하고 보완할 수는 없는가?

바울은 뒤에 있는 것은 잊어버린다고 말하는데(빌 3:13), 이 말은 지난 모든 일, 모든 전통을 다 배격한다는 말이 아니다. 바울은 상을 받겠다는 자신의 목표를 향해 전진해 온 과거를 언급하고 있다. 바로 그리스도의 죽음을 본받게 되는 상(빌 3:10), 혹은 영생을 얻는 상(갈 6:8; 딛 1:2; 3:7)이다. 1500미터 경기 같은 네 바퀴 돌기 경기에서 주자(走者)는 처음 세 바퀴를 잘 달리는 데 몰두하지 않는다. 그보다는 결승선에 가장 먼저 도착해 우승상을 받는 데 모든 힘을 다 쏟는다(빌 3:14를 보라). 바울은 디모데에게 보내는 편지에서 "네게 부탁한 것(디아데케diathēkē)을 지키라"라고 두 번이나 훈계하는데(딤전 6:20; 딤후 1:14), 여기서 "부탁한 것"이란 디모데에게 맡겨져서 안전히 지켜져야 할 것, 즉 복음에 소중히 간직된 기독교의 진리 전체를 말한다. 맡겨진 것이 이단적 가르침으로 말미암아 조금도 더럽혀지거나 위태해지지 않도록 보호하는 것도 이를 "지키는 일"이었다(딤전 6:20하).

하지만 우리는 잘못된 전통에 열심을 보일 가능성도 엄연히 존재한다는 사실을 스스로에게 일깨워야 한다. 그리스도인이 되기 전에 바울은 유대 전통에 대한 극단적 열심 때문에 유아 단계에 있던 교회를 맹렬히 박해했다(갈 1:13-14). 바울은 기독교 신자들에게 신성모독을 강요했으며(행 26:11), 어쩌면 "예수를 저주할 자"라고 말하게 만들려 했을 것이다(고전 12:3을 보라). 그러나 그 후 심히 당혹스럽게도 바울은 이 박해가 "올바른 지식에 바탕을 두지 않은" 열심에서(롬 10:2) 비롯되었음을 깨달았다.

올바로 이해한 전통에 대한 열심과 더불어 바울에게는 변화에 대한 열심이 있었다. 무엇보다 먼저 바울은 자신의 영적 삶에 진보가 있기를 바랐다. 바울에게 성화(聖化)란 그리스도화되는 것, 즉 그리스도처럼 되는 것이었다(고후 3:18; 2부 11장을 보라). 이는 바울의 일상의 목표이자 최종 운명이었다(롬 8:29; 고전 15:49). 하지만 이에 못지않게 바울은 다른 사람들 안에 변화를 진작시키는 일에도 몰두했다. 예를 들어 바울은 변덕스러운 갈라디아 교인들을 "나의 자녀들"이라고 부르면서 "너희 속에 그리스도의 형상을 이루기까지 다시 너희를 위하여 해산하는 수고를" 한다고 말한다(갈 4:19). 또한 골로새 교인들을 향해서는, "각 사람을 그리스도 안에서 완전한 자로 세우려"고 자신이 변함없이 수고한다고 확신시켰다(골 1:28-29).

그러므로 이렇게 우리는 늘 전략적 시점에 서서 미래를 내다볼 뿐만 아니라 과거도 돌아보면서, 현재와 미래가 지닌 모든 가능성을 뜨겁게 받아들이는 한편 과거의 가장 좋은 점을 세심히 보존해야 한다. 즉 "앞에 있는 것을 잡으려고"(빌 3:13) 할 뿐만 아니라 맡겨진 것을 지키기도 해야 한다(딤전 6:20). 이렇게 과거와 현재 사이에서 신중하게 균형 잡기는, 예를 들어 그리스도인의 예배에도 적용된다. 시대의 추세를 반영하는 당대의 노래와 음악은 과거 세대 신자들의 믿음을 나타내는, 시간을 초월한 찬송의 풍성한 유산과 조화를 이룰 필요가 있다.

디모데후서

48. "그리스도 예수 안에 있는 구원" (딤후 2:10)

디모데후서 2:8-10의 짤막한 단락에서 바울은 자신의 복음("내 복음"="내가 전한 복음")에 두 가지 본질적 요소가 있다고 말한다. 하나는 다윗 계열의 메시아인 예수 그리스도의 부활이고, 또 하나는 "그리스도 예수 안에 있는 구원"이다. 그 복음의 수혜자들("택함 받은 자들", 하나님께서 택하신 사람들)을 위해 바울은 "범죄자처럼 사슬에 묶이기" 같은 모욕까지 기꺼이 감당하려고 했다. "내가 죄인과 같이 매이는 데까지 고난을 받았으나"(딤후 2:9).

구약성경을 하나로 묶는 주제가 무엇이냐고 묻는다면, 예레미야 3:23을 감안해서 "이스라엘에게 있는 하나님의 구원"이라고 하는 것이 만족스러운 답변이 될 것이다. "이스라엘의 구원은 진실로 우리 하나님 여호와께 있나이다"(렘 3:23). 바울의 신학과 신약성경 전반을 조화시키는 주제에 관해 말하자면, "그리스도 안에 있는 하나님 아버지의 구원"이라는 말보다 핵심을 더 잘 짚어 내는 말은 없을 것이다. 이 요소들은 저마다 더 깊이 다뤄 볼 가치가 있다(2부 57장도 보라).

구약성경에는 하나님이 아버지이심을 명시적으로 언급하거나 암시하는 말이 많지 않지만, 신약성경에서는 아버지로서의 하나님에 관해 가르치는 특유의 가르침을 곳곳에서 흔히 볼 수 있다. 예수 자신도 하나님을 "아빠"(Abba), "아버지"라고 일정하게 부름으로써 가당치 않게 하나님과의 친밀함을 나타냈다고 고발당했다(요 5:17-18; 2부 32장을 보라). 신약성경에서 '하나님'(데오스theos)이라는 표현이 쓰이면, 맥락상 불가능한 의미가 아닌 한(예를 들어, 요 1:18하; 20:28처럼) 삼위일체의 성부를 말하는 것으로 보는 게 적절하다. 따라서 신약성경에서는 복합형인 '하나님 아버지'(God the Father)가 일반적이다(예를 들어, 갈 1:1; 빌 2:11). 그리고 구원과 연관된 분은 바로 이 아버지시다. "아버지가 아들을 세상의 구주로 보내신 것"(요일 4:14).

구약성경과 신약성경 각각의 정수(精髓)는 구원을 하나님께서 마련해 주신다는 선언이다. 구약성경의 경우에는 구원이 출애굽에서 제공되어(신 6:21-23) 육체의 구원을 낳았고, 신약성경의 경우에는 구원이 십자가에서 제공되어(골 1:19-20) 영적 해방을 낳았다. 전에는 하나님께서 "사람에게 구원을 베푸셨나이다"(시 74:12)라고 말할 수 있었지만, 이제는 "구원하심이 보좌에 앉으신 우리 하나님과 어린양에게 있도다"(계 7:10; 참조. 살전 5:9; 딤후 2:10)라고 말할 수 있다. 예수 그리스도, 하나님의 어린양께서(요 1:29) 구원을 주시기 위해(딛 2:11), 즉 "죄인을 구원하시려고"(딤전 1:15), "잃어버린 자를 찾아 구원하려"(눅 19:10) 이 땅에 나타나셨다. "구원의 창시자"(히 2:10)로서, 그분은 구주이시며(마 1:21; 눅 2:11) 구원받으려면 사람들은 그분을 믿어야 한다(요 14:6; 행 4:12). '우리 구주'라는 호칭은 디도서 각 장마다 쓰이는데, 우선은 하나님과 관련해 쓰이고(딛 1:3; 2:10; 3:4), 곧이어 예수와 관련해 쓰인다(딛 1:4; 2:13; 3:6).

하나님 아버지께서 마련하신 이 구원은 과거, 현재, 미래를 포괄한다.

그리스도의 희생의 은혜를 일단 개인적으로 전유(專有)하면 구원을 과거의 일로 이야기할 수 있다. "너희는 은혜로 구원을 받은 것이라"(엡 2:5, 8; 참조. 딛 3:4-5). 하지만 구원은 그리스도인으로서의 성숙을 향해 진보하는 것을 말하기도 하기에(엡 4:13; 골 1:28), 바울은 그리스도인을 "구원받는 자들"(those who are being saved; 고후 2:15; 참조. 고전 1:18)이라고 묘사할 수 있다. 구원의 완성은 미래에 속한 일이다. "우리가 소망으로 구원을 얻었으매"(롬 8:24), 몸의 변화로 말미암아 부패와 죄의 속박에서 "우리 몸"이 "속량"되리라는 기대가 있고(8:23), "의가 있는 곳인 새 하늘과 새 땅"의 도래를 소망하며(벧전 3:13), 다가오는 하나님의 진노에서 구원받으리라는 확신이 있다(롬 5:9; 살전 1:10).

이 구원은 그리스도 예수 **안에** 있다. "그리스도 안에"라는 표현은 바울의 글 도처에 등장한다. "그 안에"(in him)와 그리스도를 가리키는 관계대명사까지 다 포함하면 이 표현은 170여 번 쓰인다. 이 표현에서 전치사 "안에"(엔en)는 다음과 같이 풀어 설명할 수 있는 폭넓은 개념과 관계를 나타낸다.

1. 일원이 됨: "그리스도의 **몸의 지체들로서** 잠든 자들"(고전 15:18)

2. 연합: "**부활하신** 그리스도**와 교제 중인** 죽은 자들"(살전 4:16)

3. 행위: "그리스도 예수께서 **이루신** 속량"(롬 3:24)

4. 존재 양식: "너희는 … 그리스도 예수 **안에 있음으로써** 모두 하나이니라"(갈 3:28)

5. 원인: "그리스도 예수**와의 연합 때문에** 너희 자신을 하나님께 대하여는 살아 있는 자로 여길지어다"(롬 6:11)

6. 위치: "우리 주 그리스도 예수 **안에 초점을 맞춘** 하나님의 사랑"(롬 8:39)

7. 관련 영역: "내가 한 **그리스도인** 남자를 아노니"(고후 12:2)

"그리스도 안에 있는 하나님 아버지의 구원"은 바울 신학은 물론 신약 성경 전체의 본질을 적절히 요약하는 표현일 것이다.

49. 하나님의 숨결 (딤후 3:16)

호흡은 생명을 유지하는 데 없어서는 안 된다. 우리 인간은 어림잡아 매일 23,000번가량 호흡을 하며, 평균 수명을 사는 동안 약 6억 3천만 번 호흡을 하면서 산소를 들이마시고 이산화탄소를 내뿜는다.

하나님께서는 생존을 위해 호흡하시지 않는다. 하나님의 생명은 내재적이고 영원해서 외부에 있는 어떤 것으로 지탱되지 않기 때문이다. 하지만 성경 기자들은 인간의 용어를 써서 하나님을 비유적으로 묘사하면서, 인간의 경험에 의지해 신적 실재와 특성을 묘사한다. 그런 은유가 아니면 하나님은 도무지 설명 불가능한 분이 될 것이다. 그래서 하나님은 팔, 얼굴, 손, 등이 있는 분으로 묘사된다. "여호와여 일어나옵소서 하나님이여 손을 드옵소서"(시 10:12), "여호와께서 두 돌판을 내게 주셨나니 그 돌판의 글은 하나님이 손으로 기록하신 것이요"(신 9:10)라는 표현이 그런 예다.

하나님이 "숨을 내쉬심", 하나님의 날숨을 언급하는 유명한 구절 두 가지가 있다. 첫 번째는 "여호와 하나님이 땅의 흙으로 사람을 지으시고 생기를 그 코에 불어넣으시니 사람이 생령이 되니라"(창 2:7)라는 구절이다. 하나님의 숨결이 생기를 불어넣는다.

두 번째 구절(딤후 3:16)에서는 사도 바울이 표현력 있는 형용사를 만들어 내서 구약성경에서 말하는 신적 호흡을 묘사하는 것을 볼 수 있다. 바울은 자신의 "사랑하는 아들" 디모데에게 권면하기를, 그가 배우고 확신하게 된 진리, "성경"을 통해 어릴 때부터 알아 온 진리에 늘 충실하라고 하며, 이 성경은 "능히 너로 하여금 그리스도 예수 안에 있는 믿음으로 말미암아 구원에 이르는 지혜가 있게" 한다고 한다(딤후 3:14-15). 이 생생한 형용사는 '데오프뉴스토스'(theopneustos)로서, "하나님에 의해"(데오theo-) "숨이 내뿜긴"(프뉴스토스pneustos, '프네오'[pneō, '숨을 내뿜다']에서 파생된 단어)이라는 뜻이다. 그래서 이 단어는 "하나님의 숨결이 담긴"(God-breathed), "하나님께서 영감을 주신"이라고 번역할 수 있으며, 두 번째 번역에는 "~ 속으로 숨을 내쉰다"라는 의미가 담겨 있다.

여기서 언급된 성경은 구약성경이지만, 이 표현에는 우리가 오늘날 신약성경으로 알고 있는 것도 포함될 수 있으며, 이때 신약성경은 아직 기록되고 있는 중이었다. 의미심장한 것은, 베드로가 바울의 서신들을 권위 있는 성경의 일부로 언급한다는 점이다(벧후 3:15-16).

디모데후서 3:16 상반절에는 번역과 관련해 두 가지 쟁점이 있다. 형용사 '파스'(pas)가 관사 없는 명사와 같이 쓰이면(이 구절에서처럼), 통상적으로 "모든"(every)을 뜻한다. 하지만 이 경우에도 '파스'가 "전부"(all)

나 "~의 전체"(the whole of)를 뜻할 수 있다. 그 명사가 집합적 의미를 지녔거나 고유명사일 경우에 특히 그렇다. 그래서 "온(all) 예루살렘"(마 2:3), "이스라엘 온(all) 집"(행 2:36), "건물마다"(the whole building, 엡 2:21), "온(the whole of) 이스라엘"(롬 11:26)이라는 표현을 볼 수 있다. 두 번째 쟁점은 이 문장에 함축된 동사 "is"를 어디에 끼워 넣느냐는 것이다. 이 동사는 '데오프뉴스토스'의 앞에 들어가야 할까, 뒤에 들어가야 할까? '카이'(kai=and)로 연결된 형용사가 두 개("하나님의 감동으로 된", "유익하니") 있다는 사실을 감안하면, 이 "is"는 아마 "하나님의 감동으로 된" 앞에 들어가야 할 것이다. 비록 이 형용사 뒤에도 한 번 더 들어갈 수 있지만 말이다.

이렇게 해서 두 가지 주된 선택안이 등장한다. 하나는 "Every Scripture is God-inspired and is helpful"(TCNT)이고, 다른 하나는 "All Scripture is God-breathed and is useful"(NIV)이다. 어느 쪽이든 이 구절은 성경의 기원(하나님의 영감) 및 "교훈과 책망과 바르게 함과 의로 교육"하기에 유용한 성경의 용도를 말하고 있다.

디도서

50. "우리의 크신 하나님 구주"로서의 예수 그리스도 (딛 2:13)

앞에서 KJV가 어떤 구절(고후 5:19상)을 특이하게 번역한 경우를 살펴보았는데, 이 경우는 정확히 NLT만이 이 해석을 공유하며, 실제로 문법적 근거에서 강력히 지지될 수 있다(2부 41장을 보라). 하지만 어떤 경우, 예를 들어 디도서의 이 구절 같은 경우 KJV의 번역은 거의 모든 현대어 역본(NAB는 제외)과 다른 독자적 번역으로, 이 역본들은 문맥과 문법을 고려할 때 KJV의 번역이 과연 옳은지에 대해 어쩔 수 없이 심각한 의문을 제기한다. KJV는 디도서 2:13을 이렇게 번역한다. "그 복스러운 소망, 그리고 크신 하나님과 우리 구주 예수 그리스도의 영광스러운 나타나심을 기다리게 하셨으니."

KJV의 번역보다 "한편으로 우리는 복스러운 소망, 우리의 크신 하나님이요 구주이신 예수 그리스도의 영광의 나타나심을 기다리니"(CSB) 같은 번역을 선호하는 이유는 무엇인가? 세 가지 이유가 있다.

첫째는 '하나님과 구주'(데오스 카이 소테르theos kai sōtēr)라는 문구다. 이는 1세기 신앙 용어에서 흔히 볼 수 있는 상투적이고 판에 박힌 문구였다. 이 표현은 팔레스타인 및 로마 제국 전역의 유대인들이 자신들의 참되고 유일하신 하나님 여호와를 가리키는 말로 쓰였다. 이 표현은 반드시 한 분의 신을 가리켰지 절대 둘을 가리키는 말이 아니었다. 예수 그리스도라는 이름이 '하나님과 구주'라는 표현에 뒤따르지 않았어도, 누구든 이 구절을 예외 없이 당연히 한 위격을 가리키는 말로 이해했을 테지만, 예수 그리스도라는 이름이 덧붙여진 것은 단지 그 위격을 명확히 하고 정체를 확실히 하기 위해서다.

무엇 때문에 우리는 여기서 바울이 당대의 언어에서 관용적 표현을 빌려와 적용하고 있다고 생각하는 것일까? 직접적 맥락에서 우리가 알 수 있는 것은, 바울이 왕의 출현과 관련된 반(半)전문 용어 몇 가지를 쓴다는 것인데, "나타나다"(에피파이노미epiphainomi, 11절), "나타나심"(에피파네이아epiphaneia, 13절), "은혜"(카리스charis, 11절), "구원을 주시는"(소테리오스sōtērios, 11절), "소망"(엘피스elpis, 13절) 등이 그런 예다. 또한 몇 년 전 바울은 에베소에서 데메드리오가 일으킨 폭동을 직접 마주한 적이 있는데, 이때 폭동을 일으킨 사람들은 "크다 에베소 사람의 아데미여"(행 19:28, 34)라고 자신들의 신조를 연호했다. 이 이교도의 신앙고백에 분개하여 어쩌면 자신의 고향 다소의 아데미 숭배 기억이 떠올랐을 수도 있는 바울은 군중 사이로 들어가 발언 기회를 얻으려고 했다(행 19:30). 아마 "우리의 크신 하나님이요 구주이신 예수 그리스도"에 대해 말하려 한 것이라 생각할 수도 있다. 디도서 2:13 이면에는, 안티오쿠스 에피파네스(데오스 에피파네스theos epiphanēs, "신현神顯"), 프톨레미 1세(소테르 카이 데오스sōtēr kai theos, "구주와 신"), 율리우스 카이사르(데오스 카이 소테르theos kai sōtēr, "신과 구주") 같은 인간 통치자들에게 주어진 터무니없는 호칭들과 싸우고 싶은 바울의 바람, 혹은 아프로디테와 아데미 같은 여신이나 아스클레피오스와 제우스 같은 남신들에게 함부로 부여된 신성한 영예는 오직 그리스도인들의 주님만의 것이라고 주장하고 싶은 바울의 바람이 하나의 충동으로 자리 잡고 있었다는 결론을 피하기 어렵다.

둘째는 정관사 없이 쓰인 "구주"(소테로스sōtēros)라는 표현이다. 문법상 동일한 격(여기서는 소유격)의 명사 두 개(여기서는 "하나님"과 "구주")가 "~과"(혹은 "~와", 카이kai)로 연결될 때, 두 번째 명사(여기서는 "구주")에서 그리스어 정관사가 반복된다면 이는 그 두 명사가 별개의 항목임을 보여 준다. 정관사가 반복되지 않는다면 이는 그 명사들이 함께 고려되고 있다거나 아니면 (이 경우처럼) 지시 대상이 단일하다는 것을 보여 준다. 즉, "하나님"과 "구주"가 한 분의 동일한 존재이며, 따라서 예수 그리스도를 가리킨다는 것이다.

셋째는 "크신"(메가스megas)이라는 형용사의 존재다. 하나님 아버지를 묘사하는 말로서 "크다"는 말은 신약성경 어디에서도 쓰이지 않는다. 하지만 "크다"는 말이 그리스도를 묘사하는 말일 경우, 이는 이교도의 신에게 적용되는 "하나님이요 구주"라는 관용어에 대항하려고 덧붙여졌을 수 있다. 그리스도인은 "**우리의 크신** 하나님이요 구주이신 예수 그리스도"에 대해 말할 수 있다. 또한 그리스도는 자기 백성의 구속과 성화를 이루기 위해 희생적으로 자기를 주심으로써(14절) 이미 자기 자신을 "크신 구주"로, 하나님의 구원의 은혜를 독특하게 전해 주는 분으로(11절) 입증하셨다.

그러므로 우리는 영역본 성경들이 이 구절을 거의 획일적이라 할 만큼 동일하게 번역한 것을 확신 있게 따를 수 있으며, 그리스도를 "우리의 최고로 크신 하나님이요 구주"로 말할 수 있다. '하나님'(데오스theos)이라는 칭호를 명시적으로 예수 그리스도에게 적용하는 또 다른 구절은 요한복음 1:1(1부 31장을 보라), 요한복음 1:18(1부 36장을 보라), 요한복음 20:28(1부 48장을 보라), 로마서 9:5(2부 6장을 보라), 히브리서 1:8(2부 53장을 보라), 베드로후서 1:1이다.

빌레몬서

51. 바울과 노예제도 (몬 15-16절)

오네시모는 골로새에 사는 빌레몬의 노예로, 주인에게서 도망쳤을 뿐만 아니라(몬 15-16절) 빌레몬의 돈이나 소유물까지 가지고 달아났다(18-19절). 대도시의 익명성과 흥미진진함에 매료된 오네시모는 남몰래 로마까지 갔고, 어찌하다 거기서 옥에 갇힌 바울을 만나게 되었으며, 바울은 오네시모를 인도해 그리스도를 믿게 만들었다(10절). 바울은 오네시모가 그리스도인 동료일 뿐만 아니라 유능하고 자발적인 조력자이기도 하다는 사실을 이내 알아차렸다(11-13, 16절). 다른 고려 사항과 별개로 바울은 오네시모를 옆에 두고 싶었지만(13절), 법적 소유주인 빌레몬에게 그를 돌려보내지 않을 수 없다고 생각했다. 그래야 빌레몬이 오네시모를 그리스도인 형제로 다시 받아들이고(16절), 그를 풀어 주어 앞으로 바울을 섬길 사람이 되게 해 줄 기회가 생길 터였기 때문이다(14, 20-21절). 이에 따라 오네시모는 바울의 이 서신을 지니고 빌레몬에게 돌아갔다.

이 편지는 노예제도에 관한 평론은 아니지만, 이 편지를 바탕으로 우리는 노예제도를 보는 바울의 자세를 추론할 수 있다. 먼저, 바울은 노예제도를 사회적 · 경제적 · 법적 현상(現狀)을 유지하는 데 없어서는 안 될 부분으로 받아들이고 있는 게 분명하며, 이 제도에 의문을 품거나 이 제도의 존재를 정당화하려 애쓰지 않는다. 하지만 현상을 인정한다고 해서 곧 그 현상을 찬성하는 것으로 여겨서는 안 된다. 용인은 찬성과 다르다. 바울은 그리스도인 신분으로 노예를 소유하는 것을 반대하지는 않았지만, 노예의 정직한 노동에 합당한 대가를 주고, 노예를 위협하는 행동을 그만두고(엡 6:8-9), 노예를 의롭고 공평하게 대하라고(골 4:1) 주인들에게 권면했다. 노예들을 대할 때 바울은 자기 행동에 책임질 수 있는, 그리고 하늘에 계신 주님을 대하듯 육체의 상전을 대해야 할(엡 6:5-8; 골 3:22) 인격체이자 도덕적 주체로 대함으로써 노예들의 지위를 높여 주었다.

더 나아가서 바울은 귀히 사랑받는 그리스도인 형제로 오네시모의 신분을 강조함으로써(16절) 주종(主從) 관계를 새로운 기반에서 보게 한다. "아마 그[오네시모]가 잠시 떠나게 된 것은 너[빌레몬]로 하여금 그를 영원히 두게 함이리니 이후로는 노예와 같이(호스 둘론hōs doulon) 대하지 아니하고 노예 이상으로 곧 사랑받는 형제로 둘 자라"(15-16절). 바울은 노예제도의 중심에 있는 차별을 무너뜨리면서 그 차별 관습이 파멸할 조짐을 알리고 있다. 이 편지에서 바울, 곧 교육 수준 높은 로마 시민이 도주와 도둑질 때문에 목숨을 잃을지도 모르는 한 빈곤한 탈주 노예를 옹호하는 일에 앞장서고 있다(17-19절).

바울은 노예 해방을 주장한 것일까? 바울은 빌레몬이 자신의 말에 순종해 오네시모를 다시 받아들여서 용서하리라는 확신을 드러냈는데(21상절), 이때 바울은 빌레몬이 "내가 말한 것보다 더 행할 줄을" 안다고 덧붙인다(21하절). 뭐라고 확실하게 말하지 않은 그 추가적 요소가 바로 그리스도인으로서 골로새나 로마에서 바울과 함께 섬김의 일을 할 수 있도록 오네시모를 자유의 몸이 되게 해 주는 배경일 수 있다. 고린도전서 7:17-24에서 신자들(노예를 포함해)의 신분 변화 가능성에 대해 이야기할 때 바울이 준 대체적 조언은 "하나님이 각 사람을 부르신 그대로 행하라"라는 것이다(고전 7:17, 20, 24). 하지만 고린도전서 7:21 하반절에서 바울은 그 일반적 원리에서 예외가 되는 경우를 덧붙인다. "그러나 네가 실제로 자유를 획득할 수 있거든(카이 디나사이kai dynasai) 오히려 그것을 이용하라."

이런 가르침과 본보기로써 바울은 언젠가(비록 안타깝게 뒤늦기는 해도) 노예제도를 폭발시켜 소멸할 폭약을 장전하고 있었다.

히브리서

52. 다르지만 비슷한 구약과 신약 (히 1:1-2상)

신약성경은 구약성경과 다르지만, 그러면서도 비슷하다. 히브리서 1:1-2(상)은 그 차이점과 유사점을 간결하게 요약한다. "옛적에는 하나님이 선지자들을 통하여 여러 때에 여러 모양으로 우리 조상들에게 말씀하셨지만, 이 마지막 날들에는 그분이 아들을 통하여 우리에게 말씀해 오셨으니." 이 불연속성과 연속성은 다음과 같은 도표로 요약할 수 있다.

불연속성	
"옛적에는"	"이 마지막 날들에는"
"우리 조상들에게"	"우리에게"
"선지자들을 통하여"	"아들을 통하여"
"여러 때에"	(단일한 때에)
"여러 모양으로"	(단일한 모양으로)
연속성	
"(구약성경의) 하나님이 말씀하셨다"	"그분(신약성경의 하나님)이 말씀해 오셨다"

교회 역사에는 구약성경과 신약성경을 분리하는 이들이 늘 있어 왔다. 유명한 예는 주후 2세기의 이단 마르키온(Marcion)으로, 그의 영향력이 얼마나 강했던지 교부 테르툴리아누스가 『마르키온 논박』(*Against Marcion*)이라는 네 권짜리 책을 써야 했을 정도다. 마르키온은 구약성경은 율법과 공의가 특징인 반면 신약성경은 은혜와 구원이 특징이라고 믿었다. 마르키온에게 구약성경의 하나님 곧 창조주는, 신약성경의 하나님 곧 예수 그리스도의 아버지와 전혀 다른 분이다. 그리고 사실 구약성경과 신약성경 사이에는 다음과 같은 면에서 명확한 대조점이 있다.

- 하나님께서 말씀하시는 때(=하나님의 자기 계시)
- 그 계시를 받는 사람들
- 그 계시의 행위자들
- 그 계시의 시기
- 계시 방식의 다양성

하지만 이런 대조점에도 불구하고, 히브리서 이 구절에서 강조점은 말씀하시는 분의 정체("하나님이 … 그분이") 및 두 시대에서 모두 "말씀하시는"("말씀하셨다 … 말씀해 오셨다") 분은 동일하다는 사실에 있다. 각 경우마다 동일한 그리스어 동사 랄레오(laleō, "말하다")가 쓰여, 두 시대 사이의 완전한 연속성을 강조한다. '랄레사스'(lalēsas, "말씀해 오고 있다", "말씀하셨다")와 '엘라레센'(elalēsen, "말씀하셨다", "말씀해 오셨다") 두 가지 모두 부정과거 시제로서, 먼저 하나님께서 구약 시대에 자신을 계시하신 수많은 때, 그리고 그 후에 주어진 하나님의 최종적이고 완전한 자기 계시로서의 나사렛 예수의 전 생애와 가르침을 단일하고 포괄적인 시선으로 요약한다. 두 시대에 말씀하신 분은 완전히 동일한 분이신 "아브라함의 하나님"(출 3:6; 마 22:32)과 "우리 주 예수 그리스도의 하나님"(엡 1:17)이셨다.

확실히 두 성경 사이에는 깊은 차이점이 있다. 하나는 "오래된" 혹은 "더 오래된" 성경이고, 다른 하나는 "새로운" 혹은 "더 새로운" 성경이다. 하지만 말씀하시는 분은 각 경우에 동일하다. 계시에 점진성은 있지만 계시되는 분은 동일하다. 우리는 불연속성을 인지하되 연속성을 기뻐한다(2부 57장을 보라).

53. 그리스도의 영원성 (히 1:8-9)

히브리서는 그리스 문명권의 유대인 그리스도인 집단에게 주는 "권면의 말"로서(히 13:22), 아마도 로마에 살고 있었을 이들은 주후 66년 폭동 이전에 유대 민족주의의 물결이 거세지는 동안 충성심의 위기에 봉착해 있었다. 목회자의 도움이 필요한 이 시기에 히브리서 기자는 먼저 그리스도와 기독교의 우월성과 최종성을 확고히 하는 교리 강해로써(1:1-10:39), 그리고 이어서 믿음과 인내로 순례자의 삶을 살라고 촉구하는 일련의 실제적 적용으로써(11:1-13:25) 이 필요에 화답한다. 히브리서 1:4는 천사보다 뛰어난 그리스도의 우월성이라는 주제를 소개하는데, 이 개념은 1:5-2:4에서 먼저 전개되고(하나님의 아들로서 그리스도는 그분의 신성으로 천사들보다 우월하다), 2:5-18에서 이어서 전개된다(인자로서 그리스도는 인성으로도 천사들보다 우월하다).

히브리서 1:8에서 시편 44:7(LXX)을 인용한 히브리서 기자는 하나님 아버지께서 자기 아들의 부활—승귀(昇貴) 때 이 아들을 "하나님"이라 부르고("하나님이여 주의 보좌는 영영하며"), 마찬가지로 10절에서(시 101:26[LXX]를 인용해) 이 아들을 "주"라고 부르며, 13절에서는(시 109:1[LXX]를 인용해) 이 아들에게 자기 보좌에 함께 앉자고 청하신다고 단언하여, 예수가 위엄과 신분 면에서 천사들보다 매우 우월함을 입증한다. 히브리서 기자는 천사들의 역할은 변하기 쉬운 데 비해(7절) 아들의 다스림은 공고하고(8상절) 그의 공의는 변함이 없다는 점(8하절)을 확실히 한다. "주의 보좌는 영영하며"는 "주의 다스림이 나오는 보좌는 영원하다"라는 뜻으로, "주는 영원히 다스리실 것"이라는 뜻을 함축한다. 이는 여러 영어 성경의 시편 45:6에서 인용한 구절이며, 시편 기자가 왕의 혼인식 때 왕에게 하는 말이다. 히브리서에서 보좌의 영원성은 이제 다윗 왕조의 영속성이 아니라 그리스도의 다스림의 무한한 특성을 가리킨다.

신약성경에서 "영원히"(forever)라는 말은 다음 세 가지 방식으로 표현될 수 있다.

- '에이스 톤 아이오나'(eis ton aiōna), 문자 그대로의 의미로는 "(다가올) 세대 동안"/"영원토록"="영원히"/"영구히"(히 7:24, 예수의 부활 생명에 대하여 쓰임). 때로 '투 아이오노스'(tou aiōnos)가 덧붙여져서, 히브리서 1:8에서처럼 "영영하다"로 쓰이기도 한다.
- '에이스 투스 아이오나스'(eis tous aiōnas), 문자 그대로의 의미로는 "오래도록"(to the ages), "영원까지"이며, 복수(複數) 표현이 일반화하는 것일 수 있다(롬 9:5에서 하나님으로서의 그리스도의 복됨 혹은 찬양 받으실 만함에 대해 말할 때처럼).

- '에이스 투스 아이오나스 톤 아이오논'(eis tous aiōnas tōn aiōnōn), 문자 그대로의 의미로는 "세세토록"(to the ages of ages), "언제까지나 영원히", "언제까지나"이다. 두 개의 복수형이 나란히 있는 것은 한 관점에서 볼 때 영원이란 무한한 '세대'가 끝없이 축적되는 것으로 여겨질 수 있음을 암시한다.

신약성경의 서신서 중 히브리서만큼 그리스도의 영원성에 대해 자주 말하는 서신은 없다. 그리고 '에이스 톤 아이오나'(eis ton aiōna)를 비롯해 이와 유사한 표현들은 이 서신의 두드러진 특징을 압축해서 보여 준다. 히브리서에서 이 주제를 다루는 구절로는 1:8 외에도 아래와 같은 예가 있다.

- 히브리서 기자는 멜기세덱 반열 제사장직의 영원성과 관련해 시편 110:4(109:4[LXX])의 "영원하다"라는 말을 세 번 인용한다(히 5:6; 6:20; 7:17). 예수님 자신이 멜기세덱을 계승하여 "영원히" 제사장이시다(6:20; 7:11, 17, 21).
- "주는 여전하여 연대가 다함이 없으리라"(1:12).
- "그(예수)는 … 오직 불멸의 생명에서 나오는 능력을 따라 제사장이 되셨으니"(7:16).
- "예수는 영원히 계시므로 … 자기를 힘입어 하나님께 나아가는 자들을 온전히 구원하실 수 있으니 이는 그가 항상 살아 계셔서 그들을 위하여 간구하심이라"(7:24-25).
- "예수 그리스도는 어제나 오늘이나 영원토록 동일하시니라"(13:8).

54. 결정적인 나타나심 (히 9:23-28)

그리스도와 기독교 신앙의 최종성과 우월성을 증명하려는 히브리서의 전반적 목적의 한 부분으로서 히브리서 기자는 9:23-28에서 그리스도께서 자기 백성의 죄를 소멸하고 최종적 구원을 이룬 영원하고도 완전한 희생으로 하늘에 들어가신 일에 대해 이야기한다. 이 구절의 핵심에 자리 잡고 있는 것은 세 번의 "나타남"에 대한 언급이다.

> 이제 자기를 단번에 제물로 드려 죄를 없이하시려고 세상 끝에 **나타나셨느니라**(히 9:26하)

> 바로 그 하늘에 들어가사 이제 우리를 위하여 하나님 앞에 **나타나시고**(히 9:24하)

> 자기를 간절히 기다리는 자들에게 두 번째로 **나타나실** 것이로되, 죄를 처리하기 위해서가 아니라 이들에게 구원을 안겨 주기 위해서이리라(히 9:28하)

기이하게도, 이 세 번의 나타나심은 세 가지 서로 다른 그리스어 동사(파네루phaneroō, 엠파니조emphanizō, 호라오horaō가 각각 쓰였으며 모두 수동태)로 표현되긴 했지만, 이 세 동사는 하나의 영어 단어 "나타나다"로 적절히 번역되며, 이는 그리스도의 성육신, 그분의 중보기도, 재림을 가리킨다. 각 나타나심의 목적은 죄를 없이하시는 것, 백성을 대표하시는 것, 그리고 구원을 안겨 주시는 것으로 진술된다. 첫 번째와 세 번째 나타나심은 지상에서 일어나고, 두 번째 나타나심은 하늘에서 일어난다. 첫 번째와 세 번째 나타나심은 단일하고 되풀이될 수 없는 나타나심이고, 두 번째 나타나심은 지금도 지속되고 있다.

1. **그리스도의 성육신.** 그리스도께서 "세상 끝에"(바울의 표현을 빌리자면 "때가 차매", 갈 4:4) 이 땅에 나타나신 주 목적은 죄를 완전히 폐기하기(아데테시스athetēsis) 위해, 혹은 "죄를 처리하기 위해"서였다(히 9:28하; 아래 내용과 롬 8:3을 보라; 고전 15:3). 옛 언약 아래서는 짐승을 제물로 드리는 희생 제사가 되풀이되었고 짐승이 애꿎은 희생물이 된 반면, 그리스도께서는 자기 자신을 희생 제물로 단 한 번 드리셨다. "오직 자기의 피로 … 단번에 성소에 들어가셨느니라"(히 9:12; 참조. 9:25). 그리스도의 희생의 이 최종적 성격은 히브리서에 반복적으로 등장하는 주제이며(히 7:27; 9:12, 26, 28; 10:10, 12) 인간을 위한 죽음과 심판의 '단회성'(once-ness)을 반영한다(히 9:27-28, "한 번 죽는 것은 사람에게 정해진 일인 것처럼 … 이와 같이…").

2. **그리스도의 중보기도.** 이 땅에서 죄에 대해 단 한 번의 되풀이될 수 없는 희생 제사를 바친 예수께서는 하늘에 계신 우리의 대제사장으로서 하늘에서는 희생 제사를 드릴 필요가 없다. 그분의 역할은 하늘 법정에서 우리의 대변자이자(참조. 히 7:25; 롬 8:34; 요일 2:1) 우리의 변호인으로서 우리를 대신하시는 것이다. 실제로 하나님 오른편에 계시는 것(1:3; 8:1-2) 자체만으로도 그분은 자신이 완결하시고 하나님께서 기쁘게 받으실 만한 희생 제사에 근거해 효과적으로 우리를 변호하신다.

3. **그리스도의 두 번째 강림.** "죄와 상관없이"(코리스 하마르티아스 chōris hamartias, 28절)는 그리스도의 무죄함("죄 없이", KJV)이나 죄가 완전히 폐지된 것("죄가 더는 존재하지 않는 상태에서", NJB)을 언급하는 말로 해석되어 오지만, 그보다는 "죄를 처리하기 위해서가 아니라"(RSV, NRSV,

GNT, ESV)라는 의미일 것이며, 이는 그리스도의 첫 번째 강림의 목적(히 9:28상)과 뚜렷한 대조를 이룬다. "구원을 안겨 주기 위해서"는 그 "날"(히 1:14; 2:10; 10:25; 벧전 1:5)에 있을 구원의 완성, 즉 불리한 신적 심판(히 9:27; 12:23)으로부터 구제되어 약속된 영원한 기업을 받게 되는 것(히 9:15)을 가리킨다. 신약성경 다른 곳에서는 이 세 번째 "나타나심"이 "오심"(파루시아parousia; 예를 들어 고전 15:23), "나타나심"(에피파네이아epiphaneia; 예를 들어 딤전 6:14), "계시"(아포칼립시스apokalypsis; 예를 들어 벧전 1:13)라는 표현으로 서술된다. 이 최종적 구원을 받는 사람들은 그리스도께서 도착하시기를 간절히 기대하는 사람들이라고 묘사된다.

55. 기쁨 대신 고통 (히 12:2)

많은 역본들이 히브리서 12:2을 다음과 같이 번역한다. "… 예수를 바라보자 그는 자기 앞에 있는 기쁨을 위하여 십자가를 참으사"(NRSV). 여기서 "~을 위하여"는 "~을 손에 넣기 위하여"라는 뜻이다. 즉, 예수께서 십자가와 그 수치를 견딜 수 있었던 것은, 참을성 있게 고난을 감당한 결과를 보면서 누리게 될 기쁨 때문이라는 것이다.

이런 번역도 분명 옳기는 하지만, 이 번역을 택하면 "~을 위하여"라고 번역된 전치사가 '안티'(anti)라는 난관에 부딪힌다. 이 전치사는 통상적으로 A가 B로 대체되는 교환을 가리키며, 그래서 대개 "~ 대신", "~을 대신해서"라는 의미로 쓰인다. 이 통상적 의미로 해석하면 예수께서 천국에서 하나님과 계속 교제하는 기쁨, 곧 확실한 가능성으로서 자기 앞에 놓인 특권 **대신에** 십자가를 감당하고 그 수치를 개의치 않는 쪽을 택하셨다는 뜻이 된다.

다음과 같이 몇 가지를 고려해 보면 이 해석을 지지할 수 있다.

- 신약성경에서 '안티'가 전치사로 따로 쓰인 경우, 거의 대부분 이는 A를 B로 대체하는 교환을 나타낸다.
- 두 가지 주요 신약 사전들은 히브리서 12:2에 쓰인 '안티'에 "~ 대신"이라는 의미를 부여한다.
- 히브리서 다른 부분(6:18; 12:1)에서 "앞에 있다"(set before)라는 동사는 현재의 현실을 가리키지 미래에 손에 넣게 될 어떤 것을 가리키지 않는다.
- 예수께서 고난을 참으신 주 동기가 개인적 이득이나 장차 얻을 상급이었다고 보는 것은 적절치 못할 것이다.
- 타인을 위해 자기 개인의 권리를 포기한다는 개념은 신약성경에서 흔히 볼 수 있는 주제다(예를 들어 막 8:35; 롬 15:1-3; 고후 8:9를 보라).

이 모든 사실이 무슨 의미인가 하면, 히브리서 12:2에서는 NRSV의 다음과 같은 난외 번역을 택해야 한다는 것이다. "… 예수를 바라보자 그는 자기 앞에 있는 기쁨 대신 십자가를 견디사."

야고보서

56. “믿음으로만 되는 것이 아니다”라고? (약 2:24)

개신교는 16, 17세기의 활발한 신학 토론과 논쟁 끝에, 구원의 모든 단계의 명확한 수단과 관련해 모호함이나 불확실함이 없는 다섯 가지 영역을 확정했다. 이것이 바로 다섯 가지 “오직”(흔히 부르는 대로는 다섯 가지 ‘솔라solas/solae’)이다. 처음 세 가지는 라틴어 탈격(奪格)으로 표현되며, 수단(“~으로”)을 의미한다.

1. **솔라 스크립투라**(Sola Scriptura), 교회 전통이나 신조 또는 가르침보다 “오직 성경으로”

2. **솔라 피데**(Sola fide), 선행보다 “오직 믿음으로”

3. **솔라 그라티아**(Sola gratia), 인간의 공로보다 “오직 은혜로”

4. **솔루스 크리스투스**(Solus Christus), 다른 어떤 남녀 중보자보다 “오직 그리스도”

5. **솔리 데오 글로리아**(Soli deo gloria), "영광은" 어떤 인간이나 천사의 것이라기보다 "오직 하나님의 것"

여기서 우리가 중점적으로 살펴볼 것은 두 번째인 "오직 믿음으로"다. 무엇보다 바울은 "우리는 사람이 율법의 행위 말고 오직 믿음으로써 의롭다 하심을 얻는다고 주장한다"라고 말하지 않았는가(롬 3:28)? 그런데 또 한편으로 야고보는 "이로 보건대 사람은 믿음으로만이 아니라 행함으로써 의롭다 여김을 받는다"라고 하지 않는가(약 2:24)?

중대한 문제에 관한 이 두 성경 기자의 모순되어 보이는 주장을 우리는 어떻게 설명해야 할까? 그럴듯한 해법이 두 가지 방향에 있다. 첫째, 이 두 기자는 **서로 다른 상황**에 관해 말하고 있다. 야고보는 선행이 하나님 앞에서 의롭다 여김 받는 것과 무관하다고 잘못 믿고 있는 일부 그리스도인에게 답변하고 있다. 이들은 믿음과 행위의 관계에 관한 바울의 가르침을 왜곡했을 수 있다. 그래서 야고보가 "행함이 없는 믿음은 그 자체가 죽은 것"(2:17)이라고 주장하는 말이 이해가 간다. 반면 바울은 동료 유대인이든 이방인이든 할례나 안식일 준수 같은 종교적 관행을 따라야 하나님 앞에 바로 서는 게 보장된다고 생각하는 사람들을 향해 말하고 있다(갈 5:4). 따라서 바울은 "율법에서 나오는 나 자신의 의"를 배격하고 "그리스도를 믿음으로 말미암은 의, 곧 믿음을 바탕으로 하나님께로부터 오는 의"를 받아들인다(빌 3:9).

둘째, 두 기자는 '믿음'과 '행위'(works/deeds)라는 핵심 용어를 **서로 다른 의미**로 쓰고 있었다. 야고보에게 '믿음'은 전통적 의미에서의 신앙을 가리키는 것이었을 수 있다(예를 들어 약 1:6; 2:1, 5). 하지만 중요한 단락인 야고보서 2:14-26에서 믿음이라는 단어는 행위가 없거나 불완전한 믿음(2:14, 22) 혹은 진리에 단순히 지적으로 동의하는 것(2:18)을 뜻하며, 반면 '행함'이나 '행위'는 진정한 믿음의 증거다(2:18하). 가난한 사람을 구제한다거나(약 2:1-7) 물질적으로 궁핍한 사람을 돌보는 것(약 2:14-16)이 바로 그런 행위의 예다. 야고보가 "믿음이 능히 구원하겠느냐"라고 물을 때(2:14하), 이 질문의 의미는 "그런 믿음이 너를 구원할 수 있겠느냐"라는 의미임이 분명하다. 여기서 "믿음"(헤 피스티스hē pistis)에 붙은 정관사는 앞에 나온 것을 가리키는 말로, 2:14 상반절의 행위 없는 믿음을 말한다(4장도 보라). 하지만 바울에게 '믿음'은 언제나 하나님 혹은 그리스도께 대한 개인적 신뢰요 헌신이었으며, 이는 선한 행위로 표현되었다(갈 5:6). 의를 획득하는 수단으로서 '율법 행위'에 의지하면 사람들은 사실상 저주 아래 있게 되었다(갈 3:10). "사람이 의롭게 되는 것은 율법의 행위로 말미암음이 아니요 오직 예수 그리스도를 믿음으로 말미암는"다(갈 2:16). 바울이 믿음과 행위의 관계를 가장 명쾌하게 표현한 곳은 에베소서 2:8-10이다.

> 너희는 그 은혜에 의하여 믿음으로 말미암아 구원을 받았으니 이것은 너희에게서 난 것이 아니요 하나님의 선물이라 행위에서 난 것이 아니니 이는 누구든지 자랑하지 못하게 함이라 우리는 그가 만드신 바라 그리스도 예수 안에서 선한 일을 위하여 지으심을 받은 자니 이 일은 하나님이 전에 예비하사 우리로 그 가운데서 행하게 하려 하심이니

우리는 바울이 진정한 믿음은 선한 행위로 언제나 자연스럽게 표현된다고 믿었다는 점에서 야고보와 같은 생각이라고 결론 내린다. 즉, 믿음과 행위는 불가분의 관계라고 말이다. "그리스도 예수 안에 있는 사

람들에게는 할례도 무할례도 아무 가치가 없다. 중요한 것은 **사랑을 통해 그 자체를 표현하는 믿음**뿐이다"(갈 5:6). 성경 다른 곳에서 바울은 데살로니가 교인들이 "믿음에서 생겨나오는 행위"를 한 것을 기억하면서(살전 1:3) 하나님께 감사하며, 빌립보 교인들에게는 너희 구원을 "이루라"고, 혹은 눈에 보이게 입증하라고 권면한다(빌 2:12).

또 한 가지를 고려해 보면, 구원에 이르는 믿음과 선한 행위의 관계에 관한 야고보와 바울의 견해를 조화시키려는 우리의 노력이 아마 정당화될 수 있을 것이다. 기본적인 심리적/문헌적 원리를 생각해 볼 때, 야고보서가 사도 바울이 이 기본 쟁점에 관해 여러 서신에서 되풀이해서 가르친 내용과 상충된다고 생각했다면 초대교회가 야고보서를 자신들이 승인하고 인정한 책 목록에 포함시켰을 리가 없다. 그러므로 야고보서가 신약 정경 속에 존재한다는 사실 자체가 바로 이 두 성경 기자의 견해가 양립 가능하다는 하나의 논거(論據)다.

베드로전서

57. 고난 뒤의 영광 (벧전 1:11)

베드로전서 1:10-12에서 베드로는 그리스도께서 성취하신 구원을 설명하는데(1:5, 9-10), 이 구원은 구약 시대의 선지자들에게 계시되었고 신약성경의 복음 전도자들이 선포한 구원이었다.

> 이 구원에 관하여는 너희에게 정해진 은혜를 예언하던 선지자들이 부지런히, 그리고 더할 수 없는 세심함으로 연구했다. 이들은 자기들 속에 계신 그리스도의 영이 그리스도에게 정해진 고난과 그 뒤에 올 영광을 예언했을 때 이것이 어떤 때와 상황을 가리키는 것인지 알아내고자 했다.(벧전 1:10-11)

"그리스도에게(에이스eis) 정해진 고난"과 "너희에게(에이스eis) 정해진 은혜"는 분명히 병행한다. 각 경우, 전치사 '에이스'는 "~에게 정해진/예정된"이라는 뜻이며, 하나님께서 정해 두신 운명을 묘사한다. 더 나아가서 이 두 가지 표현은 원인과 결과로 연결된다. 은혜가 신자들에게 예정된 것은 정확히 그리스도에게 고난이 예정되었기 때문이다. 여기서 “은혜”(카리스charis)는 하나님께서 베푸시는 복이나 유익을 가리키며, 사실상 앞서의 “구원”(소테리아sōtēria)과 똑같은 말이다.

신약성경에서 ‘독사’(doxa, ‘은혜’)의 복수형이 쓰인 사례 중 이 두 경우에서 이 말은 ‘위엄 있는 존재’나 ‘뛰어난 인격체’를 뜻한다(벧후 2:10; 유 8절). 그런데 여기서는 세 번째 용도로, ‘광채들’이라는 의미로 쓰였으며, 하나님께서 그리스도에게 정하신 고난 뒤에 이어진 ‘영광스러운 일들’이나 ‘눈부신 결과’를 가리킨다. 베드로는 ‘독사’의 구체적인 예를 염두에 두고 있으며, 이는 정관사(타스tas)와 ‘독사’의 복수형(독사스doxas)을 쓴 것을 보면 알 수 있다. 그리스도의 고난에 이어지는 이 여러 가지 결과에는 그분의 부활(벧전 1:3, 18, 21; 3:18, 21), 부활 후 나타나심(예수께서 “고난 받으신 후에 … 친히 살아 계심을 나타내사”, 행 1:3), 승천하여 하나님 우편에 좌정하시고 만물의 주님으로 다스리심(벧전 3:22), 그리고 두 번째 강림(벧전 1:7, 13; 5:1, 4)이 포함될 것이다.

이 세 구절(벧전 1:10-12)은 구약 시대와 신약 시대 사이에 연속성이 있음을 가리킨다(2부 52장도 보라). 구약 시대의 선지자들이 예언한 것과 신약 시대의 복음 전도자들이 선포한 것은 동일하다. 즉, 그리스도에게 예정된 고난과 그 결과로 뒤따르는 영광스러운 일들을 각각 예언하고 선포했다. 이는 11절과 12절을 관통하는 황금 같은 언어학적 맥락이다(“이것은 … 이제 너희에게 알린 것이요 천사들도 살펴보기를 원하는 것이니라”라는 말에 주목하라).

이 구절들에는 신약성경에 일관성 있게 등장하는 또 한 가지 주제가 설명되어 있다. 고난 뒤에는 영광이 이어진다, 혹은 (금언 식으로 표현하자면) “십자가가 없으면 면류관도 없다”라는 것이다. 예수의 체험에서 참이었던 것, 즉 고난 뒤에 눈부신 결과가 이어진다는 것은 신자들의 삶에서도 참이다.

- “이 유업은 너희를 위하여 하늘에 간직하신 것이라 너희는 말세에 나타내기로 예비하신 구원을 얻기 위하여 믿음으로 말미암아 하나님의 능력으로 보호하심을 받느니라 너희가 이제 여러 가지 시험으로 말미암아 잠깐 근심하지 않을 수 없을지라도, 이 일을 크게 기뻐하는도다”(벧전 1:4하-6).
- “사랑하는 벗들이여 너희를 시험하려고 너희 중에 일어나는 불의 연단에, 마치 이상한 일 당하는 것같이 놀라지 말라 너희가 그리스도의 고난에 참여하는 것이므로 오히려 즐거워하라 이는 그분의 영광이 나타날 때에 너희로 즐거워하고 기뻐 외치게 하려 함이라”(벧전 4:12-13).
- “생각하건대 현재의 고난은 장차 우리에게 나타날 영광과 비교할 만한 가치가 없도다”(롬 8:18).
- “우리가 참으면 또한 함께 왕 노릇 할 것이요”(딤후 2:12상).

58. 목자로서의 예수 (벧전 5:4)

신약성경에서 예수를 목자로 그리는 구절이 셋 있는데, 이 구절들에 세 가지의 각각 다른 형용사적 수식어가 붙어 있고 예수의 목양(牧羊)에서 세 가지 주요 사건이 언급된다는 것은 아주 매혹적인 사실이다.

1. 예수의 죽음(요 10:11, 14). 예수는 선한(칼로스kalos) 목자이시다. 목자로서 예수의 선함 혹은 고결함은 여러 가지 방식으로 확인할 수 있다. 첫째, “양 떼를 버린 못된 목자”(슥 11:17)와 달리 예수는 자기 양 떼

를 위해 자기 목숨이 위험한 일을 무릅쓸 뿐만 아니라 실제로 목숨을 버려 죽기까지 한다(요 10:11, 15하, 17상, 18상). 이렇게 함으로써 그분은 자기 양 떼를 "위하여"(휘페르hyper) 행동하며, 여기서 이 전치사는 유익("~을 위하여")과 대리("~ 대신에") 두 가지 개념 모두를 표현한다.

- 예수께서는 자기 양 떼를 위험에서 보호하시는 반면, "삯꾼"은 위험이 다가오는 것을 보면 양 떼를 버리고 도망간다(요 10:12-13).
- 예수께서는 자기 양 떼를 깊이 염려하시는 반면, "삯꾼"은 양 떼를 전혀 돌보지 않는다(요 10:13).
- 예수께서는 양 떼를 자기 소유로 친밀히 아시며, 그분의 양 떼도 그분을 친밀히 안다(요 10:14).
- 예수에게는 역시 그분의 음성에 귀 기울이는 다른 양 떼(=이방인)가 있으며, 그래서 이 양 떼들(유대인과 이방인)은 한 분의 목자를 모신 단일한 양 떼를 이룰 것이다(요 10:16).

2. 예수의 부활(히 13:20). 예수는 큰(메가스megas) 목자이시다. 예수가 목자로서 얼마나 크신 분인지는 그분의 죽음 후에 분명히 드러난다. 예수께서는 자기 양 떼를 위해 자기 목숨을 내놓았을 뿐만 아니라 이들이 천국에 들어갈 것을 앞서 보여 주시는 분으로서 다시 살아나셨다. 이 장엄한 부활은 "화평의 하나님", 곧 화평을 지은 분이요 화평을 주시는 분께서 하신 일이었으며, 이 부활에는 그분께서 예수를 죽은 자의 영역에서 일으키시고 다시 데려오신 것도 포함되었다. 이 구절과 로마서 10:17에서만 동사 '아나고'(anagō, "일으키다/다시 데려오다")가 예수의 부활을 나타내는 말로 쓰인다. 이 동사는 예수께서 죽은 자들의 영역인

지하에서 올라오는, 혹은 죽은 자들의 영역에서 산 자들의 영역으로 돌아오는 광경을 묘사한다고 할 수 있다.

3. **예수의 파루시아(parousia, 벧전 5:4).** 예수는 우두머리(아르키archi-) 목자이시다. 베드로전서 1장에서 예수가 목자로 묘사되는 것은 두 번이다. 2:25에서 우리는 예수께서 길 잃고 헤매던 양 떼가 돌아오는 것을 반가이 맞아 주심으로 목자 역할을 이행하시고, 그다음에는 감독이요 보호자(에피스코포스episkopos)로서 양 떼의 복락(福樂)을 관리하신다는 것을 알게 된다. 5:4에서는 예수가 단지 신자들 무리의 여러 목자 중 한 분이 아니라(1-3절) 목자장 혹은 목자들의 주(prince of pastors)로서, 휘하의 목자들이 모두 궁극적으로 그분 앞에 책임을 져야 한다는 것을 알게 된다. 너그러운 목자장으로서 예수께서는 재림(파루시아) 때 신실한 휘하 목자들에게 영광스러운 면류관으로 상 주실 것이며, 이 면류관은 운동 경기에서 이긴 사람이 받는 화관과 달리 절대 그 광채를 잃지 않을 것이다. 이 면류관은 그리스도인이 받을 "썩지 않고 더럽지 않고 쇠하지 아니하는 유업"(1:4)이다.

베드로후서

59. 신성한 성품에 참여하기 (벧후 1:4)

베드로는 자신의 두 번째 편지 서두(1:2-3, 8)와 결말(3:18)에서, 예수 그리스도를 아는 지식에 진보가 있어야 한다는 점으로 수신인들의 관심을 모아 간다. 이것이야말로 이들을 쉴 새 없이 괴롭히는 거짓 교사들의 허울 좋은 주장과 윤리적 자유사상에 맞서 베드로가 이들을 보호할 수 있는 주된 수단이다(2:1-22). 이들은 그리스도인의 소망의 현실성(1:4), 예수 그리스도의 영원한 나라에 들어갈 때 아낌없이 환영받으리라는 사실(1:11)을 알고, 경건한 삶을 추구하기에 "힘써야" 했다(1:5, 10; 3:14). "이로써(하나님의 영광과 선하심으로써) 그 보배롭고 지극히 큰 약속을 우리에게 주사 이 약속으로 말미암아 너희가 정욕 때문에 세상에서 썩어질 것을 피하여 신성한 성품에 참여하는 자가 되게 하려 하셨느니라"(벧후 1:4).

이 구절에서는 두 가지 의문이 생겨나는데, 이 의문들은 '신격화'나 '신성화'에 대한 신학적 논의에서 특히 두드러졌다.

1. 그리스도인이 신성한 성품에 참여한다는 것은 무슨 의미인가? 삼위일체의 세 위격에 해당된 기능/활동으로서 신적 속성에 내재적으로

참여하는 것 즉 삼위일체의 세 위격에게 해당된 활동과, 하나님의 생명 자체에 아무런 매개 없이 참여하는 것 즉 하나님의 절대적 불멸성에 참여하는 것은 구별되어야 한다. 이 "신성한 성품에 참여하기"는 인간의 고유한 특성이 아니며 심지어 신자가 획득한 특성도 아니다. 이는 하나님의 뜻에 따른 은혜로운 선물로서(참조. 롬 2:7; 6:23) 예측 못한 파생적인 불멸성이며, 하나님의 불멸성과 마찬가지로 '범접할 수 없는 거룩함'과, '모든 부패 및 죽음에서의 자유'가 수반된다("오직 그[하나님]에게만 죽지 아니함이 있고 가까이 가지 못할 빛에 거하시고", 딤전 6:16). 부활한 사람들은 "다시 죽을 수 없기" 때문에 "천사 같다"고 말할 수 있는 것처럼(눅 20:36), "신성한 성품에 참여하는 사람들"은 어떤 의미에서도 신적 본질을 공유하지는 않으면서 불멸하게 된다는 점에서 "하나님 같다"고 말할 수 있다.

2. **이렇게 신성한 성품에 참여하기는 언제 발생하는가?** 이는 그리스도인이 장차 겪을 일로 여겨지며, 여기에는 몇 가지 이유가 있다.

- "이로 말미암아"(1:4)는 바로 앞에 있는 말 "약속"(에팡겔마타epangelmata)을 가리키는 말이다(개역개정성경에는 "이 약속으로 말미암아"라고 번역되어 있음. — 옮긴이). 이 약속들은 그리스도의 두 번째 강림(벧후 3:4, 9, 두 구절 모두 에팡겔리아epangelia), 장차 있을 주의 날(벧후 3:10), 그리고 장차 있을 하나님의 날(3:12-13; 13절에서는 에팡겔마epangelma)에 관한 약속이다.
- 그리스도인의 소망은 정말로 믿음과 사랑을 확실히 하고 강하게 할 수 있으며(골 1:4-5), 장차 그리스도를 보게 되리라는 기대 덕분에 그리스도인은 현재 삶을 더 거룩히 살 수 있다(요일 3:2-3). 하지만 그 약속들

이 어떻게 신성한 성품에 참여할 수 있게 하는 고유의 능력을 지니는지는 알기 어렵다. 그러므로 "이로 말미암아"는 "이 약속들이 성취될 때 이로 말미암아"라는 뜻이거나 "이 약속들이 성취되는 것을 본 뒤에"라는 뜻임이 틀림없다.

- "세상에서 썩어질 것을 피하"는 일은 신성한 성품에 참여하는 일보다 앞선다("피하여"는 부정과거 분사다). 하지만 회심이나 그리스도인으로서의 체험도 그런 극적이고 절대적인 '피함'을 가능하게 할 수 없을 것이며, 따라서 신성한 성품에 참여하는 일은 장래에, 죽음 저 너머에서 있을 것이 틀림없다.

이 모든 사실은 그리스도인이 간절히 기대하는 일은 신적 존재에 완전히 흡수되어 그 결과 개인으로서의 정체를 잃는 게 아니라, 하나님의 무한한 생명과 거룩함에 직접적으로 참여하는 것임을 뜻한다(참조. 골 1:22). 우리는 하나님과의 영원한 연합으로 들어갈 것이며, 그 결과 개별적 고유성이 더 고양된다. 바울 식으로 표현하자면, 우리는 하늘에 속한 이, 높아지신 그리스도 예수의 형상을 영구히 지니게 될 것이다(고전 15:49). 2부 20장도 보라.

60. 출발과 도착으로서의 죽음 (벧후 1:11, 14-15)

공항에 가면 비행기의 출발과 도착을 알리는 커다란 전광판을 볼 수 있다. 신약성경에서 한 장소에서 또 한 장소로 이동하는 것은 그리스도인에게 육체의 죽음의 본질이 무엇인지를 나타내는 은유로 쓰인다.

1. 출발(departure). "지리적으로 한 지역에서 다른 지역으로 이동하기"(엑소도스exodos, 눅 9:31; 히 11:22; 벧후 1:15)로서의 죽음이라는 일반적 개념의 여백을 채우려고 바울은 세 가지 생생한 은유를 사용한다.

첫째, 죽음은 닻을 올리는 것으로 생각할 수 있다. 바울은 순교로써 죽음을 택할 것인가, 아니면 빌립보 교인들 안에서 섬김을 계속해 나갈 것인가 하는 문제와 씨름하면서 이렇게 고백한다. "내가 그 둘 사이에 끼였으니 차라리 세상을 떠나서(depart) 그리스도와 함께 있는 것이 훨씬 더 좋은 일이라 그렇게 하고 싶으나"(빌 1:23). 여기 쓰인 동사는 '아날루오'(analuō)로, "(출발을 위해) 줄이나 고삐를 늦춘다"라는 뜻이며, 말이나 선박에 쓰이는 표현이다(딤후 4:6도 보라). 바울은 자신의 배의 "닻을 올릴" 가능성을 깊이 생각하고 있다.

둘째, 죽음은 장막 걷기로 볼 수 있다. "만일 땅에 있는 우리의 장막 집이 무너지면 하나님께서 지으신 … 집이 우리에게 있는 줄 아느니라"(고후 5:1). 여기 쓰인 동사는 '카탈루오'(kataluō)로, "부수다"라는 뜻이며, 성경 다른 곳에서는 건물에서 석재(石材)를 분리해 낸다는 뜻으로 쓰였다(마 24:2). 하지만 천막 만드는 사람이었던 바울이(행 18:2-3) 여기서 말하는 것은 "땅에 있는 우리의 장막 집"으로서의 우리 필멸의 몸(문자 그대로의)이며, 이 장막은 언제든 부서질 수 있다.

셋째, 죽음은 거처를 떠나는 것으로 볼 수 있다. 자신이 "몸으로 있"으며, 그래서 "주와 따로 있는" 것을 불만으로 여긴 바울은 주님을 잠시 떠나 있는 상태를 끝내는 편이, 즉 "몸을 떠나 주와 거처를 함께"하는 편이 더 좋다는 마음을 표현한다(고후 5:8). 이 경우 '에크데메오'(ekdēmeō)라는 동사가 쓰였으며, 이는 "집을 떠나다"라는 뜻으로서 성경 다른 곳에서는 자신의 나라를 떠난다는 뜻으로 쓰였다.

2. 도착(arrival). '엑소도스'(출발)의 반의어는 '에이소도스'(eisodos)로서 '들어감'이라는 뜻이고, 목적지에 도착하는 행위를 말한다. 출발에는 '물러난다'는 뜻뿐만 아니라 '목적지가 있다'는 의미가 함축되어 있다. "~에서" 나갈 뿐만 아니라 "~로" 들어가기도 하는 것이다. 베드로후서 1:10-11에서 베드로는 자신의 편지 수신인들이 부르심과 택하심을 확실히 하기를 "힘쓰면" 절대 실족하지 않을 것이고 우리 주 곧 구주 예수 그리스도의 영원한 나라에 충분히 들어감(에이소도스)을 얻을 것이라고 단언한다. 앞에서 우리는 바울이 "몸을 떠나 주와 거처를 함께하는" 편을 더 좋아했다는 것을 살펴보았다(고후 5:8). 여기서 쓰인 동사는 (부정과거 시제로) '엔데메오'(endēmeō)로, "집에 있다"는 뜻이다. 바울은 "집에 가기"를, 자기 주님이 계신 곳에 도착하기를 바랐다(1부 28장, 2부 17장도 보라).

고린도후서 5:6-8에서 바울의 생각의 흐름을 보면, 출발 순간은 곧 도착 순간이라는 점이 분명해진다. 몸으로 있는 것은 그와 동시에 주님에게서 떠나 있는 것이다(6절). 마찬가지로, 몸을 떠나는 것은 그와 동시에 주님의 임재 안에 도착하는 것이다(8절). 출발과 도착을 갈라놓는 시간 간격은 전혀 없다.

요한일서

61. 무죄(無罪)**한 완전함은 없다 — 아직은!** (요일 2:1; 3:6, 9; 5:18)

일반 문헌이든 성경이든 본문을 평가할 때는 그 글을 쓴 사람이 고의로 모순된 말을 하지는 않는다고 보는 것이 기본 원칙이다. 우리는 글 쓴 사람이 모순에서 자유롭다고 전제해야 한다. 모순이라는 과실이 입증되기 전에는 결백하다.

그렇다면, 사도 요한이 자기 서신(NRSV)에서 아래와 같이 서로 충돌하는 것처럼 보이는 말을 한 것을 우리는 어떻게 조화시켜야 할까?

- "나의 자녀들아 내가 이것을 너희에게 씀은 **너희로 죄를 범하지 않게 하려 함이라 만일 누가 죄를 범하여도** 아버지 앞에서 우리에게 대언자가 있으니 곧 의로우신 예수 그리스도시라"(요일 2:1).
- **"그 안에 거하는 자마다 범죄하지 아니하나니 범죄하는 자마다** 그를 보지도 못하였고 그를 알지도 못하였느니라 … **하나님께로부터 난 자마다 죄를 짓지 아니하나니** 이는 하나님의 씨가 그의 속에 거함이요 **그도 범죄하지 못하는 것은** 하나님께로부터 났음이라"(요일 3:6, 9).
- **"하나님께로부터 난 자는 다 범죄하지 아니하는 줄**을 우리가 아노

라"(요일 5:18).

각 경우마다 "죄를 범하다"라는 뜻의 동일한 동사 '하마르타노'(hamartanō)가 쓰이며, 다만 3:9 상반절에서는 뜻이 같은 구절을 볼 수 있다(하마르티안 포이에오hamartian poieō, "죄를 범하다"). 그래서 서로 어긋나 보이는 이 구절들에 대한 해법은 여기 쓰인 동사에 있지 않다.

해답은 이 구절들에 쓰인 그리스어 시제에 있다. 2:1에서 우리는 반복되는 행동이 아니라 단일한 행동을 가리키는 그리스어 부정과거 시제를 두 번 확인한다(하마르테테hamartēte … 하마르테hamartē). "사랑하는 나의 자녀들아, 내가 이것을 너희에게 씀은 너희로 범죄(sinning)를 피하게 하려 함이라. 그러나 만일 누가 죄를 범해도 우리에게는 아버지 앞에서 대언해 줄 분이 있으니, 곧 예수 그리스도이시다." 범죄는 하나의 가능성으로 인식되고 있으며, 물론 이 가능성은 늘 피해야 한다. 하지만 죄가 저질러질 경우, 그 때문에 절망해서는 안 된다. 아버지의 직접적 임재 안에 우리에게는 '법정의 친구' 예수 그리스도가 있기 때문이며, 그분 자신은 언제나 그래 왔듯 죄가 없으시다. 이 예수 그리스도에 대해 요한은 앞에서 이렇게 말했다. "만일 우리가 우리 죄를 자백하면 그는 미쁘시고 의로우사 우리 죄를 사하시며 우리를 모든 불의에서 깨끗하게 하실 것이요"(요일 1:9). 중요한 것은, 각 경우마다 죄가 복수형(sins)으로 쓰인다는 점이며, 이는 죄를 저지르는 것이 신자들에게는 있을 수 있는 일임을 암시한다.

다른 네 가지 사례에서는 그리스어 현재 시제가 쓰이며, 이는 반복되는 행동을 가리킨다. NIV는 이 현재 시제의 의미를 다음과 같이 포착했다.

- "그 안에 거하는 자는 누구도 **계속 범죄**하지 않는다. **계속해서** 죄짓는 자는 누구도 그분을 보거나 알지 아니하나니 … 하나님께로부터 난 자는 누구도 **계속해서 죄를 짓지** 않을 것이니 이는 하나님의 씨가 그들 안에 거함이요 **그들도 계속 범죄하지 못하는** 것은 하나님께로부터 났기 때문이다"(요일 3:6, 9).
- "**하나님께로부터 난 자는 누구도 계속해서 범죄하지 아니하는 줄**을 우리가 아노라"(요일 5:18).

비록 신자들이 이생에서 무죄한 완전함에 이르지 못할지라도, 죄가 우리 경험에 완전히 그리고 영구히 낯설게 되는 때가 다가오고 있다. 그때 우리는 더할 나위 없는 하나님의 도성 그 완전함 가운데서 하나님을 예배하고 섬길 것이며(계 4:11; 5:10; 22:3), 그곳에는 "불결한 것은 그 무엇도 들어가지 못할 것이다"(계 21:27).

62. 교사가 필요하지 않다고? (요일 2:27)

이 기이한 구절을 올바로 이해하는 데 결정적으로 중요한 것은 바로 앞 문장이다. "너희를 미혹하려 하는 자들에 관하여 내가 이것을 너희에게 쓰고 있노라"(요일 2:26). 그러고 나서 요한은 이렇게 이야기를 이어 간다. "그러나 너희에 관해 말하자면, 주께 받은 기름 부음이 너희 안에 남아 있으니 너희에게는 가르칠 사람이 필요 없다. 그보다는, 그의 기름 부음이 모든 것을 너희에게 가르치며, 또 그 기름 부음은 참되고 거짓이 없으니 그 기름 부음이 너희에게 가르친 그대로 그분과의 연합을 유지하라"(요일 2:27).

27절에서 요한은 20절과 24절에서 이미 이야기한 주제, 즉 성령의 기름 부음을 받은 사람들로서 모든 그리스도인은 진리를 안다는 것(20절), 그리고 이들이 일단 듣고 받아들인 기독교의 원형적 진리는 이들의 믿음을 위한 규범적 표준으로 남아야 한다는 이야기(24절)를 전개해 나간다. 이는 초신자들을 위한 새로운 진리를 가지고 있다고 주장하는 분리주의자들(참조. 요일 2:19)의 거짓말을 반박하는 말임을 곧 알 수 있다.

네 번째 복음서에서 성령을 (1) 그리스도께서 보내신 보혜사(요 15:26) (2) 신자들을 진리로 안내하며(요 16:13) 이들에게 모든 것을 가르칠 분(요 14:26)으로 언급하고 있다는 점을 감안할 때, 요한일서 2:27에서 말하는 "기름 부음"(토 크리스마to chrisma)은 기독교의 진리, 참복음을 맡으신 분으로서의 성령의 선물을 말하는 것 같다. 이 "기름 부음"에 관해 요한은 다음과 같이 몇 가지를 단언한다.

- 이 기름 부음은 그리스도께서 주신다("주께 받은 바 기름 부음이", 참조. 2:20).
- 이 기름 부음은 회심 때 받았으며, 이제 신자들 안에 영구히 남아 있다("너희 안에 거하나니", 참조. 요 14:17).
- 이 기름 부음은 모든 것에 대해 가르침을 주며(참조. 요 14:16), 이는 우리에게 알려질 수 있는 모든 것이 아니라 우리에게 알려질 필요가 있는 모든 것이다. 이 가르침은 포괄적이고, 절대 폐지되지 않으며, 보완될 필요도 없다. 이 가르침은 실제적이고, 거짓이나 환상이 아니다. 또한 이 가르침은 전통적이며("너희를 가르치신 그대로"), 근래에 유래된 게 아니다. 무엇이든 정통적인 전통과 일치하지 않는 것은 참이 아니다.

- “기름 부음” 받음은 실제적 화답을 요구한다. 즉 “그리스도와의 연합을 계속 유지하라”라는 것이다(참조. 요 15:4-7).

요한은 새 교사들의 필요성을 거부하는데, 이때 그는 편지 수신인들을 그릇 인도하려 하는 사람들을 넌지시 암시하고 있다(요일 2:26). 물론 요한은 교회 내의 권위 있는 가르침을 모독하는 게 아니다(참조. 마 28:20; 롬 12:7; 고전 12:28-29; 딤전 4:11). 마찬가지로, 요한은 그리스도께서 베푸신 “기름 부음”이 “모든 것에 관해” 신자들을 가르친다고 단언하지만, 이는 지식 전반이나 특히 기독교 신앙을 아는 지식을 전달할 수 있는 인간 교사들의 능력을 거부하는 게 아니다. 여기서 “모든 것”이 가리키는 것은 분명 당시의 정황에 따라 규정된다. 요한이 말하는 “모든 것”이란 어떤 사람이 진리에서 벗어나 길을 잃지 않도록 막아 주는 “모든 것”(요일 2:26), 또는 핵심을 긍정적으로 표현하기 위해 베드로의 말을 빌리자면 “참생명과 경건을 증진시키는 모든 것”이다(벧후 1:3).

63. “사망에 이르는 죄” (요일 5:16-17)

신약성경에서 유일무이한 이 수수께끼 같은 표현의 의미를 고찰할 때에는 요한일서 5:16-17이라는 짧은 단락이 주로 죄의 두 가지 유형, 즉 사망에 이르는 죄와 사망에 이르지 않는 죄에 관한 내용이 아니라, 기도에 관한, 특히 어떤 기도 요청이 칭찬할 만하고 어떤 기도 요청은 불필요한지에 관한 내용이라는 점을 기억해야 한다.

누구든지 형제나 자매가 사망에 이르지 아니하는 죄 범하는 것을 보거든 구하라. 그리하면 하나님께서 그 범죄자들에게 생명을 주시리라. 이는 사망에 이르지 아니하는 죄를 저지르는 자들에게만 관련된다. 하지만 사망에 이르는 죄가 있으니 나는 이 죄에 관하여는 구하라 하지 않노라. 모든 그릇된 행동이 다 죄로되 사망에 이르지 아니하는 죄도 있도다.

이 단락의 전체적 의미를 요약하기에 앞서 몇 가지 특정한 쟁점들을 명확히 해 둘 만하다.

1. 16절에서 범죄를 언급하는 두 가지 동사("죄 범하는 것을 … 죄를 저지르는")는 현재 시제로서, 되풀이되거나 영속적인 죄를 가리키며, 이는 눈으로 볼 수 있는 죄다("누구든지 … 보거든").

2. "죽을"(프로스 다나톤pros thanaton) 죄와 "죽지 않을"(메/우 프로스 다나톤 mē/ou pros thanaton) 죄는 거의 모든 영어 성경에서 "사망에 이르는 죄"와 "사망에 이르지 아니하는" 죄라고 올바로 번역된다(참조. 요 11:4). 이는 전치사 '프로스'(pros, "~으로 끝나는)가 결과를 나타내는 용법으로 쓰인 것이다.

3. 여기서 권면되는 기도("구하라")는 범죄하는 동료 신자가 회개하게 되기를 구하라는 뜻으로 추측된다.

4. 이 기도에 대한 응답이자 회개에 대한 화답으로 주어지는 "생명"은 육체의 생명이 지속되고 영적 생명이 다시 활성화된다는 뜻일 것이다. 죄

의 결과로 생길 수 있는 "사망"은 그리스도인 공동체에서 배제되는 것을 뜻할 수도 있지만(=출교; 참조. 민 15:30-31), 여기서는 육체의 죽음으로, 하나님께서 시행하시는 형벌로 여기는 것이 더 낫다(고전 11:30-32에서처럼; 참조. 행 5:1-10).

"사망에 이르는 죄"란 그리스도를 고의적으로 공공연히 거부하는 것을 말하며, 여기에는 그분의 성육신이나 메시아 신분을 부인하는 행위(요일 2:22; 4:2-3; 요이 7절), 이단을 널리 선전하거나(요일 2:18-27), 성령의 신성을 모독하고, 알려진 진리를 의도적으로 배척하며, 그렇게 해서 회개를 절대 추구하지 않는 행위(1부 15장을 보라), 혹은 의도적인 죄(참조. 히 10:26-31), "고의로" 행한 죄(민 15:30-31)가 포함된다.

요한 사도는 하나님의 뜻에 따라 기도하라고 개략적으로 말했는데(요일 5:14-15), 이제 5:16-17에서는 이를 구체적 사례에 적용하여, 특정한 죄(죄명을 말하지는 않는다)를 계속 저지르는 형제나 자매를 위해 기도하라고 말한다. 눈에 확연한 이 계속적 죄가 만약 육체의 죽음으로 귀결되지 않는다면, 그 죄인이 회개하기를 위해 드린 기도는 하나님의 뜻에 일치하는 기도이다. 그리고 이 기도에 대한 응답으로 하나님께서는 그 회개한 사람이 육체의 생명을 계속 이어 가고 영적 생명 또한 새로워지는 은혜를 허락하실 것이다. 이와 반대로 그 죄인에게 육체의 죽음이라는 형태로 하나님의 심판이 이미 내려졌다면, 그 상황과 관련된 기도 요청은 불필요하다. 죽은 자를 위한 기도는 하나님의 뜻에 반하는 것일 테니 말이다.

유다서

64. 비할 데 없는 송영 (유 25절)

송영은 하나님께나 그리스도께 짤막하게 찬양을 돌리는 것이다. 신약 성경에서 송영은 보통 네 가지 요소로 이뤄진다. 첫째, 송영을 받으시는 분은 대개 여격(與格)으로 표시된다. "그에게…"(예를 들어, 롬 11:36), "지혜로우신 하나님께…"(롬 16:27). 때로 송영을 받으시는 분이 주격일 때도 있고("찬송하리로다 그는 우리 주 예수 그리스도의 하나님이시요", 고후 1:3), 송영 받으시는 분을 호명하고 그 뒤에 관계절이 이어지기도 한다("창조주, 곧 영원히 찬양받을 이시로다", 롬 1:25). 둘째, 그 찬양이 어떤 성질의 찬양인지를 이어서 진술한다. 대개는 '영광'(독사doxa, 갈 1:15)을 돌리지만, '존귀'(티메timē, 딤전 1:17)나 '권능'(크라토스kratos, 딤전 6:16)을 돌리기도 한다. 셋째, 시간을 나타내는 말이 주어진다. "영원히"(벧전 5:11, 개역개정성경에서는 "세세무궁하도록"), "세세무궁토록"(딤후 4:18, 이 표현에 관해서는 2부 53장을 보라). 넷째, 흔히 "아멘"(amēn)이라는 말로 송영을 끝맺으며, 이는 송영에서 표현된 진리에 전심으로 동의한다는 뜻이기도 하고("실로, 그렇습니다"), 송영에서 표현된 바람이 이뤄지기를 열렬히 원한다는 뜻이기도 하다("그렇게 되기를 바랍니다").

유다서 25절에는 이 네 가지 요소가 다 담겨 있다. “홀로 하나이신 하나님, 우리 구주께 예수 그리스도 우리 주로 말미암아 영광과 위엄과 권력과 권세가 영원 전부터 이제와 영원토록 있을지어다 아멘.” “영광(이) … 영원 전부터 … 있을지어다”라는 표현에서 개념상의 어색함을 피하기 위해 이 송영을 이렇게 번역할 수도 있다. “홀로 하나이신 하나님, 우리 구주께 예수 그리스도 우리 주로 말미암아 영광과 위엄과 권력과 권세가, 영원 전부터 있던 것처럼 지금도 있고, 영원토록 있을지어다.”

이 송영은 세 가지 면에서 독특하다. 첫째, 유다처럼 과거, 현재, 미래를 송영에 포함시키는 것은 유대교는 물론 초기 기독교 송영에서 유례가 없다. 송영이 아닌 경우에는 그리스도(히 13:8)와 하나님(계 1:4; 4:8)을 시간과 관련해 과거와 현재와 미래로 묘사하는 것을 찾아볼 수 있기는 하지만 말이다.

1. “영원 전부터”(프로 판토스 투 아이오노스pro pantos tou aiōnos)는 “시간이 시작되기 전에” 즉 영원 속에서의 과거라고 번역할 수도 있다.

2. “영원토록”(에이스 판타스 투스 아이오나스eis pantas tous aiōnas)은 문자적으로 “만대에 이르기까지”이며, “영원무궁하도록”, “영원 그 자체에 이르기까지”라고 번역할 수 있다.

둘째, 유다는 신약성경의 여느 서신서 기자들에 비해 자신의 찬양에 “영광과 위엄과 권력과 권세” 같은 더 많은 항목들을 포함시킨다(다만 계 5:13; 7:12과 비교해 보라).

셋째, 유다가 하나님께 이 사중의 찬양을 돌리면서 예수 그리스도의 영원한 중보자 역할을 단언한 것은 유례가 없는 일이다. 이는 그리스도의 선재(先在)와 신성을 암시한다.

요한계시록

65. 칭찬받을 만한 불관용 (계 2:20)

우리는 관용이 슬로건인 시대에 살고 있다. 어떤 관점, 어떤 라이프 스타일에서든 관용이 강조된다. 이런 식으로 삶에 접근하는 자세를 지지하다가 마태복음 7:1의 예수 말씀에 (그릇되게) 호소할 때가 있다. "비판하지 말라. 그렇지 않으면 너희도 비판받을 것이다."

하지만 부활하신 그리스도께서는 두아디라의 그리스도인들에게 주는 메시지에서 그곳 일부 신자들의 그릇된 관용을 정죄하신다. 섬김에서 드러나는 사랑, 끈기 있는 인내에서 드러나는 신실함은 진정한 영적 진보의 증거이지만, 그럼에도 예수께서는 "내가 너를 책망할 일이 있노라 네가 자칭 선지자라 하는 여자 이세벨을 관대히 봐 주고 있으니"(계 2:20상)라고 말씀하신다. 예수께서는 일부 사람들(24절을 보라)이 이 여자를 계속 너그러이 봐 주는 게 왜 비난받을 만한 일인지, 그 이유를 말씀해 주신다. 첫째, 이세벨은 성적 부도덕 및 우상과의 연합이 허용될 수 있다는 자신의 가르침(20하절)을 받아들이는 일부 신자들(이세벨의 "자녀", 23절)을 그릇 인도하고 있었다. 둘째, 이세벨은 "소위 사탄의 깊은 것"(24절), 즉 초심자들에게 정해진 특수하고 비밀스러운 지식에 입문하기를 권장하는 것이 분명했다.

이세벨이 이 여인의 진짜 이름인지 아니면 자신의 성적 부도덕이나 (어쩌면) 영적 간음을 회개하기를 단호히 거부하는(21절을 보라) 여인의 이름으로 적절하기에 그렇게 부르는 것인지 우리는 알 수 없다. 구약성경의 이세벨은 바알 숭배와 마술을 권장한 이스라엘 왕 아합의 아내인 베니게 여인이었다(왕상 16:31-33; 18:19; 왕하 9:22). 두아디라에 닥친 위험은 이 여인의 잘못된 가르침이 교회 안의 조용한 다른 사람들에게 영향을 끼치리라는 것이다.

하지만 부활하신 주님께서는 그 여인의 가르침 자체가 아니라, 여인이 자신의 가르침과 자신의 태도를 바꾸려 하지 않는다는 사실에 초점을 맞추신다(계 2:21). 여인이 뻔뻔스럽게 회개를 거부한 결과로 그리스도께서는 여인을 고난의 침상 위로 던지고자 하셨고, 여인을 따르는 길에서 돌이키지 않는다면 그 여인의 자녀도 극심한 고난을 겪게 하려 하셨다(22, 23상절). 그리스도께서는 이세벨을 거부한 두아디라의 깨어 있는 소수에게, 계속 그 자세를 고수하고 그리스도께 대한 충성을 유지하라고 가르치신다("너희에게 있는 것을 내가 올 때까지 굳게 잡으라", 25절). 이는 칭찬할 만한 불관용일 것이다.

이렇게, 악한 가르침과 악한 관행, 즉 성경과 일치하지 않는 가르침과 관행은 가차 없이 불관용으로 대해야 할 여지가 있다. 바울도 이런 칭찬받을 만한 불관용을 보인 적이 있다. 고린도 교회에 과부가 된 자기 계모와 성적 관계를 맺은 남자가 있다는 소식을 들은 바울은(고전 5:1) 이 사람을 사탄에게 내주어 "육신이 멸하게" 하며(고전 5:4-5) 회중 가운데서 내쫓으라고 지도했다(고전 5:13). 바울은 로마 신자들에게도 사도들의 가르침에서 벗어나 입에 발린 말과 아첨으로 순진한 신자들을 기만하는 교사들을 멀리하라고 권면했다(롬 16:17-18). 그런 교사들은 하나님의 저주 아래 있다(갈 1:9).

66. 천국에서 어린양이 중심이 되심 (계 7:17)

천국이 바로 하나님의 어린양 예수가 계신 곳인가? 요한계시록에 기록된 다양한 암시를 활용해, 천국의 중심인 보좌와 관련해 천상의 존재들의 위치를 그려 보는 것은 매혹적인 추리 활동일 수 있다.

첫 번째로 관찰할 것은, 천국에 보좌는 하나지만 그 자리에 앉는 분은 둘이라는 점이다. 그 두 분은 주 하나님과 어린양으로(계 3:21; 22:1, 3), 두 분 모두 경배를 받으신다(계 5:13). 얼마나 다양한 존재들이 이 보좌와 관련되는지는 다음과 같은 것들을 통해 알 수 있다.

- 전치사(에노피온enōpion, "~ 앞에", 7회 쓰임; 퀴클로덴kyklothen, "~ 둘레에", "~을 에워싸고", 2회 쓰임)
- 형용사(퀴클로kyklō, "원형으로", "사방에," 3회 쓰임)
- 전치사구(엔 메소en mesō, "~ 한가운데", "~ 중에," 2회 쓰임; 아나 메손ana meson, "중앙에", "중심에", 1회 쓰임)

그러므로 천국 지형도에는 보좌를 에워싸고 세 개의 동심원 그룹이 있는 것 같다. 가장 바깥쪽 원에는 "보좌(를)… 둘러 선" 천사들이 있고(계 5:11), 중간 원에는 보좌를 "에워싼" 장로들이 있고(계 5:6), 안쪽 원에는 "보좌 주위에" 네 생물이 있다(계 4:6).

또한 어린양의 정확한 위치를 생각해 보면 여기 연관된 성경 구절 두 가지가 있다. 첫째, 요한계시록 5:6은 어린양이 "보좌 한가운데" 서 있다고 하는데, 아마 이는 "보좌 아주 가까이"나 "보좌 바로 옆"을 뜻할 것이다(계 4:6에서처럼). 한편 요한계시록 7:17에서는 어린양이 "보좌 가운데에" 계신다고 하며, 이는 요한계시록에서 '아나 메손'(ana meson)이라는 전치사구가 쓰인 유일한 사례다. 이 구절이 어린양의 본질적 위치를 가리킨다면, 그분이 아무 움직임 없이 가만히 앉아 계시기만 하지 않는다는 것을 암시하는 구절도 있다. "그 어린양이 나아와서 … 두루마리를 취하시니라"(계 5:7), "보좌 가운데에 계신 어린양이 그들의 목자가 되사 생명수 샘으로 인도하시고"(계 7:17).

보좌 주변의 다른 존재들은 보좌와의 거리가 비교적 멀기도 하고 가깝기도 한 반면, 부활하신 예수께서는 어린양으로서 전능하신 주 하나님과 보좌를 똑같이 나눌 뿐만 아니라 보좌의 가장 중심을 차지하신다. 사용 빈도로 판단하건대 요한계시록은 '보좌'(41회 쓰임)와 '보좌에 앉으신 이'(11회 쓰임) 두 가지에 초점을 맞춘다. 하지만 그 보좌의 중심에는 어린양, 곧 존재와 신분에서 하나님 아버지와 하나이신 분이 계신다.

성경 인용문 출처

달리 설명이 없는 한, 성경 인용문은 저자의 사역(私譯)이다.

(Barclay)라고 표시된 성경 인용문은 *The New Testament: A New Translation* (London: Collins, 1968-1969)에서 가져왔다.

(Cassirer)라고 표시된 성경 인용문은 *God's New Covenant: A New Testament Translation* (Grand Rapids: Eerdmans, 1989)에서 가져왔다.

(CSB)라고 표시된 성경 인용문은 Christian Standard Bible®, copyright ©2017 by Holman Bible Publishers에서 가져왔으며, 사용 허가를 받았다. Christian Standard Bible® and CSB®는 이 연방 정부에 등록된 Holman Bible Publishers의 등록 상표다.

(ESV)라고 표시된 성경 인용문은 *ESV® Bible* (*The Holy Bible, English Standard Version®*), copyright © 2001 by Crossway Bibles, a publishing ministry of Good News Publishers에서 가져왔으며, 사용 허가를 받았다. 판권 소유.

(GNT)라고 표시된 성경 인용문은 Good News Translation in Today's English Version—Second Edition Copyright © 1992 by American Bible Society에서 가져왔으며, 사용 허가를 받았다.

(Goodspeed)라고 표시된 성경 인용문은 *THE BIBLE, American Translation*, copyright © 1931 The University of Chicago Press에서 가져왔다.

(HCSB)라고 표시된 성경 인용문은 Holman Christian Standard Bible®, Copyright © 1999, 2000, 2002, 2003, 2009 by Holman Bible Publishers에서 가져왔으며, 사용 허가를 받았다. Holman Christian Standard Bible®, Holman CSB®, and HCSB®는 연방 정부에 등록된 Holman Bible Publishers의 등록 상표다.

(JB)라고 표시된 성경 인용문은 Jerusalem Bible, published and copyright © 1966, 1967 and 1968 by Darton, Longman & Todd Ltd and Doubleday, a division of Random House, Inc에서 가져왔다.

(KJV)라고 표시된 성경 인용문은 King James Version에서 가져왔다. 퍼블릭 도메인.

(Moffatt)라고 표시된 성경 인용문은 *The Bible: James Moffatt Translation* by James A. R. Moffatt. Copyright © 1950, 1952, 1953, 1954, by James A. R. Moffatt에서 가져왔다.

(NAB)라고 표시된 성경 인용문은 New American Bible, revised edition, copyright ©

2010, 1991, 1986, 1970 by the Confraternity of Christian Doctrine, Washington, DC에서 가져왔으며 저작권 소유자의 사용 허가를 받았다. 판권 소유.

(NASB)라고 표시된 성경 인용문은 New American Standard Bible®, copyright 1960, 1962, 1963, 1968, 1971, 1972, 1973, 1975, 1977, 1995 by The Lockman Foundation에서 가져왔으며, 사용 허가를 받았다.

(NEB)라고 표시된 성경 인용문은 New English Bible, © 1961, 1970 by the Delegates of the Oxford University Press and the Syndics of the Cambridge University Press에서 가져왔으며, 재인쇄 허가를 받았다.

(NIV)라고 표시된 성경 인용문은 Holy Bible, NEW INTERNATIONAL VERSION®. Copyright © 1973, 1978, 1984, 2011 by Biblica, Inc에서 가져왔으며, 사용 허가를 받았다. 판권 소유.

(NJB)라고 표시된 성경 인용문은 The New Jerusalem Bible, published and copyright 1985 by Darton, Longman & Todd Ltd. and Les Editions du Cerf에서 가져왔으며, 출판사의 사용 허가를 받았다.

(NLT)라고 표시된 성경 인용문은 Holy Bible, New Living Translation, copyright © 1996, 2004, 2007, 2013 by Tyndale House Foundation에서 가져왔으며, Tyndale House Publishers, Inc., Carol Stream, Illinois 60188의 사용 허가를 받았다. 판권 소유.

(NRSV)라고 표시된 성경 인용문은 New Revised Standard Version Bible, copyright © 1989, National Council of the Churches of Christ in the United States of America에서 가져왔으며, 사용 허가를 받았다. 판권 소유.

(REB)라고 표시된 성경 인용문은 *Revised English Bible*에서 가져왔다. Copyright 1989 by Oxford University Press and Cambridge University Press.

(RSV)라고 표시된 성경 인용문은 Revised Standard Version of the Bible, copyright 1952 [2nd edition, 1971] by the Division of Christian Education of the National Council of the Churches of Christ in the United States of America에서 가져왔으며, 사용 허가를 받았다. 판권 소유.

(RV)라고 표시된 성경 인용문은 Revised Version (1881)에서 가져왔다. 퍼블릭 도메인.

(TCNT)라고 표시된 성경 인용문은 The Twentieth Century New Testament에서 가져왔다. 퍼블릭 도메인.

(Weymouth)라고 표시된 성경 인용문은 R. F. Weymouth, *The New Testament in Modern Speech*에서 가져왔다. 퍼블릭 도메인.

이레서원 출간 도서

❖ 설교

1. 『청년 설교: 청년 예배, 설교, 사역 노하우』 김상권, 150×220, 312쪽
2. 『엑설런트 프리칭: 성경과 오늘의 세계를 잇는 설교』 크레이그 바르톨로뮤(김광남 역), 130×200, 136쪽
3. 『21세기에 다시 본 존 칼빈의 설교와 예배』 이현웅, 148×210, 268쪽
4. 『설교자를 위한 공동서신 강해』 김병국, 152×223, 360쪽
5. 『1인칭 내러티브 설교』 해돈 로빈슨 외(전광규 역), 152×223, 248쪽

❖ 성경 연구

1. 『중동의 눈으로 본 예수님의 비유』 케네스 E. 베일리(오광만 역), 152×225, 400쪽
2. 『하나님 중심의 성경 해석학』 번 S. 포이트레스(최승락 역), 152×225, 352쪽
3. 『히브리서 산책: 성취와 기다림』 최승락, 140×200, 224쪽
4. 『성경 역사, 지리학, 고고학 아틀라스』 앤손 F. 레이니 외(강성열 역), 240×320, 562쪽
5. 『예수님의 비유』 최갑종, 152×223, 470쪽
6. 『갈라디아서』 최갑종, 152×225, 696쪽
7. 『(이해와 설교를 위한) 고린도후서 주석』 조석민, 152×225, 296쪽
8. 『로마서: 이방인의 사도가 전한 복음』 최종상, 152×223, 496쪽
9. 『어떻게 천천히 읽을 것인가』 제임스 사이어(이나경 역), 139×216, 264쪽
10. 『(이해와 설교를 위한) 요한복음』 조석민, 152×225, 520쪽
11. 『다시 읽는 창세기』 민경구, 152×223, 312쪽
12. 『예수님의 비유 해석 입문: 배경, 해석사, 해석 원리와 실제』 로버트 스타인(오광만 역), 150×220, 280쪽
13. 『골로새서 · 빌레몬서』(한국성경주석 12) 길성남, 152×225, 464쪽
14. 『고린도에서 보낸 일주일: 바울 사역의 사회적, 문화적 정황 이야기』 벤 위더링턴 3세(오현미 역), 140×200, 232쪽
15. 『에베소에서 보낸 일주일: 1세기 그리스도인은 요한계시록을 어떤 의미로 읽었을까?』 데이비드 드실바(이여진 역), 140×200, 264쪽
16. 『고대 문학의 렌즈로 보는 성경』 마셜 존슨(차준희 역), 140×210, 272쪽
17. 『요한복음 연구』 조석민 외, 152×225, 336쪽
18. 『성경 한눈에 보기: 구약』 전희준, 133×225, 377쪽
19. 『성경 해석의 관점』 류호영, 152×225, 471쪽
20. 『성경 해석의 방법과 실제』 류호영, 152×225, 471쪽
21. 『마태복음』(한국성경주석 01) 양용의, 152×225, 1511쪽

❖ 신학

1. 『마크 존스의 선행과 상급』 마크 존스(오현미 역), 130×200, 248쪽

2. 『마크 존스의 예수 그리스도』 마크 존스(오현미 역), 130×200, 120쪽
3. 『조지 래드의 종말론 강의』 조지 래드(이승구 역), 148×210, 232쪽
4. 『칭의의 여러 얼굴』 제임스 패커 외(김형원 역), 140×200, 304쪽
5. 『선지자적 반시대성』 오스 기니스(김형원 역), 124×182, 192쪽
6. 『예수님과 안식일 그리고 주일』 양용의, 152×223, 456쪽
7. 『삼위일체: 신약신학 · 실천신학적 연구』 리처드 보컴 외(신호섭 역), 152×225, 400쪽
8. 『구약의 그리스도, 어떻게 설교할 것인가』 시드니 그레이다누스(김진섭, 류호영, 류호준 역), 152×223, 536쪽
9. 『아들을 경배함: 초창기 기독교 예배 의식 속의 예수』 래리 허타도(송동민 역), 140×200, 168쪽
10. 『바울 복음의 심장: 개인, 교회, 창조세계를 변화시키는 복음』 데이비드 드실바(오광만 역), 140×200, 224쪽
11. 『(소요리문답과 함께하는) 365 교리 묵상』 임경근, 152×225, 392쪽
12. 『예배학 지도 그리기: 목회자와 예배 사역자를 위한 예배 기획 지침서』 문화랑, 150×220, 248쪽
13. 『영적 전쟁: 바울 서신으로 본 사탄과 악한 영들』 클린턴 E. 아놀드(길성남 역), 152×225, 320쪽
14. 『바울에 관한 새로운 탐구』 티모 라토(김명일 역), 124×182, 120쪽
15. 『기독교 교파 한눈에 보기』 전희준, 140×200, 144쪽
16. 『칼뱅, 참여, 그리고 선물: 그리스도와 연합한 신자는 어떻게 살아야 하는가』 토드 빌링스(송용원 역), 140×210, 328쪽
17. 『바울과 믿음 언어: 그리스도인의 믿음은 지적 동의인가, 신실한 행함인가』 니제이 굽타(송동민 역), 147×220, 384쪽
18. 『바울의 사역 원리: 성도를 온전하게 하고 세상을 위로하는 교회 세우기』 김명일, 140×200, 168쪽
19. 『성경의 그림 언어와 상징 해석: 성경과 신학에 사용된 그림 언어의 힘과 오용』 앤서니 티슬턴(최승락 역), 147×220, 440쪽
20. 『바울이라는 세계: 바울 연구의 주요 경향과 논쟁 탐구』 벤 위더링턴 3세, 제이슨 마이어스(안규식 역), 147×220, 342쪽
21. 『그리스도의 승천: 방치되어 있던 교리의 재발견』 패트릭 슈라이너(박장훈 역), 140×200, 184쪽
22. 『이야기 마가복음: 마가복음 서사 비평 입문』 데이비드 로즈, 조안나 듀이, 도널드 미키(양재훈 역), 137×210, 392쪽

❖ 채영삼 교수 저서

1. 『긍휼의 목자 예수: 마태복음의 이해』 152×223, 488쪽
2. 『지붕 없는 교회: 야고보서의 이해』 152×223, 398쪽
3. 『십자가와 선한 양심: 베드로전서의 이해』 152×223, 476쪽
4. 『신적 성품과 거짓 가르침: 베드로후서의 이해』 152×223, 544쪽
5. 『삶으로 드리는 주기도문』 124×182, 208쪽
6. 『삶으로 내리는 뿌리』 140×200, 304쪽
7. 『공동서신의 신학: '세상 속의 교회', 그 위기와 해법』 152×223, 800쪽
8. 『코이노니아 성경 해석 가이드북』 148×210, 88쪽
9. 『코이노니아와 코스모스: 요한일서의 이해』 152×223, 576쪽
10. 『복음의 회복과 세상 속의 교회』 137×210, 200쪽
11. 『그리스도인의 성장과 생활 속의 신앙』 137×210, 264쪽

❖ **<일상을 변화시키는 말씀> 시리즈**

1. 『하나님께 소리치고 싶을 때: 욥기』 크레이그 바르톨로뮤(송동민 역), 130×200, 128쪽
2. 『십자가와 보좌 사이: 요한계시록』 매튜 에머슨(김광남 역), 130×200, 120쪽
3. 『신비를 엿보다: 다니엘』 바바라 름 라이(송동민 역), 130×200, 120쪽
4. 『무대 뒤에 계신 하나님: 에스더』 웨인 바크후이젠(송동민 역), 130×200, 144쪽
5. 『왕을 버리다: 사사기』 데이비드 벨드먼(김광남 역), 130×200, 136쪽
6. 『기도의 심장: 누가복음』 크레이그 바르톨로뮤(송동민 역), 130×200, 136쪽
7. 『소외된 이들의 하나님: 룻기』 캐롤린 C. 제임스(이여진 역), 130×200, 160쪽
8. 『함께 세상으로: 사도행전』 마이클 와겐맨(이여진 역), 130×200, 120쪽
9. 『우주의 시작: 창세기 1-11장』 드루 존슨(이여진 역), 130×200, 168쪽

❖ **영적 성장**

1. 『요한계시록 40일 묵상 여행』 이필찬, 152×223, 248쪽
2. 『365 힐링 묵상: 밤에 부르는 아침의 노래』 류호준, 127×205, 408쪽
3. 『복음과 생명』 서형섭, 152×225, 352쪽
4. 『마르바 던의 위로』 마르바 던(김병국 역), 140×200, 336쪽
5. 『고귀한 시간 낭비 '예배'』 마르바 던(김병국, 전의우 역), 152×223, 166쪽
6. 『말씀 앞에 서는 용기: 구약 인물의 실패에서 배우다』 한주원, 150×220, 256쪽
7. 『다시 시작하는, 엄마 수업』 하재성, 150×220, 344쪽
8. 『우울증, 슬픔과 함께 온 하나님의 선물』 하재성, 148×210, 344쪽
9. 『강박적인 그리스도인』 하재성, 148×210, 355쪽
10. 『5가지 친밀한 관계』 레스&레슬리 패럿(서원희 역), 124×182, 304쪽
11. 『하이 콜링: 당신을 향한 하나님의 거룩한 초대』 모리스 로버츠(황영철 역), 150×220, 256쪽
12. 『아름다운 '안녕': 확신과 소망으로 죽음이라는 신비에 다가가라』 매릴린 매킨타이어(오현미 역), 140×200, 224쪽
13. 『기꺼이 불편한 예배』 김재우, 128×188, 192쪽
14. 『윗필드 씨! 제발 좀 마이크 내려놓고 쉬세요!: 열정의 논스톱 복음 전도자 조지 윗필드 전기』 아놀드 A. 댈리모어(오현미 역), 140×220, 360쪽
15. 『사도신경으로 하는 신앙 고백 훈련』 김상권, 170×200, 220쪽
16. 『초기 교회에서 배우는 주기도문: 과거와 오늘의 교회가 함께 드리는 주님의 기도』 후스토 곤잘레스(오현미 역), 137×210, 247쪽
17. 『교회 공동체의 믿음: 하나님, 인간, 구원, 교회, 종말, 삶에 대한 기독교 역사의 대답』 후스토 곤잘레스(오현미 역), 137×210, 188쪽

❖ **<믿음의 재발견> 시리즈**(책임 편집자: 마이클 리브스)

1. 『기도하는 즐거움』 마이클 리브스(송동민 역), 124×182, 88쪽
2. 『두려움 없는 전도』 폴 윌리엄스(이여진 역), 124×182, 136쪽
3. 『변하지 않는 말씀: 성경의 선함과 유익, 그리고 모순과 난제』 앤드루 윌슨(송동민 역), 124×182, 120쪽
4. 『담대한 믿음: 모든 상황에서 예수님을 신뢰하는 법』 조너선 스티븐(이민희 역), 124×182, 72쪽